개교 70주년 기념 전북대신문방송사 문학상 당선작 전집 ❹

최명희청년문학상 (2001~2008)

최명희청년문학상

전북대신문방송사 문학상 당선작 전집 ❹

2001~2008

전북대학교 개교 70주년 기념

전북대학교 출판문화원

목차

2001

2002

2003

2004

2005

2006

2007

최명희
청년문학상

•

2001~2008

당선

제1139호 10월 15일 월요일

2001 최명희청년문학상 : 대학부 소설

여름밤

· 손홍규 (동국대 국문과 4학년) ·

이런 밤이면 마을 앞 정자에 수박 갈라놓고 앉아 장기라도 두는 편이 나았다. 장기 도사로 통하는 탑골양반이 차포 떼주고 받아준대도 이겨본 적이 없으니 짜증도 나겠지만, 이 더운 여름밤에 이처럼 진땀을 흘리지는 않을 게다. 정호는 부아가 치밀었다. 눈앞에서 희미하게 어른거리는 종태의 뒤통수를 후려쳐주고 싶어 손을 올렸다가도 아서라 너나 나나 삐비 껍닥 같은 인생인 건 똑같다 싶어 도로 내리고 말았다. 앞서가던 종태가 발이라도 헛디뎠는지 픽 꼬꾸라졌다. 밤에는 아무리 작은 소리라도 멀리까지 들리는 법이다. 정호는 잽싸게 쭈그려 앉아 주위를 두리번거렸다. 몸을 급하게 놀리면 땀이 많이 나서 조심스레 곰작거리려는데 저 멍청한 종태자식 때문에 땀을 한 사발은 더 흘리게 될 것 같았다. 걷어차인 똥개마냥 신음을 내던 종태가 씨부렁거린다. 더는 못 참고 종태의 뒤통수를 후려갈겼다.

- 아야!

- 조용히 안 혀!

등성이 너머로 헤드라이트 불빛이 번쩍거렸다. 이어 오토바이 엔진

소리가 가까워지더니 감나무밭 앞으로 난 신작로를 따라 갈지자로 달리며 마을 쪽으로 사라졌다. 이 더운 여름밤에 헬멧까지 쓰고 비틀거리며 달리는 사람은 댓골양반 밖에 없다.

- 저 냥반 술 자셨구만.

종태는 중얼거리다 잡아먹을 듯 쏘아보는 정호의 눈길을 느끼고 엉겁결에 두 손을 뒤통수에 갖다 댄다.

둘은 한참 동안 말없이 밭고랑 사이에 엎드리듯 앉아 있다가 삽질을 시작했다. 처음엔 제 삽 소리에 놀라 주춤거리곤 하였는데 시간이 흐를수록 온몸에 열이 오르며 땀으로 흠뻑 젖어 들자 될 대로 되라는 식의 오기가 생겼다.

둘은 더욱 대담해져서 일 톤 트럭에 감나무 댓 그루를 쌓아놓고는 신작로에 쭈그리고 앉아 담배를 피웠다. 야트막하나 산 너머 신작로가 휘돌아 나간 곳에는 논들이 많이 있어서 개구리 울음소리가 아련하게 들려오고 어느 집 소가 암내라도 났는지 꼬리를 길게 끌며 우는 소리며 기분 나쁜 밤새 울음소리가 그사이를 이따금 비집고 들어왔다. 가만히 있자니 몸이 식으며 덥게만 느껴지던 밤공기가 선선하게 다가왔다.

- 영옥이 고년이 낯짝은 연예인 싸대기 올려 부쳐도 남게 생겼는디 얼굴값 허느라고 돈은 겁나게 밝힌 디야.

정호도 영옥이를 몇 번 본 적이 있다. 서울내기처럼 생겨서 영 마음에 들지 않았지만, 웃옷으로 불룩하게 솟아오른 탱탱한 가슴이라면 한 번 만져보고도 싶었다. 서울에서 다니던 공장이 부도난 뒤 사장이란 녀석은 짐 싸 들고 도망가버리자 동거하던 마누라라는 것도 집을 나가버렸다. 고향에 내려온 뒤로 사실 여자는 거의 잊고 지내왔던 터라 새삼스러울 건 없지만 아직은 젊다는 신호인지 가끔 그놈의 색정이 저도 모르게 불끈불끈 솟아오를 때가 있었다. 그렇다고 지금 당장 어떤 여자라도 만나 살림을 차리고 싶은 건 아니었다.

둘은 담배를 다 피우고서도 멍하니 앉아 있다가 동성이 너머로 헤드라이트 불빛이 어른거리자 부리나케 트럭에 올라타곤 휭하니 사라졌다.

성호는 제 분을 못 이겨 목소리마저 떨려 나왔다. 햇볕에 그을려 검붉은 얼굴에 눈마저 가장자리가 찢어진 데다 왼쪽 이마에는 무엇으로 잡아 뺀 듯이 혹이 툭 튀어나왔다. 이를 꽉 다물고 씩씩거리는 품이 금방 무슨 일이라도 저지를 기세였다.

- 언놈인지 모르겄지만 내 손에 잡히면 다리몽댕이를 분질러 버릴 거고만. 싸가지 없는 새끼들, 작년 가실엔 널어 둔 나락을 싹 걷어가드만 인자는 감나무까장 캐가!

성호가 가는 곳마다 이렇게 씩씩거리며 성을 내고 다녔다. 지금도 성호는 산 아래 다랑논에 가다가 농민회 사무실에서 오는 게 분명하다 싶은 정민이를 붙잡고 한바탕 쏟았다. 성호는 지난 밤에 성황당 너머 산밭에서 감나무가 여남은 그루 없어졌다는 소식을 듣자마자 농민회 사무실에 달려가서 규찰대를 만들자고 했다가 무시당한 데 분이 겹쳐 정민에게는 덧붙여 골을 냈다.

- 근게 내가 진즉부텀 규찰대 만들자고 안했는감?

- 자네도 알잖여. 인자 서울서 대학생들 농활 온다고 잠도 설치면서 바쁜 거 말여.

- 니밀헐, 대학생 할애비가 와도 뭔 상관이여, 딴 데도 아니고 우리 마을 옆에서 그런 일이 생겼는디 가만히 있으란 말여?

- 대학생들 왔다 가면 그때 생각해보자고

- 아니, 제기랄, 도둑놈들이 대학생들 있으면 쬐까 쉬어야겄다 험서눌

러붙어 있겄어. 발동 걸렸응게 또 치고 나서겄제.

- 감나무 몇 그루 가져간 거 본 게 작년 맹키로 전문적인 놈들은 아닌 것 같고 쫌생이들이 분명 혀. 애기들 장난인지도 모른 게 서둘지 말자고.

성호는 그럴 수도 있겠다 싶어 누그러뜨렸다가 퍼뜩 떠오르는 게 있어 다랑논 가는 것도 제쳐놓고 영철이네 집으로 달려갔다. 영철이는 아랫동네 사는 새까만 후배인데 농고 졸업하고 기특하게도 집안일 돕는다면서 시골에 눌러앉아 있는 녀석이었다. 얼마 전에 영농후계자 신청했다가 탈락해서 군대 간다고 영장 받아놓고 있는데 술 처먹고 또래들과 어울려 다니는 꼴을 읍내에서 몇 번 본 적이 있다. 그 나이 때는 욱하는 성질에 무슨 일을 저지를지 모른다. 게다가 영농후계자 탈락에 대해 불만이 많았던 녀석이니까 시쳇말로 이유 없는 반항 뭐 그런 객기를 부릴 수도 있다.

대문도 없는 영철이네 집 안마당으로 성큼 들어서면서 큰 목소리로 부른다.

- 영철이 있냐?

마당에서 모이 쪼던 닭들이 성호의 서술에 놀라 푸드득 날아오르며 먼지를 일으킨다. 헛간에서 부스스한 머리에 덜 깬 눈으로 빼꼼히 대갈통을 내미는 게 영철이가 분명하다.

- 너 이 자식 어젯밤에 뭐혔냐?

영철이가 후다닥 내빼며 뒤안으로 돌아 들어가자 저 녀석이 분명히 일을 저질렀고만 하는 생각에 잽싸게 따라잡았다. 담을 넘어가려는 걸 허리띠를 붙잡고 끌어내려 잦뜨려놓고 물어볼 것도 없이 주먹으로 따귀를 서너 대 갈겼다. 정신없이 얻어맞던 영철이가 제 코에서 핏물이 뚝뚝 떨어지자 성호의 허리를 껴안으며 늘어진다.

- 왜 근데요, 물어주면 될 거 아녀, 예?

코피를 보고 조금 누그러졌던 성이 그 말에 급기야 제대로 치솟았다. 자꾸만 수그리려는 걸 머리끄댕이 잡고 번쩍 들어 남은 손으로 따귀를 내리갈겨댔다.

- 이놈아, 정신 차려 임마. 지금 돈이 문제여!

- 그까짓 닭 한 마리 갖고 참마로 왜 근데요?

- 뭐여, 닭?

- 그리요. 제가 잡아먹었고만요.

뜬금없이 웬 닭이냐 싶어 성호는 주먹질을 멈추고 이게 뭔 수작을 부려 빠져나가려는 건지 속내를 몰라 멀뚱히 바라보았다.

- 친구들이 놀러 와서 장난삼아 닭서리 좀 했고만요. 끝까장 모른 척 헐라고 헌 거 아니랑게요.

- 야임마, 싸목싸목 얘기혀봐라. 뭔 닭서리여?

영철이는 제 볼따귀를 손바닥으로 문지르며 지난 밤 성호네 닭서리를 했던 경황에 관해 이야기했다. 성호는 얘기를 다 듣고 아차 싶었지만 이미 영철이의 볼따귀는 부어올랐고 녀석이 캭 하며 내뱉는 침에 핏물이 흥건하였다. 이제 와서 미안하다고 하기에도 멋쩍었고 되돌릴 수도 없었다.

- 셈은 끝난 걸로 치자.

성호는 영철이네 집을 나와 돌아가면 부글부글 끓는 속을 가라앉히려 애썼다. 토방에 서서 벌 쏘인 개 주둥아리 같은 볼따귀를 두 손으로 감싸고 내내 쏘아보던 영철이는 접어두고라도 간밤에 자기 집 닭장에서 닭 한 마리가 없어졌는데도 모르고 있던 자신이 병신같아서였다.

마을 들머리로 닿으니 정자 옆에 오토바이가 세워져 있었다. 헬멧 쓰고 장기판 앞에 앉은 건 댓골양반이고 몸을 자울자울 옆으로 흔들며 수염을 쓰다듬는 건 탑골양반이었다.

- 어디 갔다 오남?

- 아랫동네요.

그러고 보니 이대로 집에 돌아갈 게 아니라 다랑논에 가봐야 한다는 생각이 들었다. 그러며 성호는 남 보기에도 갑갑하게 헬멧 쓰고 있는 댓골양반을 곯려줄 마음이 생겼다.

- 근디 댓골아짐, 아짐은 이번엔 무슨 기념으로 하이바를 쓰고 있당가요.

탑골양반이 그 말에 대답한다.

- 모르고 있었남. 거시기 있잖여. 뭔 선언 말여.

- 공동선언요?

- 맞어. 1주년 기념 이리야.

- 그려요. 글먼 요번엔 언제까장 쓰고 계실거랑가요.

- 모르긴 몰라도 쟁일이 답방 까장은 충분허겄지.

- 팔일오 까장이여.

장기에서 수가 말리고 있던 댓골양반이 퉁명스럽게 무지르자 성호는 이번엔 건너뛰어 탑골양반에게 무람없이 지껄였다.

- 밤에도 하이바 쓰고 잔답디여?

- 잠만 자간디, 마누라랑 그 짓도 허지.

- 그리 쓰면 머리가 무가서 올라타던 못허겄어라우.

제 놀리는 소리를 알아듣고 댓골양반이 장기판을 쓸어버리고 성호한테 장기알을 던졌다.

성호는 히죽히죽 웃으며 뒷걸음질 치다 마을로 들어섰고 뒤에선 탑골양반이 장기에 질 것 같으니 엎었다고 씨부렁거리는 소리가 들리고 맞대거리 하는 소리가 들리더니 도망치듯 사라지는 오토바이 소리가 끝이었다.

정호는 아침나절 느지막이 일어나 군입 다시다가 마지못해 기신거리며 주섬주섬 옷을 꿰입었다. 아랫방에선 성호가 아랫마을로 농활 온 대학생 가운데 작업반장인가 하는 녀석하고 밤새도록 술 마시는 듯하더니 곤드라졌는지 일어날 기미가 보이지 않았다.

차라리 그편이 나았다. 여느 때처럼 새벽부터 들썩이고 다니면 그놈의 빈정거리는 소리가 듣기 싫어서라도 개잠자야 할지도 몰랐다. 지난밤에도 그랬다. 읍내에 나갔다가 막차 타고 돌아와 보니 성호는 아랫방 문을 활짝 열어놓고 그 대학생과 술을 마시고 있었다. 아무리 가진 것 없는 날탕이라지만 새파란 대학생도 있는데 형님 왔냐고 알은체라도 해주면 그만일 것을 인사는커녕 윗방으로 들어가는 뒤통수에 대고 들으란 듯 큰소리로 지껄여댔다.

사리 살살 엉너리 쳐서라도 살아갈 재주가 없으면 야바위 치기라도 해야는디 그것도 못 허겄으면 구들 직장맹키로 꽉 눌러 안거서 농사를 허든가. 너도 잘 들어라잉. 이도 저도 아닌 맹탕은 인자 못살어. 죽기 살기로 욱대겨서라도 지 몸 추려나가야 목숨이 붙어나는 시상이여, 알겄냐?

대학생은 그저 주는 술 넙죽 넙죽 받아마시며 예예 하였다.

정호는 사실 동생이 그다지 마음에 들지 않았다. 저나 나나 농업고 나온 것밖에는 없는 건 따질 일도 안되고 아무리 신세 초라하기로 지 학생 때 서울서 돈 벌어 뒤봐준 건 새까맣게 잊어버린 듯했다. 농민회 한다며 웃통 벗어부치고 벅적거리는 사람들 틈새로 쏘다니는 것도 못마땅했다. 몇 해 전에는 여의도에선가 무슨 데모를 한다며 죽창을 한 아름 깎아서 관광차에 싣고 가더니 내려올 때는 마빡에 괴상한 혹 하나를 달고 돌아왔다. 그래도 어쩔 수 없다. 이 집에선 군식구나 마찬가지인 신세인데다 성호 말대로 엉너리 쳐서 일자리를 구한다거나 하다못해 야바위 치기로도 못하는 좀도둑에 지나지 않는 바에야 무슨 소리를 듣는 쥐죽은 듯 지낼 수 밖에야. 정호는 그래도 분한 마음에 빠르작거리다 아랫방에서 대학생과 어울린 성호의 노랫소리를 까맣게 들으며 겨우 잠이 들었던 것이다.

어머니는 내내 묵혀왔던 묵정밭을 올해부터 심심풀이라도 해야겠다며 콩을 심어 두곤 새벽부터 거기에 나가는 눈치더니 오늘도 갔나 보다. 썰렁한 집을 나서 읍내로 나간 정호는 하릴없이 다방에 처박혀서 시간을 때웠다. 배꼽 다방, 호출 다방, 궁전 다방, 역전다방 안가 본데가 없고 미스 김, 미스 리, 미스 정, 미스 최 모르는 가시내가 없지만 종태녀석이 여기 농협 옆에 있는 디제이 다방을 한사코 고집해 요새는 대개 이곳에서 죽치고 있었다. 농협 연쇄점에 있는 영옥이 때문이겠지만 여태껏 그 녀석이 영옥이한테 말 한번 제대로 거는 걸 본 적이 없다. 다방 애들이라면 이년 저년 가리지 않고 주접떠는 녀석이 영옥이한테만은 야코가 죽어서 비비적거리기 일쑤였다. 점심때가 다 되어서 이 다방 붙박이 가운데 하나인 위원장이 들어왔다. 고수머리에 몸집도 깍 짓 동인 데다 낯바닥도 비스무레 해서인지 언제부턴가 사람들은 그를 위원장이라 부러왔던 터였다.

- 오늘도 출근하셨는게라.

심심하던 차에 말 상대가 들어와 정호는 대뜸 알은체를 했다.

- 잉, 남북 정상회담하러 왔제.

- 물 건너간지가 석삼년인디 뭔 회담이라야.

- 디제이 다방에 위원장이 왔으면 고것이 회담 아니고 뭐당가.

- 요즘엔 주제가 뭐다요?

- 잉, 남쪽 꼬치허고 북쪽 밑 살허고 상봉에 관한 건인디 남남북녀란 말이 참말이긴 허드만.

- 어찌 상봉이 되긴 되겄소?

- 상봉이 되아도 자네는 해당사하아 업응게 군침 흘리지 마소. 돈 되는 꼬치들이 이쪽에야 널렸는디 아무헌티나 밑살 대주겄능가.

- 허, 참.

정호는 입맛을 쩝쩝 다셨다. 이래저래 돈 없는 놈은 앉은뱅이 용쓰는 꼴이다 싶어 기분이 잡쳤다.

- 그까짓 회담 때려치우소. 우리 같은 놈덜헌티 말국도 없는 것이 무슨 정상 회담이라요.

사실 정호도 자기 신세가 어떤지 모르고 있는 건 아니다. 서울서 살림 차렸던 여자가 도망가버리고 한참을 찾아다니다 포기한 채 고향에 내려올 땐 이렇게 죽어지내려는 게 아니었다. 그나마 푼푼이 받던 월급도 부도나기 직전 넉 달간 받지 못했던 터라 쥐꼬리만큼 모아둔 돈은 진작에 허물어 버려서 맨손이나 다름없이 내려왔다. 농사일도 손에 안 익고 영농자금 빌어쓰다 빚더미에 올라앉은 사람도 여럿 봐서 선뜻 손대 볼 용기가 나지 않았다. 그렇다고 따로 배운 것도 없는 주제에 넥타이 매고 양복 입을 처지는 아니었다. 손에 익은 거라곤 쇠 깎는 일뿐인데 시내 철공소도 아이엠에프라고 있는 놈 돌려보내는 참에 정호 일자리가 있을 리 없었다. 돌아오는 농촌을 만든다고 떠들어 대지만 담보 잡힐 땅도 없는 데다가 부모 형제간에도 섣불리 보증도 서주지 않는 판에 무턱대고 돈만 빌어 쓰면 평생 빚에 허덕이기 십상이다.

정호는 이맘때면 나타나야 할 종태도 보이지 않자 짜증이 났다.

“욜로 와보랑게. 너는 탱탱한 게 기쁨조 해도 쓰겄다.”

위원장이 구석 자리로 옮겨가 미스 송과 수작을 부리는 소리였다. 성능 나쁜 에어콘에선 미지근한 바람이 불어오는 것 같아 시간이 지날수록 다방 안이 후덥지근해졌다. 막 자리에서 일어나려는데 우거지상을 한 종태가 들어왔다. 간밤에 집에도 안 들어갔는지 어제 입은 옷 그대로에다 술 처먹고 새벽녘에 잠든 티가 났다. 그대로 뭉개고 자서 주름 잡힌 남방에 게워낸 음식물 찌꺼기가 제대로 닦아내지 않아 말라붙어 있었다.

- 어젯밤 뭐혔냐?

- 말도 마라 죽겄다.

한숨을 푹푹 쉬며 담배를 피우는 꼬라지를 그대로 지켜보던 정호는 더는 못 참고 윽박질렀다.

- 상통은 우거지상에 몸에선 구린내가 등천을 하고 어디서 뭘 어쨌길래 그 모냥이냐, 엉?

종태가 마지못해 풀어놓은 이야기는 이랬다.

지난 밤 이 다방에서 정호와 헤어진 뒤 종태는 큰맘 먹고 연쇄점 앞에서 영옥이를 기다렸다. 주머니엔 감나무 팔아 챙긴 푼돈도 있겠다 어찌하면 술 한 잔 같이 마시고 얘기라도 해 볼 수 있을 것 같았다. 종태는 기다리는 내내 목청을 가다듬고 영옥이에게 건넬 말을 생각해 보았지만, 드라마나 비디오에서 보던 주인공들을 따라 하기엔 영 낯간지러워서 내뱉을 수가 없어 마침내 영옥씨 시간 되시면 술 한잔 하실까요로 마음을 굳혔다. 그러나 뜻하지 않게 영옥이가 까무잡잡한 얼굴의 아가씨와 함께 나오자 말도 못 붙여보고 하염없이 그 둘의 뒤를 따라가기만 하였다. 뒤에서 보는 영옥이는 더 아름다웠다. 강동한 치마 아래 미끈한 다리가 이제 막 켜진 가로등 불빛 아래 드러나면 온몸이 노그라지는 듯하여 내 저것을 꼭 붙잡고 말아야지 하는 다짐이 새록새록 생겨나곤 했다. 드디어 까무잡잡한 아가씨와 갈라서고 영옥이가 골목길에 들어설 때 막 따라잡아 그 앞을 가로막았다. 영옥이는 흠칫 놀라는 기색이더니 종태를 위아래로 훑어보곤 눈살을 찌푸리며 강파른 성질을 드러냈다. 종태는 모처럼 큰맘 먹고 기회를 잡았는데 이대로 야코 죽을 순 없어 똑바로 영옥이의 얼굴을 쳐다보았지만 밀알진 낯짝을 그대로 보기엔 쑥스러워 얼른 고개를 숙이고 기어들어 가는 소리로 말했다.

저 아시겄죠 종태요, 이종태. 영옥씨를 평소에 지가 사모히서…

이게 아닌데 싶었지만, 말은 뜻대로 나오지 않았다.

근게 시간 헐렁허면 술 한 잔 꺾으면서 이야길 해보는 게 어떨까 싶어서…….

저 시간 없어요.

그러면서 영옥이는 또각또각 종태를 지나쳐 가버린다. 영옥이가 사라지면서 다 늙은 주제에 어쩌고저쩌고 중얼거리는 소리만 못 들었어도 쫓아가 다시 말 건네 볼 용기를 냈겠지만, 그 말에 힘이 쭉 빠지면서 어질어질하여 까무러질 듯했다. 정신을 차리고 나서는 골목 입구에 있던 쓰레기 담긴 봉투를 발로 차서 여기저기 흩어놓고 밤새도록 여관에 처박혀 술을 마셨다.

이야기를 마치고 종태는 다시는 갱신 못할 사람마냥 소파 끝에 엉덩이를 걸치고 깊숙이 드러누워 버렸다. 정호는 한심하다 못해 기가 막혀

말문이 트이지 않았다. 저 녀석이 저래도 학창시절에는 한주먹으로 날리던 놈인데 고비 늙은 품이 똑 저 같기도 하였다. 정호는 목이 타는 듯해 맹문만 거푸 들이마셨다.

농민 학생 한마당을 치르고 거나해진 성호는 며칠 전 일도 있고 해서 청년반에서 대학생들과 어울리던 영철이를 붙잡아 어르고 있었다. 볼따귀가 채 가라앉지 않아 씰룩한 게 불만 가득한 얼굴이었지만 미안한 마음에 자기 군 생활에 대해 이야기해주며 달래보았다.

- 요즘 시상이 어떤 시상이냐. 구타 없지 밥 잘 주지 대통령이 휴전선을 막 넘어가는디 별거 있겄냐? 걱정 말고 니 몸이나 잘 추슬러서 건강허니 제대허는 게 효도다잉.

영철이는 성호에게 얻어맞은 것보다 자신이 감나무 도둑으로 의심받았다는 게 더 아니꼬웠다. 그래서 가만히 듣고 있다가 성호 입에서 규찰대가 튀어나오자 자진해서 하겠다고 나섰다.

성호는 대학생 농활이 닷새나 남은 데다 이 기회에 본격적으로 규찰대를 꾸려서 시작해보자는 마음에 학생들 도움을 받자고 말을 꺼내 그 자리에서 의논이 되었다. 성호와 정민이를 주축으로 농민회원 서넛과 영철이를 비롯해 농활 대원 몇과 함께 당장 그날 밤부터 순찰을 하기로 하였다. 조를 두 개로 나눠 하나는 성호가 다른 하나는 정민이가 맡아 밤을 앞뒤로 맡기로 하였다.

- 작년 가실엔 나락도 없어지고 소 잃은 집도 있었제, 올해는 뭔 바람이 불어서 감나무를 캐갔는지 모르겄지만 인자 규찰대가 생겼응게 그놈들 똥줄이 탈거고만.

- 잡으면 모가지를 비틀어 벌자고.

- 그걸로 되간디, 깨 할딱 뱃겨서 동네방네 돌려야제.

- 멱을 따서 젓을 잠궈야 혀.

저마다 한마디씩 서슬 푸른 다짐을 주고받았건만 그날은 농민 학생 한마당을 잘 치렀다는 만족감 때문인지 모두를 나라져서 순찰 나갈 생각은 않고 곤드레만드레 술에 취했다. 그 옆에선 중늙은이들이 모여서 시국 얘기로 밤이 깊었다.

- 김대중 선상이 말여

- 선상이 아니라 대통령이랑게.

- 아무튼, 통일 문제는 겁나게 잘 허는디 통 농촌에는 신경을 안 쓰는 것 같여.

댓골양반은 헬멧 쓴 채로 빨대로 막걸리를 먹다가 금세 취해서 말리는 사람들에도 아랑곳하지 않고 오토바이를 몰고 비틀거리며 가버렸다.

- 부채 탕감 헌다는 얘긴 없던가.

- 쉰 소리 작작 혀.

- 선거 때 빨딱 혔다가 쉬쉬해지는 게 어디 한두 해드라고.

- 이놈의 아엠에푸는 언제나 갈랑가.

성호는 그날 밤 농활대가 들어와 있는 영철이네 마을 회관에서 잠들었다가 아침나절에야 집으로 돌아갔다. 오늘도 하루종일 푹푹 찌려는지 아침나절의 서늘한 기운은 찾아볼 수가 없었다. 이럴 때는 소나기라도 후련하게 뿌려주면 좋으련만 하늘을 보니 구름 한 점 없이 맑은 게 영 글렀구나 싶었다.

집에 들어서니 하나뿐인 형이라는 게 나갈 채비를 차리고 있었다. 술도 덜 깬 데다 선잠 들었다 오는 길이어서 속도 울렁거리는데 그 꼴을 보니 뒤집히는 것 같았다. 그래도 꾹 참고 말을 걸어본다.

- 오늘은 어딜 가시오?

대꾸도 없다.

- 이번 여름엔 성남이 엄니 피서 좀 보내 주실라요?

해마다 여름이면 농민회원 몇이서 돈을 추렴하여 부모님 피서 여행을 보내드리는 걸 정호도 알고 있기에 넌지시 떠보았다.

- 내가 뭔 돈이 있다냐. 효자인 니가 보내 드려야제.

- 한 달만 공공근로사업 나가면 충분할 텐디 그렇게도 산일은 싫소?

성호는 알음알음으로 공공근로사업에 제 형이 들어갈 수 있게 자리를 마련해 두고 끈덕지게 조르고 있는 터였다.

- 그것도 헐 사람이 혀야제 내가 무슨 자격으로 헌다냐.

- 아 그리서 내가 다 알아놨다고 안했소?

농민회 형님 가운데 한 분의 자식이 산림청에서 일하는 데 성호는 원체 성격에도 안 맞는 일이지만 방구들 차지하고 앉은 제 형 꼴 보기가 싫어서 하기 싫은 부탁을 억지로 했던 것이다. 속내는 모르고 무조건 싫다니 화만 솟을 뿐이었다.

- 시원찮은 일에 동생 덕 보고 들어갔다는 손가락질은 나도 싫다.

- 에이, 씨발.

마침내 성호의 입에서 욕이 튀어나왔다. 아무리 변변치 못해도 형이라고 막말은 못 하고 기껏 빈정대기만 했는데 쌓이고 쌓인 게 터진 것이다.

- 벌덜 못 허면 처먹질 말던가, 처먹고 잡으면 벌어오던가, 내가 성님 마누라요 엉?

핏발 선 눈을 부라리며 숨까지 할근거리는 게 한 대 칠 기세였다. 아무리 손에서 일을 놓은 지 오래되었다지만 정호도 힘으로는 성호에게 만만치 않았다. 하지만 형제간에 주먹질이 오고 간 게 소문나 어머니가 남우

세하면 어쩌랴 싶어 정호는 동생을 노려보다가 휭하니 나가버렸다.

정호가 나간 뒤 성호는 뱃속이 보깨고 매슥거려서 간밤에 먹은 걸 토해냈다. 그 겨를에 눈물이 찔끔 났다. 학교 다닐 어릴 적만 해도 형은 다달이 돈도 보내줄 만큼 집안의 기둥이었다. 서울서 형수 될 여자를 데리고 와서 하룻밤이라도 자고 가는 날이면 그렇게 기쁠 수가 없었다. 하지만 형은 달라졌다. 서울서 굴러먹다가 공장 망하고 여자는 도망가 버린 뒤 고향에 내려와선 빈둥빈둥할 뿐 도무지 자리를 털고 일어나 뭐라도 해 볼 생각을 하지 않았다. 그렇다고 성호 역시 형에게 농자금이라도 타서 살아보라는 말은 하기 싫었다. 자신도 이자만 갚는데 빠듯해 힘겨운데 만일 일이 잘못되면 형이나 저나 빚더미에 올라앉기는 식은 죽 먹기였다. 다들 고향 떠나 외지로 떠돌기 바쁜데 그래도 고향이라고 찾아와 준 형이 반갑고 기쁘기는 하지만 먹고 살 궁리도 해주길 바랄 뿐이다. 속내 털어놓고 이야기해 보고 싶어도 내일, 모레 하며 미루다 보니 서먹서먹해지고 불편해져 이제는 아예 있는 듯 없는 듯 여기게 된 것이다.

성호는 속이 가라앉자 밥도 뜨는 둥 마는 둥 건성으로 먹고 일하러 나갔다. 틈틈이 농활 온 대학생들 신경도 써줘야 하고 농민회 사무실에 들러 일도 봐야 한다. 그렇게 보내니 하루 해 더위에 몸은 마를 새 없이 젖어 쉰내가 코를 찔렀다.

다 저녁이 되어 집에 돌아와 보니 어머니가 밥을 짓고 있었다. 성호는 빨리 마누라를 얻어서 어머니를 도와드리게 해야지, 장승 같은 아들이 둘이나 있는 데도 아직 며느리 못 보고 있는 신세가 처량하게 여겨져 속다짐을 한다.

아침에 정호한테 부러 건넨 말도 괜한 소리는 아니었다. 분기마다 메꿔야 하는 이자를 치르고 나니 사실 여윳돈이 없었다. 그렇다고 돈을 빌릴 수도 없었다. 농민회원들 모두 마찬가지 처지인 데다 그네들도 간신히 마련하여 피서 여행 보내드리는 것인 줄 뻔히 알고 있기 때문이다. 어떻게든 보내드리긴 보내드려야 할 텐데 정호한테 그런 말을 한 건 정말로 기대해서가 아니라 답답한 마음에 지푸라기라도 잡는 심정으로 내뱉은 것이다.

낮에 정민이랑 다짐을 두어 밤 열 시부터 새벽 한 시까지는 정민이네 조가, 그 뒤부터 네 시까지는 성호네 조가 순찰을 하기로 하였다. 그러려면 빨리 자 두어야 한다. 아직 읍내에서 막차가 들어 올 때는 아니다. 아침에 그런 일이 있어도 갈 데 없는 정호가 집에 들어오지 않는 일은 없을 것이다. 성호는 부엌 앞 수돗가에서 손을 씻다가 닭이 홰치는 소리를 듣고 닭장으로 갔다,

여남은 마리 가운데 살이 올라 실팍하게 생긴 얼룩빼기 구수 닭을 눈으로 찍어두었다. 어쨌든 이렇게 더운 날엔 애들 서리 감으로 남겨두느니 저놈이라도 정호랑 몸보신 좀 해야겠다고 생각했다.

정호는 아침 일을 곱새겨 보았다. 성호가 저 앞에서 개정거리긴 해도 오늘처럼 막 나가지는 않았다. 어머니가 마음에 걸려 노려보곤 말았다지만 주먹질이 날아왔대도 맞대거리 할 수는 없었을 것이다. 따지고 보면 먼저 엇나 간 것도 정호다. 일부러 하는 소리인 줄 알면서도 까탈 부린 건 성호 때문이라기보다는 자책 같은 것이었다. 그래서 효자인 니가 보내 드려야제 라고 했을 때도 실은 성호를 비아냥거린 것보다 난 참으로 못난 놈이구 하는 심정이었는데 말투는 엇나가고 말아 괜스레 성호의 화만 돋운 셈이 되었다. 좀 더 성호의 속을 넘겨짚었어야 했다. 허튼 소리라도 아쉬운 말은 절대 않는 녀석이 어머니 여행 어쩌고 한 걸 보면

오죽이나 그 속이 답답해서였을까. 말은 안 해도 집안 살림 돌아가는 꼴은 빤히 보인다. 생활비 대랴 이자 갚으랴 허덕이면서도 그놈 성격상 돈이 궁해서라기보다 궁상맞게 늘어진 내 꼴 보기 싫어 공공근로사업도 꺼내놨을 것이다.

집에 돌아오니 어디서 낮술이라도 먹었는지 성호는 초저녁잠이 들어 있었다. 어머니는 밤마실 나갔는지 모이지 않고 윗방에는 밥상이 차려져 있었다. 김칫국물로 얼룩지고 쇠 슬어 더러운 상보를 벗겨내니 된장찌개 뚝배기에서 아직도 더운 내가 확 끼친다. 어서 빨리 내가 사라져주든지 해야 동생이 장가도 들고 며느리 맞아 어머니가 한시름 놓겠구나 싶었다.

낮엔 배꼽 다방에서 종태랑 죽치고 있었다. 종태가 농협 근처에도 가고 싶지 않다고 해서 오랜만에 들렀는데 아가씨들이 싹 바뀌어서 낯도 익힐 겸 그네들과 새롱거리는 재미가 쏠쏠했다. 그 재미도 시들해지자 둘은 얼마 만인지 모르게 뜻이 맞아 제법 값나가는 얘기들을 나눴다.

영옥이 그년 땜이 아니라 영 사는 게 껄쩍지근히서 이대로는 안 되겄다 싶더라.

배암이 허물 벗드 끼 살 수는 없응게.

그리도 수는 내야 안 허겄냐?

종태는 한탕을 생각하고 있었다. 그러나 정호는 내키지 않았다. 비록 고향에 내려와 좀도둑질은 했지만 본래 곤조통은 아니었다. 서울 살면서 몹쓸 짓도 몇 번 하긴 했다. 서너 명 임신시켜놓고 헤어지긴 했지만, 그것도 지들쪽에서 먼저 갈라서자고들 해서였지 이쪽에서 먼저 냉정하게 차버린 적은 없다. 누구 등쳐먹은 적도 없고 해코지한 적도 없다. 그렇다고 마냥 순진하게 살아 온 건 아니지만 막 나갈 만큼 희망이 없는 것도 아니다. 다만 마음을 다잡지 못해서, 추스르지 못해서 헤매고 있을 뿐이다. 공장 문 닫기 전에 받지 못한 월급 생각이 뜬금없이 간절해진 것도 요즈음이다.

종태를 이해할 수 있었다. 하지만 안타까웠다. 열심히 살아보겠다는 마음이 생겼다면 조금만 비틀어 맞추면 마음에 거리낌 없이 살 수 있을 텐데 오직 한쪽으로만 내달으려 하는 게 위태로워 보였다. 하지만 정호라 해도 별궁리가 있는 건 아니기에 뭐라 딱 부러지게 할 말은 없었다. 책임지지 못할 간섭은 까탈 부리는 거에 지나지 않으니까.

정호는 슬슬 나갈 채비를 한다. 마실 갔다 온 어머니도 고단한 잠에 빠져들었고 아랫방에도 코 고는 소리밖에는 들리지 않는다.

성호 녀석이 대학생들과 규찰대를 만든다고 할 때는 뜨끔했다. 좀도둑질도 이제 시작인데 그렇게 쉽게 꼬리를 내릴 수야 없지 않은가. 하지만 하는 꼴을 보니 말뿐인 것 같다. 어제도 녀석은 아랫마을 회관에서 밤새도록 술 퍼마시고 오지 않았는가. 오늘도 저 모양으로 초저녁부터 잠들었으니 규찰대고 뭐고 말뿐임이 틀림없다.

생판 낯선 사람들 것도 아니고 근방에서 도둑질을 한 건 속내가 있어서였다. 언제든지 여유가 생긴 뒤에 죄를 밝히고 용서를 빌려 해도 낯선 사람이면 어려울 테니 차라리 지금 가책은 받더라도 아는 사람들 걸 해먹으면 용서를 빌 수 있지도 않겠느냐는 심산이었다. 종태 녀석이 한탕하자고 할 때도 내키지 않았던 건 이 짓으로 신세 고칠 생각은 없었기 때문이다. 오늘 나가는 건 다만 몇 푼이라도 챙겨서 어머니 피서 여행 보내드리라고 떡하니 내놓으면 성호가 절 바라보는 눈이 조금은 달라지지 않을까 싶어서였다.

 대문을 나서니 개구리 울음소리가 우렁차다. 마을 위 신작로를 걸어

솔밭을 지나 등성이에 오르니 산으로 통하는 자드락 길에서 서 있는 종태의 트럭이 보인다. 둘은 자드락 길을 깊숙이 들어가서 소주 한 병을 까고 아무렇게나 누워서 하늘을 바라보았다. 이런 시골에선 아홉 시 뉴스 할 때부터는 여간해서 돌아다니는 사람이 없다.

설핏 잠이 들었던지 몸이 오슬오슬 떨렸다.

- 내일은 비가 좀 오려나, 하늘이 영 시원찮다.

- 오긴 와야제.

시계를 보니 새벽 한 시가 다 되어간다. 둘은 트럭을 몰고 다시 마을을 지나 비닐하우스 두 채가 나란히 서 있는 논배미 옆에 섰다. 포대를 몇 개씩 나눠 들고 자물쇠를 절단기로 끊고 들어가 어둠 속에서 고추를 따기 시작했다. 잘된 것인지 못된 것인지 가늠할 새도 없이 손에 잡히는 대로 후두둑 훑어냈다. 새벽이래도 비닐하우스 안은 온기를 머금고 있어 기다란 이랑을 채 반도 넘지 못했는데 온몸은 땀투성이였다. 둘은 채워놓은 포대를 건중거려 대충 주둥아리를 잡아매고 나르기 시작했다. 종태 녀석은 뭐가 좋은지 깝죽거렸다.

- 아따 그놈의 꼬치들 하우스에서 자라서 근가 단단히 야물었다. 꼭 내꺼맹키로 히히.

- 니 것도 장 찍어 먹어볼까나.

정호도 오늘따라 그런 종태가 미워 보이지 않는다. 더 이상은 포대도 없고 따라 기력도 없어 둘은 주저앉아 담배를 피운 뒤 재 떨어진 곳을 발로 비벼 깨끗이 공글리고 자리를 떴다.

- 야 너 웃통 어떻게 혔냐?

그러고 보니 중간에 덥다고 웃통을 고춧대에 걸쳐둔 게 떠올랐다. 정호는 다시 하우스 안으로 들어가 이쯤이다 싶은 곳을 허우적거리며 아무렇게나 그러잡다가 안 되겠다 싶어 라이타 불꽃을 탁탁 튀기며 이랑 사이를 걸어나갔다. 그때 트거에 시동 걸리는 소리가 들리더니 하우스 비닐을 뚫고 손전등 불빛이 어지럽게 번득였다. 정호는 마침 손안에 잡힌 웃옷을 마구 구기 지르고 반대편 문 쪽으로 냅다 달렸다. 몇 번을 넘어졌다가 일어났는지 모른다. 막다른 문에 다다른 정호는 비닐을 손가락으로 북북 찢고 알아났다.

- 트럭 쫓아간 애들 냉 겨두고 너그들은 하우스 안에 들어가봐라잉, 나는 저짝으로 가볼랑게.

하면서 손전등 두 개가 정호 쪽으로 쫓아오는데 그 목소리는 분명 동생 성호였다. 정호는 농수로를 타고 꺾어져 트럭으로 들어왔던 길 쪽으로 건너가려는데 낌새를 챈 손전등이 그쪽을 비추며 논을 가로질러 다가왔다. 물길을 건널까 말까 하는 잠깐 머뭇거리는 사이에 어느새 손전등은 바싹 따라왔다. 정호는 허리까지 차오르는 물속에 뛰어들어 허우적거리며 간신히 건너자 둑에 의지해 길 반대편으로 방향을 바꿔 뛰었다. 뒤따라오던 손전등도 갈라져 하나가 정호 쪽으로 달려왔다. 정호는 있는 힘껏 달렸지만 뒤따라오는 사람도 만만치 않았다. 무작정 뛸 수가 없어 농수로가 갈리는 곳에서 방둑을 넘어 안으로 뛰어들었다. 그곳에 물이 없어서 급한 마음에 노깡으로 기어들어갔는데 그리로 들어가는 걸 봤는지 결국엔 쫓아온 손전등에 덜미를 잡혀 무릎 꿇은 채 고개를 푹 숙였다. 손전등은 정호의 엉덩이를 냅다 걷어차며 소리를 질렀다.

- 여기여 여기!

동생 성호는 토끼사냥이라도 나온 것처럼 떠들어댔다.

다른 손전등마저 우하니 몰려오는 것 같더니 그들이 방둑에 거의 다다랐을 때 성호가 소리를 질렀다.

- 저짝으로 튀었다. 싸게 쫓아라.

그러면서 은근한 목소리로 내뱉는 게 아닌가.

- 성님, 내일부텀 산일 허는 거요? 그렇게 약조헌 걸로 알겄소.

그러더니 다른 손전등을 따라 사라져 버렸다,

정호는 엉금엉금 무릎걸음으로 뒷걸음질 쳐 나와 둑방에 올랐다. 손전등들이 저쪽으로 사라지는 걸 보고 반대편으로 뛰며 이제는 꼼짝없이 공공근로사업에 나가야겠구나, 혼자서는 남사스러우니 종태 녀석을 꼭 꼬드겨서 함께 가야겠다고, 성호라면 하나쯤 더 만들어 줄 수 있을 거라고 생각했다.

당선

제1139호 10월 15일 월요일
2001 최명희청년문학상 : 고등부 소설

밀려온 파도

· 윤길준 (군산 중앙고 3학년) ·

1

아버지께서 어머니의 새벽잠을 깨우고 있었다.

[벌써 새벽 네 시요, 피곤한가?]

어머니는 거의 매일 늦잠을 자곤 했는데 아버지는 새벽 네 시면 시계처럼 일어나 어머니의 새벽잠을 깨웠다. 어머니를 깨우는 소리에 옆방에서 자고 있던 나도 종종 새벽잠을 설치곤 했고, 아버지와 어머니의 발소리가 비몽사몽 간에 멀어지는 소리를 듣고는 다시 못다 잔 잠을 잘 수 있었다.

그렇게 새벽 공기를 마시며 나가셨던 두 분께서 집으로 들어올 즈음엔 나도 잠에서 일어나 학교 갈 준비를 하였었다.

잠에서 겨우 일어나셨던 어머니는 새벽공기를 마시고 집으로 들어와서는 기분이 상쾌한지 노래를 부르며 아침을 준비했고, 아버지는 주위 청소를 했다. 이것이 우리 집에서 일어날 수 있는 매일 매일의 반복된 아침 시간이었다.

어느 날 새벽, 아버지는 그 날도 어머니의 새벽잠을 깨웠고 어머니가 잠에서 일어나는 것을 느끼는 순간 '덜컹'하며 내 방문이 열리는 소리가 들렸다. 그리고 찰나적으로 형광등이 몇 번 점멸하더니 내 방을 환히 비췄다. 나는 무의식적으로 얼굴을 이불 속에 묻었지만, 아버지께서는 내 이불을 걷어 버렸고 나는 일어나기가 싫어 새우처럼 몸을 구부렸다.

[오늘은 너도 일어나야 쓰것다, 우리 집 장남인 너도 우리가 곧 이사 갈 집을 가 봐야 쓰지 않것냐.]

아버지의 완강한 말에 더 이상 버틸 수 없다는 것을 알았고 곧 자리에서 일어나 운동복으로 갈아입고 아버지를 따라나섰다.

집에서 얼마 떨어져 있지 않은 곳에는 아버지 어머니께서 심혈을 기울이고 있는 건축물이 우람한 공룡 모양을 한 채 새벽을 맞고 있었다. 어두컴컴한 건축물 내부를 아버지 어머니는 손전등 하나 없이 잘도 찾아다녔고, 나는 어머니 옷깃을 잡고 어둠 속을 조심스럽게 따라갈 뿐이었다. 아버지의 길 안내는 그동안 새벽마다 얼마나 많은 시간을 이곳에 할애했는지를 말해주고 있는 대목이기도 했다. 아버지께서는 어둠 속의 이곳저곳을 살핀 뒤 어머니와 건축에 관한 대화를 주고받았고 나는 뜻 모를 이야기를 들으며 두 분의 곁에서 서 있을 뿐이었다. 아버지는 어머니와 대화를 마치고 발길을 옥상으로 옮겼다. 옥상에 오르자 동쪽 하늘에서 뿌연 안개를 걷어 내며 태양이 솟아오르고 있었고, 어둠에 싸였던 대지 위에 생명의 빛이 무성하게 비치고 있었다. 온 도심이 한눈에 보였다. 서쪽으로 군산 시가지가 한눈에 다 들어와 보였고, 멀리 금강 하구의 모습도 보였다. 금강의 가장자리엔 검은 뻘이 드러나 있었고, 가운데를 중심으로 하얀 물줄기가 바로 앞엔 짙푸른 실록이 춤을 추고 있는 산이었고, 남쪽으로는 손을 뻗으면 닿을 듯한 거리에 시청이 한눈에 들어와 보였다. 동쪽으로는 멀리 공원이 강 하구와는 전혀 다른 용이 꿈틀대듯 산허리가 펼쳐져 있었다. 골조가 다 끝난 건축물이었기 때문에 윤곽이 확실해 건축물의 용도에 대한 아버지의 설명이 어느 정도 수긍이 갔다.

[이곳이 그려도 집터로는 명당이란다. 네가 올라와서 보니 명당자리 같지 않냐?]

나는 아무런 말을 할 수 없었다. 그리고 아버지의 말속에도 내 말을 기다리고 한 말이 아니라는 것을 잘 알고 있었기에 침묵으로 일관했다. 어머니는 그곳에서 몇 가지 동작으로 운동을 했다.

아버지는 이곳의 땅을 헐값으로 사고 나나 다음부터 매일 곳에서 살다시피 하였다. 어머니는 이곳의 땅을 사려던 아버지를 몇 번이나 말리곤 했지만, 아버지의 고집에는 당해낼 도리가 없어 승낙했었다. 땅을 사고 난 지 얼마 되지 않아 별 쓸모 없게 생긴 땅을 아버지께서 포크레인을 임대하여 정리했고 다 정리된 그 땅은 제법 볼품이 있었다. 아버지한테 땅을 판 전 주인도 그 땅의 변화에 눈이 휘둥그레졌고 어머니도 깜짝 놀랄 정도였다.

[이 땅이 이렇게 변할 줄은 몰랐소]

주위에 사는 사람의 말이었다. 그런 우여곡절 끝에 만들어진 땅에 이렇게 번듯한 건축물을 올리고 있으니 아버지의 마음이야 오죽하랴 만은 어머니도 부푼 꿈을 감추지 못했다.

[그만 내려가지, 일 할 사람들이 오니 말 여]

아래쪽에서 자전거를 탄 사람들이 하나둘씩 건축물 밑으로 모여들고 있었고 가끔은 오토바이를 타나 사람도 눈에 띄었다.

우리는 삼 층으로 된 건물에서 내려왔고 일꾼들은 아버지와 어머니에게 아는 체했다,

[인자 한두 달이면 다 끝나 것소]

어떤 인부 한 사람이 아버지께 한 말이었다.

그런 우여곡절 끝에 가을이 깊어지던 어느 날 집이 완성되었다. 아버지는 새벽마다 집에서 물건들을 하나둘씩 빼내 그곳으로 옮겨 놓았다. 나도 한동안 새벽마다 아버지의 일을 도와 이삿짐을 날랐고 그렇게 며칠이 지나자 집에 있는 물건들은 고정시설물만 남기고 전부 그곳으로 빠져나갔다. 마지막으로 그곳으로 옮겨진 것이 내 책상과 동생 책상이었다.

2

내가 그곳에 있는 내방을 차지한 곳은 안방에서 가장 멀리 떨어져 있는 곳이었다. 아버지 어머니가 있는 안방하고는 제법 거리가 있어서 내 방에서 하는 소리가 안방에서는 전혀 들리지 않는 곳이기도 했다. 내방은 위치로 말하면 북쪽 끝이었고, 북쪽 산과 맞닿은 곳이었다. 내 방엔 창문을 열면 닿을 듯한 거리에 잔디도 있었고, 각종 나무가 진을 치듯 앉아 있었다. 나는 이곳이 맘에 들었다.

언제부터인지 내방 창문밖에 초록색으로 자라던 몇 그루의 풀들이 보였는데 그 풀들은 눈에 띄게 잘 자랐다. 척박하기 그지없어 보이는 그 땅엔 잔디들도 이년이나 되어 자리를 잡았는데 그 풀들은 갑자기 나타난 짙은 초록을 하고, 키가 일 미터도 넘게 자라더니 이젠 제법 흰 꽃을 피워내고 있었다. 나는 생명력이 강한 풀을 보고 처음에는 놀라웠고 경이롭기까지 했다. 그런데 그 놀라움이 두려운 생각으로 변한 것은 얼마 가지 않아서였다. 놀랍도록 적응이 강한 풀을 살펴보러 그곳으로 내려가 본 후부터였다. 강하기라면 어떤 식물과도 견줄만하다던 토종의 잔디들이 그 풀 주위에선 노랗게 죽어 가고 있었던 거였다. 대체 무슨 풀인지를 알려고 식물도감을 펼쳤다. 식물도감을 들추던 나는 깜짝 놀라지 않을 수 없었다. 그 풀은 이름도 이상스러운 이름을 가지고 있었다. [미국자리공, 자리공과의 식물] 이렇게 쓰여 있었다. 이름도 이상하였고 미국이란 말에 지난번 TV에서 미군들과 기지촌 주변에 있는 한국 여인들 간의 인권문제들을 다룬 프로그램이 머릿속에 그려졌다.

그 인권문제는 우리 정부와 미군 정부 간의 협정이 일방적으로 미군 측에 유리하게 적용되어 한국에 주둔하고 있는 미군들은 우리한테 중죄를 지어도 우리 법률로 그들을 소환하지도 못할 뿐만 아니라 죄를 묻지도 못하는 그런 협정이었고, 그 협정은 소파(SOFA)협정 이었다. 우리말로는 한미 행정협정이라고 소개하였었다. 그 협정을 적용하여 매번 미군들은 중죄를 지어 놓고도 버젓이 우리나라를 빠져나갔고 당한 힘없는 우리나라 사람들은 우리 정부와 미군에 항의만 했지 아무런 결과도 얻을 내지 못하고 억울해하던 일들이 생각났다.

나는 그 기억들을 되살리며 다시 미국자리공을 확실히 알기 위해 백과사전을 뒤적였다.

[미국자리공(Phyrolacca americana) 자리공과의 한해살이 풀, 높이 1-1.5미터로 자라며, 긴 타원형의 잎이 있고, 6월~9월에 붉은빛이 도는 백색 꽃이 핌. 임시로 잉크 대용으로 사용함. 북아메리카 원산으로 육이오전쟁 당시부터 귀화하여 현재는 전국으로 퍼져있음. 유독식물임] 미국자리공의 생태를 더 찾아볼 요량으로 백과사전의 식물 편을 더 뒤적였으나 그 이상은 찾아보기 힘들었고, 미국자리공은 공해에 강하고 번식력이 왕성한 한해살이풀로 고유의 토종 식물들을 밀어내고 우리나라 어느 곳에나 살고 있는 풀이라는 것을 알 수 있었다.

나는 창문을 통하여 밖으로 나와 미국자리공이 진녹색으로 자태를 뽐내고 있는 곳으로 갔다. 내 손에 낫이 들려 있었고, 여기저기에서 자라고 있는 미국자리공의 줄기를 낫으로 쳐냈다. 낫으로 내려칠 때마다 이상한 쾌감이 들었다. 내 창문에서 보이던 모든 미국자리공은 내 낫질에 의해 힘없이 무너져 내렸다. 그때만 해도 "이런 것이 뭐 그리 대단한 생명력이 있다고"하며 조소를 보냈던 것도 사실이었다.

한해살이 풀이어서 그런지 힘없이 꺾여진 미국자리공들은 한여름 무섭게 내리쬐는 해 볕에 한 시간도 못 돼 시들어 있었다.

방안에서 내가 쓰러뜨린 미국자리공이 말라가는 것을 봐가며 흡족한 표정을 짓곤 했고, 그 일이 있은 지 얼마 되지 않아 나는 쓰러뜨린 미국자리공들을 잊어버렸다.

한여름 무더위가 기승을 부리고 있었고 곧이어 장마가 시작되었다. 방안에서 꼼짝하지 않고 있었던 나는 창가에서 뿌연 빗줄기를 바라보다 깜짝 놀랐다. 지난번 내 낫질로 초토화되었다고 생각했던 미국자리공들이 장마 빗줄기를 뚫고 초록 잎으로 내밀고 있지 않은가! 그리고 그 미국자리공들은 "어디 한번 해볼 테면 해봐."라고 말하는 것 같았다.

나는 내 맘속에서 묘한 전의를 느낄 수 있었고 곧이어 호미와 낫을 들고 미국자리공이 줄기를 내밀고 있는 곳으로 내려갔다. 이번에는 줄기를 낫으로 꺾어놓고 뿌리는 호미로 전부 캐내 버려야겠다는 생각에서였다.

미국자리공들이 자생하고 있는 경사진 언덕에 이르렀던 나는 낫으로 줄기들을 모두 쳐냈고 그것들의 뿌리를 호미로 파기 시작했다.

애초부터 호미로 뿌리를 파내려 했던 것이 잘못이었다. 미국자리공들은 연약한 줄기와는 영 딴판인 뿌리를 가지고 있었다. 내 팔뚝보다도 더 굵은 뿌리가 척박하기 그지없는 황토밭에 깊이 뿌리를 내리고 있었다.

빗속에서 호미로 뿌리를 파고 손으로 뽑으려고 용을 썼었으나 꿈쩍도 하지 않았다. 내 온몸은 황토로 범벅이 되어 있었고, 몰골은 말이 아니었다. 언젠가 전쟁 영화에서 보았던 패잔병이 머릿속을 스쳐 지나갔다. 씁쓸했다.

호미를 팽개쳐놓고 이번에는 삽을 들고 다시 빗속에 언덕을 기어 올라갔고 언덕에서 삽질을 했다. 하지만 좀처럼 그 뿌리의 끝은 보이지 않았다.

그렇게 연약해 보였던 줄기와는 정반대였다. 나는 삽질을 그만두고 금방 뽑힐 것 같은 생각이 들어 힘껏 뿌리를 뽑아보았다.

그 순간이었다. 빗물에 손이 미끄러지며, 언덕 위에서 아래로 굴러떨어졌다. 아찔했고 아득했다. 순간적이긴 했지만 얼얼한 충격이 내 팔목에 전해지면서 나는 길바닥에 널브러져 일어날 수가 없었다.

그렇게 한참을 누워 비를 맞고 있을 때 아버지께서 나를 보았는지 달려 나왔고, 아버지의 목소리가 아득하게 들려왔다.

[야가 왜 그런 다냐?]

나는 아버지 등에 업혀 병원으로 향했다. 병원 의사의 진료결과 내 손목이 부러졌다는 진단을 받았고, 여름방학 내내 그 깁스를 풀지 못하고 내 방에서 미국자리공들이 커가는 모습을 지켜봐야만 했다.

얼마 되지 않아 여름방학을 전부 끝마치고 학교생활에 들어갔다. 매일 새벽에 학교를 갔고, 캄캄한 밤에 집으로 돌아왔으니 지난여름에 있었던 일은 생각할 겨를이 없었다.

여름의 햇살이 점점 무뎌져 가고 있었고 차츰 가을 냄새가 코끝을 자극해 갈 무렵이었다. 내 방에서 학교 갈 준비를 하고 있던 나는 아버지께서 낫을 들고 있는 모습이 내 창문에 들어왔고 아버지는 곧 그 미국자리공들의 줄기를 낫으로 쳐냈다. 지난번에 내 낫에 힘없이 거꾸러지던 그 자리공들은 이번엔 제법 튼튼했다. 그것은 아버지의 낫질 한 번에 미국자리공들은 쉽게 베어 넘어지지 않았다. 미국자리공의 잎사귀도 예전 것과는 달랐고 열매도 제법 많이 달려 있었다. 얼마 후 아버지는 모두 베어 넘어트린 전리품들을 끌고 언덕을 내려갔다.

나는 내 손목을 부러뜨린 저 자리공들이 내 창문 앞에서 버젓이 살아 있다는 것 그 자체가 싫었고 언젠가 꼭 그 뿌리를 다 캐 버리리라고 생각했다.

버릇처럼 창밖에 펼쳐진 숲의 변화를 감상하곤 하던 어느 날 지난여름이 불현듯 떠올랐다. 아직도 그곳은 황토가 파헤쳐져 있는 상태였다. 팔뚝만 한 미국자리공의 뿌리가 멀리에서도 허옇게 드러나 있었다. 자꾸 눈에 거스르는 미국자리공의 뿌리를 톱으로 잘라내기 위해 그곳으로 갔다. 톱으로 허옇게 내민 분분을 잘라내 버리고 주위에 있는 황토로 말끔히 묻어버렸다. 언젠가는 땅속 깊이 박혀있는 뿌리를 캐낼 것이지만. 그렇게라도 하니 한결 마음이 가벼웠다. 내 방으로 들어와 창문 앞에서 그곳을 바라보았다. 눈엣가시처럼 박혀오던 그곳이 감쪽같았다.

가을이 익고 있었다. 산으로 올라가는 길을 따라 길게 늘어서 있는 은행나무 앞에는 노란 물이 차츰 진하게 물들여 지고 있었고, 무성하게 자랐던 울타리 옆의 참나무와 밤나무는 붉게 물들어 은행잎과 조화롭게 어우러져 있었다. 잔디도 노랗게 황토를 덮었다.

아버지는 미국자리공이 있었던 주위에 잔디를 다시 깔았다. 나는 땅속 깊숙이 묻혀있는 미국자리공이 다시 깊은 땅속을 차고 나오기란 어려울 것이란 생각을 했다.

겨우내 가끔 미국자리공들이 깊이 잠들어있는 곳으로 눈을 돌리곤 했고 그곳은 어렴풋하게나마 위치도 알 수 있을 것 같았다.

지난여름의 충격적인 일로 미국자리공을 캐내는 꿈을 자주 꾸곤 하였다. 그 꿈들은 대개가 내가 미국자리공에 당하는 꿈 들이었다.

여름철 미국자리공을 캐다가 낭떠러지로 떨어지는 꿈도 꾸었고, 미국자리공에 휩싸여 있는 꿈도 꾸곤 하였는데 내가 미국자리공들에 휩싸여있는 꿈을 꾸곤 할 땐 내 얼굴엔 붉은 미국자리공 씨앗의 물들로 온통 젖어있었고 그것은 흡사 피를 뒤집어쓴 흡혈귀 같기도 했다. 그런 꿈을 꿀 때마다 등에 식은땀으로 축축하게 젖은 채로 잠에서 깨곤 하였다.

그렇게 지내던 어느 날부터 독감에 시달렸다. 독감 중에 또 다른 악몽을 꾸었다. 이 꿈은 너무 충격적이어서 잠에서 깨어나서도 꿈속의 일들이 선명하게 기억되었다. 그 꿈은 미국자리공들이 주위에 있는 잔디와 토속 식물들을 다 몰아내고 자기들이 그곳에서 자리를 잡아가면서 교묘하게 생긴 뿌리로 단단히 지반을 무력화시키고 있었고, 차츰 땅은 지지력을 잃고 있었다. 얼마 후에 그 땅 위에 큰비가 내려 산사태가 일어나는 장면들이 연출 되었고 나와 아버지는 산사태를 막으려고 용을 썼다. 그러다 아버지가 황토 흙더미에 묻혀버렸고 나는 황토를 뒤집어쓴 채 아버지를 찾고 있었다. 장대 같은 빗줄기 속에서 내 몸에 있는 황토들이 씻겨져 내려가자 그 위에 피 같은 붉은 비가 내렸다. 나는 시뻘건 붉은 비를 다 맞으며 아버지가 묻혀 있는 흙을 파냈다. 그러나 그 속에는 아버지의 모습은 보이지 않았다. 붉은 비는 온 대지를 적셨고 간헐적으로 그 비는 끈적거리는 느낌까지 있었다. 나는 그래도 피비린내가 나지 않는 걸 다행으로 여겼다. 그러다 언덕에 맞닿아 있는 우리 집이 산사태에 기우뚱거렸다. 나는 집을 바로 세우려고 벽을 지지할 말뚝을 찾았다. 한참 만에 말뚝을 찾아든 나는 우리 집이 더 이상 기울지 못하도록 말뚝을 깊이 박고 벽을 지지했다. 그렇게 말뚝으로 벽을 지지하고 있을 때 땅속에서 있을 아버지가 황토를 시뻘겋게 뒤집어쓴 채 미국자리공의 뿌리를 입으로 깨물며 내가 있는 곳으로 걸어 나왔다. 아버지는 입술이 퍼레서 몸을 한기에 떨었고, 자리공 뿌리를 깨물며 뿌리의 수액만 섭취하고는 이내 뱉어버리곤 하였다. 나는 아버지를 크게 소리쳐 부르며 달려갔다. 피 같은 빗물이 하얀 넌링셔츠를 붉게 물들이고 있었고 아버지는 내 긴 머리를 흙 묻은 손으로 쓸어 주었다. 나는 울음을 터뜨렸다. 그때 어머니가 나를 흔들며 깨웠다. 꿈이었다. 식은땀에 젖은 속옷을 갈아입었다. 어머니는 내 옆에서 독감을 간호하느라 근심 어린 모습으로 나를 내려다보고 있었다.

[왠 꿈을 꾸었냐.]

[어머니 징그러운 꿈을 또 꾸었어요.]

[미국자리공 꿈 말이냐?]

[예]

나는 꿈속에서 있었던 일을 더 이상 떠올리기 싫었다. 그러나 그 꿈은 내가 신체적으로 허약해 있을 때마다 나타나 괴롭혔다.

3

할아버지는 아버지를 비롯하여 삼 형제를 두었다. 장남인 성구, 차남이 성현, 그리고 마지막 삼남인 성훈이었다.

그 삼 형제 중 두 형제는 한국전쟁인 육이오 때 다 죽었다. 그리고 맨 마중인 성훈이만 살아서 할아버지의 대를 이어가고 있었다,

장남인 성구는 육이오가 터지기 전에 경찰서를 다니고 있었기 때문에 육이오가 터지자마자 인민군들에 이끌려 동구 밖 큰 소나무에 묶여 총

살당했다. 그때 할아버지는 몇 번이나 실신을 하였다고 했고, 둘째인 성현은 인민군 세상이 되자 인민군에 자원했다. 그렇게라도 하지 않으면 인민군이 우리 가족 모두를 반동분자로 몰아 죽이려고 했기 때문에 어쩔 수 없는 결단이었다. 할아버지는 자식을 살리려면 어쩔 수 없다며 늘 웬수놈들, 웬수놈들 하며 살았다고 했다. 그렇게 인민군이 된 둘째 성현이 잘못된 것은 유엔군이 다시 마을을 점령하고부터였고, 영어를 제대로 알아듣지 못하던 동네 사람들은 미군들만 보면 미군들의 표정을 보며 "예스"와 "노우"만 입에 붙여가며 미군들을 따라다녔다. 미군들이 들어오기 며칠 전 인민군대가 후퇴하는 곳에서 극적으로 탈출한 성현이 집 뒤 안에 있는 젓 굴에 들어가 숨었다. 그도 그럴 것이 인민군이 좋아서 지원했던 것도 아니고 그렇다고 고향을 버리고 그들을 따라가는 것이 두렵기도 했기 때문이다. 그런 성현을 알 리 없는 미군들은 성현을 찾아내 포박하여 끌고 갔고, 곧 할아버지가 불려갔다. 미군들은 손짓으로 "죽여 버릴까요?"라고 한 말을 "보내줄까요?"로 착각하여 "예스"라고 대답했고, 미군은 더 이상 생각해보지 않고 그 자리에서 권총으로 성현의 머리통을 쏴버렸다. 너무 순식간에 일어난 일이었다. 나중에 안일이지만 미군의 뜻은 얼마나 못된 짓을 많이 했으면 아비가 자식을 죽이라고까지 하나 하는 생각에 더 이상 생각해볼 것도 없이 죽였다고 했다.

그렇게 하여 성현마저 죽고, 성훈이만 남았는데 바로 성훈이 우리 아버지였다. 할아버지는 인민군도 미군도 다 싫어했다. 한 번이라도 TV에서 인민군들의 모습이 나올라치면 웬수놈들, 웬수놈들 했고, 미군들만 지나가도 웬수놈들이라고 외쳐대곤 했다. 할아버지는 그렇게 속을 끓이다 화병으로 죽었고 지금은 아무런 일가친척도 없이 이렇게 아버지 홀로 살아 대를 잇고 있다.

4

겨우 내내 악몽과 함께 독감에 시달려야 했다. 지난여름 잊지 못할 사건 때문이었기도 했지만, 평소 내 건강에 문제가 있었던 탓이 더 큰 이유였다. 어머니는 내 허약한 체질 때문에 걱정이 심했다. 어디서 구해왔는지 이름 모를 한약을 달이는 냄새가 온 집안을 들쑤시고 다녔다. 하지만 내 허약한 체질을 바꿔놓지는 못했고, 나는 늘 그런 속에서 성장해왔기 때문에 이번 겨울도 그런 행사의 일부분이라고 생각했다.

그렇게 지루한 겨울이 다 지나고 봄이 찾아왔다. 앞산에 아지랑이 피어오르고 제법 식물들이 푸른빛을 하며 살아있다는 것을 알렸다. 화단에는 일찍 꽃을 피워내던 연산홍과 철쭉 그리고 진달래가 꽃을 활짝 피웠다. 황토 언덕에도 잔디가 파란색 옷으로 갈아입고 있었다, 아버지는 몇 해 동안 언덕의 잔디를 손질하였다. 잘 자라지 못한 곳엔 다시 잔디를 깔았다. 그렇게 해서 언덕엔 황토가 보이지 않았고 융단 같은 잔디가 입혀져 있었다. 앞산에 산 벚꽃이 연분홍으로 물들여지고 있는가 싶더니 어느덧 푸른 나뭇잎으로 바뀌고 있었다.

나는 햇볕이 잘 내리쬐는 언덕으로 올라가 햇살을 받았다. 그리고 지난여름과 가을로 이어지며 미국자리공의 뿌리를 뽑아내려고 애를 태웠던 곳으로 가 아직 뿌리를 내리지 않은 잔디를 들춰보았다. 뜻밖이었다. 땅속 깊은 곳에서 다시는 햇빛을 보지 못하리라고 생각했던 미국자리공들이 잎을 말아 올리고 있었고 곧 햇빛을 받으려고 잔디 사이를 뚫고 기어 나오려 하고 있었다. 순간적으로 현기증이 나는 것 같았다. 그 길로 창고로 내려가 삽과 곡괭이를 들고 나왔다. 내가 연장들을 들고 나가자 아버지가 걱정스러운지 내가 있는 곳으로 따라 올라왔다.

[얘야, 이것이 그렇게 눈엣가시처럼 생각드냐?]

[예, 어떻게든 이것들을 뿌리를 몽땅 뽑아내려구요.]

[그려, 내가 곡괭이질을 헐 테니 너는 삽으로 흙을 긁어 내그라]

아버지가 곡괭이를 들고 미국자리공의 주위를 파냈다. 제법 깊숙이 박힌 자리공은 얼마 되지 않아 뿌리를 통째로 드러내고 있었다. 아버지는 뿌리의 마지막까지 깊숙이 파 내려갔고, 팔뚝 크기만 한 뿌리를 전부 캐냈다.

다섯 뿌리나 되는 자리공을 모두 뽑아낸 아버지는 나를 보고 흐뭇한 표정을 지으며 말했다.

[인자 속 시원허냐?]

나는 아무런 말을 하지 않았지만, 마음이 상쾌했고 긴 시간 동안 괴롭혀 오던 앓든 이가 빠진 것 같았다.

5

내가 왜 미국자리공에 대해 배타적인 생각을 하고 있었는지 알 수 없는 일이었다. 그렇다고 아버지의 형제들이 이데올로기 싸움이었던 육이오 전쟁에서 인민군과 육이오 전쟁 이전부터 주둔해 오고 있는 미군에 의해 죽임을 당했던 사실도 그렇게 밝게 알지 못한 상태였고 또 아버지께선 내게 그 일들을 세세하게 알려 주지도 않은 사실들이었기 때문이다.

내가 그래도 이 사실들을 어렴풋이 알 수 있었던 것은 늘 병마에 시달리며 노년을 보내셨던 할아버지의 일관된 욕설이고 그 욕설들이 나의 의식 먼 곳에서 무의식적으로 자리 잡고 있는 것뿐이었다.

굵직하고 탐욕스럽게 생긴 뿌리가 길가에 널려있었다. 나는 삽으로 조각조각을 내어 쓰레기장에 버렸다. 쓰레기장엔 하루에 한 번 꼴로 쓰레기를 태우곤 하는 장소로 그곳에 놓아두면 저녁나절쯤 되어 누구인가에 완전히 태워져 버릴 것이기 때문이었다.

저녁이 되어 뉴스를 보았다. 공교롭게도 미군에 대한 뉴스가 나왔다. 며칠 전 이태원에서 발견돼 외국어 대학교 사학년 학생인 모씨가 화장실에서 흉기로 난자된 상태로 발견되었는데, (이 부분은 실제로 있었던 사건임) 현장에 있던 피의자로 미군 병사 둘을 우리 경찰에서 조사했는데 그들은 '재미로 그 학생을 죽였다.'라고 했다는 것이었다. 우리 경찰에서 그 병사를 구속수사를 하려고 수속했으나 미군 측에서는 한미행정협정을 들먹이며 그 병사들을 우리나라에서는 구속할 수 없다고 하였고, 그들은 그들의 기지로 데려가 버린 거였다.

결국, 그 학생은 개죽음이나 다름없었다. 이와 유사한 사건들이 많았으나 그들을 구속하거나 그들의 죄를 물을 수 없는 현행법이 있었다.

자리공이 왜 하필 미국자리공인가? 나는 책상머리에 앉아 그 생각을 하였다. 그 식물의 이름이 미국자리공이 아니었다면 내가 이상한 꿈을 꾸지도 않았을 것이다. 라는 생각을 했다

실제로 미국자리공은 육이오 때 미군 물품에 섞여 한국에 들어온 후로 왕성한 번식력을 자랑하며 우리나라 전역에 토착 식물을 밀어내고 자라고 있는 식물이다.

책상 앞에 걸려있는 할아버지의 묘한 웃음이 나를 자극하고 있다. 할아버지의 묘한 웃음은 모나리자의 미소와 너무도 흡사한 거였다. 어찌 보면 자신의 비극적인 삶을 웃음으로 감추려는 것 같기도 했고, 어떤 땐 자의적인 웃음 같기도 했다. 하지만 확실한 것은 할아버지께서 내 책상 위에서 나를 내려다보면 웃는 것이다.

오늘 할아버지의 웃음 예전의 웃음과 너무도 달라 있었다. 오늘따라 할아버지께서 늘 말씀하시던 말이 내 귓전에 맴돌고 있었다.

[웬. 수. 놈. 들, 웬. 수. 놈. 들……]

당선

제1139호 10월 15일 월요일

2001 최명희청년문학상 : 대학생 시

비단길을 찾아서

· 김인득 (전북대 국문과 4학년) ·

처음 물리는 젖가슴처럼 봄이 오면
나는 뽕나무 속으로 들어가
어머니가 그랬던 것처럼 젖을 물리고 싶다

젖을 물리느라 드러난 젖가슴처럼 부드럽지 않았다. 아버지의 무덤은 어머니의 가슴아래께 빈 젖의 가슴으로 생겨나 거센 분발도 한 손에 움켜쥐지 못하는 가슴처럼 멀리서도 붉은 눈물 자국이 그대로 드러났다

어머니는 봄이 오자 뽕나무 속으로 들어갔다 한 잎 한 잎 배냇저고리를 짓는 동안 바늘귀보다 자잘한 누에씨들이, 탯줄도 없이 갓난것들이 태반 울어댔다. 때마침 꼭지마다 젖이 돈 뽕나무는 생애에서 가장 연한 순을 내밀어 젖을 물리듯이 잎사귀를 풀어헤쳤다

이 어린것들을 '어찌 키운다지'··· 삶과 죽음 사이로 난 길에서 배꼽이 자리를 찾아 삶의 웅덩이를 만들고 희망의 무게만큼 손에 힘이 들어가는 첫술의 고통을 알기까지, 그리고 마지막까지 비우지 못한 절망의 깊

이만큼 손이 모자라는 사랑의 덧짐을 빈 젖의 가슴에 파묻을 때까지 어머니는 뽕나무 밖으로 나오지 않았다

어머니만을 갉아먹는 누에가 산다는 것은 헌 옷을 버리는 것과 같아 살진 몸으로 어머니의 치맛자락을 기어오르고 죽음 쪽으로 부드러워진 빗소리가 마지막 옷 한 벌 비단이 아닌 것도 눈물이라며, 스스로 젖을 떼고 탯줄처럼 실을 뽑아 누에 오르는 동안 뿌리부터 몰락하는 뽕나무에선 어머니의 어머니가 길바닥에 나앉았다

명주실 한 가닥도 뽑지 못하는 손으로 누에씨보다 자잘한 사랑의 실밥을 움켜줘 지고 누에 오르는 세월에서 빈 속 보이는 아버지의 집터를 기어 나오는 번데기 같은 세월까지 어머니의 바닥 사막에 잠기도록 아버지는 낙엽마다 떨어지는 빈 젖이었다

빈 젖의 가슴을 움켜쥘수록 실에 꿰지 못한 바늘의 몸이 만 리 밖이라 뽕나무 잎으로 만든 수의를 태워야 하는 누에의 집서는 구멍 뚫린 손마다 하얀 재가 날린다. 겨울은 이쯤에서 끝이 나도 좋다. 누에의 다섯 잠은

살품 풀어헤치는 잎사귀처럼 봄이 오면
나는 아버지에게서 나와 어머니에게로 들어가
뽕나무가 그랬던 것처럼 배냇저고리를 짓고 싶다

당선

제1139호 10월 15일 월요일

2001 최명희청년문학상 : 고등부 시

가을

· 김혜화 (보성여고 3학년) ·

외할머니 모습을 닮은
시골집 뒤뜰
감나무 가지 끝에
홍시 하나.

가을이 차오르나 보다.
하늘까지 차오르려나 보다.

가을의 설레임만큼
발 그랗게 단장하고,
가을의 무게만큼 여물어
땅을 움켜쥔다.

감나무 가지 끝에
홍시 하나.

쪼아대는 까치의 입가에
가을이 넘실거린다,

툭,
그것마저 떨어지면
땅은 가을로 잠이 든다.
곱게 수놓아진
비단 이불 덮고
곤히 잠이 든다.

하늘까지 차오르던 가을
외할머니 손길 마냥
땅을 잠재운다.

시골집
감나무 가지 끝에
홍시 하나
떨어지면 가을만큼
땅은 차오른다…

최명희 청년문학상

•

2001~2008

당선

제1160호 2002년 10월 14일 월요일
2002 최명희청년문학상 : 대학부 소설

따수분 마당

· 홍성우 (전북대 철학과 4학년) ·

하늘에 뭐시 뜨는교, 하늘은 와 그랗케 삐뚜러지게 보고 있는교, 뭐시기 뭐 뷔는 거시라도 있는 깁니꺼, 목따리 애리겠씀더 고만 쳐다보지 그라요, 뭐 할라꼬 하늘 거튼 민숭한 거슬 째리는 고런 어리한 짓을 하는교, 내 것트면 차래리 맨땅에 모래알 거지나 디비 볼낍니더, 혹시 아능교 디럽게 굴러 댕기는 알새탕 하나 줍불 수 있을제 모른다 아입니꺼, 댐배 한 닢 꼬스를랑교, 혹시 댐배 연기 한 모금 것 튼 거세 목쉼 구름자를 생각허는 거슨 설마 지예, 후으, 어뜬교 올해는 댐배 닢이 꼬습게 자알 맬랐지 않습니꺼, 사람도 요렇케 꼬슬꼬슬 바싹 맬러야제 무거븐 목쉼이 엥가이 흩어질 낀데, 고것이 좆거치 어려버서 그랗체, 후으, 이 여편네가 또 살빌레한티 삐쳐버렸나, 가난뱅이 촌부 정지 살림이란 거시 씨꺼만 허선생 한두 양반 모시는 것시 당삼이제, 이 여편네가 서방 배꾸장 쪼르라드는 꼴을 보고 싶은 기가, 후으, 후으흐흐, 그카면시도 여보가 밤일은 배암맹키 꼬물꼬물, 후으흐흐 또아리를 맹글맹글 허옇케 잘도 뒤집어쌌체. 으흐흐, 후으, 와 그랗케 어두운교, 안댁에 뭔 일이라도 났소, 안 보던 하늘을 멍뚱키 보질 않나, 와요, 형수가 쪽박 깨트렸는교,

와 그라는교. 후우, 우리 어무니 말이다. 어무니가 와요. 후우, 우리 어무니 땜시 나가 환장해 뻴겠다. 아이고 어무니 바람 맞으셨는교. 아이코 요 씹어먹을 아갈통을 퇘퇫. 그게 아이고 내 마누라허고 우리 어무니 땜시 말인 기라. 와요 형수가 어무니 목숨 길다고 핀잔주요. 그카면 안 되지. 그게 아이고 아무래도 우리 어무니 치매가 왔는기라. 맞어. 그런 기라 동상도 우리 어무니 성품 잘 알고 있잖어. 맞어. 제정신이 아닌 기라. 치매끼가 올라 왔는기라. 성님도 참은 낸도 잘 알고 있다 아닝교. 성님 어무니 성품이사 어디 잠잠하게 태들어가는 아궁이 불 아닝교, 내 얼라 때 성님댁으로 닭 시리 할라꼬 갔다가 성님 힝아한테 붙떨려서 갈꾸리 자루로 죽사발 날 삔했는데 성님 어무니께서 말려주셨다 아입니꺼. 또 잽다가 죽어삐린 닭이로는 백숙도 맹글어주셨다 아입니꺼. 잘 알고 있지예. 그것슬 말이라고 카능교. 아믄 내도 기억하제 늙은 대추 알이 몇 개 들어있었나도 아믄 기억하고 있제, 근데 고런 어무니가 고런 어무니가 말이다. 내 마누라를 못 잡아먹어서 안달이 났다 아이가, 마누라는 나헌티 암말도 안 허고 쏙만 쌔리고 앉아있는데 나가 어디 움막 내 칠뜩이가 고런 걸 눈치 못 채고 맹숭맹숭 살게. 와요. 형수는 나물도 밥도둑 놈치럼 만나게 무치고 밭고랑 이서도 산고냥이맨치로 날래게 김매는 것이 부지란을 떠는 거시 똑 보기 좋텅만 와요. 형수가 어무니한테 책 잽힐 짓을 했는교. 와 그라는데요. 담배 한 닢 더 주바라, 그카이 고것이 다 내 탓인 기라 아믄 내 탓이제. 뭐가 있겠노. 나가 그 사람하고 혼을 맺으면 안 되었던 기라. 그런 기라. 나가 억지를 떨었으면 안 되었든 기라. 고게 무신 말인교. 고런 말이 어디 있는교. 성님도 참은 배가 불렀는갑소. 늦장가 참한 사람 만났으면 감사한 줄 알어야제. 성님은 고런 생각허면 못 쓰는 기라요, 후우, 나가 어디 그 사람한티 못마땅한감 그 사람이사 고맙제. 아문 고맙고 감사하제. 내 말은 그기 아이고 내 꼬라지가 내 채신머리가 못마땅한 것 시제, 그카이 동상도 내를 보고 요런 생각 했을꺼 아이가. 뭐 할라꼬 무주공산 먼 데서 마누라감을 대불꼬. 오노 가차이 토실토실한 가시나들이 쌔빌었는데 요런 생각을 동상도 했을꺼 아이가. 그카이 어무니는 그게 마음에 안 차는 기다. 어무니는 거짝하고 이짝하고는 땅에서 자라는 곡식이 다 불고 바우 속에 고여있는 물맛도 다 불러서 사람들 매음 씀씀이도 틀린 기라고. 조상으로부터 대대로 전수 받은 헷소리를 목쉼 붙잡드끼 붙잡고 버팅기고 있다 안카나, 후우, 가만히 우리 어무니가 내 마누라 엉덩짝에서 슬슬슬 무서분 눈초리로 장 소래기를 매무만지고 있는 거슬 보고 있자믄 암만해도 어무니는 어무니 고집을 지키는 거시 새 식구가 들어온 것보담 중시한 모냥인 것치럼 내는 비약시럽게 보게 된다 아이가. 참 성님도 답답하게 언제짝 야그를 하고 있쏘 지금이 무신 뺄갱이 사상 짖어대는 시대요. 뺄갱이 사상 깨갱 한지가 언제라고 거짝이요 이짝이요 카는교 암만 무슥 한 마을이지만서도 고런 삐루박머글 생각허고 있슨 사람은 성님 밖에 없을 낍니더. 참은 성님 어무니가 어떤 분이신데……아무려도 어무니께서 새색시 살림 잘 지키라고 시집살이시키는 갑소. 말도 마소 지도 새신랑 때는 어무니가 얼맹키 꼴 뵈기 싫던지. 그카이 어무니는 다 자석 잘되라고 마누라 단도리 시키는 거니께 성님이 짬만 기둘려 보소, 어이 씨부랄 이놈에 여편네는 와 이케 소식이 없노. 닭 모가지라도 삐틀어 올라고 카나 쩝 어씨 배꾸장 헐어삐리것네. 후으, 고건 동상이 몰러서 하는 소리제 낸동 태어나서 어무니가 고렇케 서슬 피런 눈빛으로 사람을 흘기는 거슬 처음 봤다 안카나. 내도 처음에는 동상치럼 그렇케 생각했제. 시퍼런 젊은 거시 먼데 시집와갔고 부실한 거시 많아서 어무니가 무사븐 시

어무니 노릇 할라고 근갑따 했제. 근데 그게 아니드라고 어무니 가심 속에 담겨있는 심정은 고게 아니더란 말이시. 어무니도 본래 성품이 있으신지라 까발르고 말허지는 않는데 혼자서 뒤주뚜껑 슬짝 열어 볼 때나 우물 속을 꼬롬히 보며 두레박질 허면서 툭 툭 내뱉는 말들을 주서 들으면 그냥 무서븐 시어무니가 허는 말들이 아닌더라니껜. 예전에는 안 이랬지 살빌레가 이랗케 많틀 않았제. 우물 빛 잠 보소. 이거시 안 이랬제. 카믄 월매나 맑고 수원한 소리가 났다고 안 이랬제. 그려 안 이랬어. 요런 말들은 주절이시더라고. 그 정 많턴 우리 어무니가 고렇케 말하더란 말이제. 어무니는 그 사람 발끝 부텀 머리 꼭다리 까정 그 사람이 집안에 발 들여 논 것 자체를 부정탄 일로 생각허는 거시제. 아믄 고런게 아느믄 그럴 수가 없는 것시제. 성님도 참은 고것시 다 형수가 아즉 여그 살림에 서틀러서 그런 기라요. 밥상머리만 봐도 알 수 있는 거 아닝교. 그짝이 암만 산 꼬라지래도 주변이 쌀이 많이 나는 고장이라 밥 한 공기를 고대로 푸섬하게 쌀로 푸서 올려도 되지 만서도 이짝에서는 어데 그게 되는 일입니꺼. 다 고론 문지방 넘나드는 사사로운 방슥 차이 땜시 그라니께 그랗케 걱정인들 하지를 마소. 성님도 참은 고런 걱정 할 새에 밤일이나 구찮다고 빼묵지 마소. 까놓고 새뻘건 핏댕이 하나 어무니 품안에 풀썩 안겨 보소. 그 날부텀 어무니 눈빛이 싸그리 달라질낍니더. 우리 어무니는 입이 눈에 걸렸었다 아입니꺼. 아즉 옛날 양반들이라 꼬치 따드리면 어깨춤을 덩술덩술 출 낍니다만. 뭐시 쪼갑지도 첫 자석은 이쁜 것이라 좋아들 하실 낍니더. 더욱이 성님 것치 늦장가 든 사람한테는 마을 잔치감 아입니꺼. 그카이 돌 것 튼 자석 하나 얼른 맹글기나 하소. 그랄까 정말로 그랗케 되문 어무니 눈 꼬랑지가 내려가실까. 어이코 고럼 얼른 맹글어야제. 빨리 맹글러야제. 그카이 동상 아무려도 꼬치가 어무니 품속에서 까불어야 어무니 매음이 다숩게 차것제. 아니제 아니제. 첫째는 쪼갑지가 나와야지 집안이 재수가 붙는 것 시제. 그러제. 염소맹키 이쁜 딸내미를 낳어야제 우흐히히. 성님도 성질하고는 염소 새끼든 노루 새끼든 아무 끼나 쌔리 맹글기나 하소. 뽕닢도 안 믹이고 누에 보러 꼬치 짜라고 카면 쓰것소. 저 저 보소. 인제사 실금실금 나타나는 여편네 꼬라지 좀 보소. 얼씨구 살림 말아묵을라꼬 작정을 했는게비. 뭔 눔의 참꺼리를 저랗케 지 배만 한 거슬 이고 온데여. 우히히. 성님 인제 보름 정도 남았을 끼라요. 빌써 씻째 아닝교. 으히히. 요번에는 웃배가 옴팡하니 들어간 거슬 보니께 딸내민가 보우요. 요번에는 월마나 야물딱지게 울어 지낄끼나 우흐히히, 이 여편네야 싸게싸게 안 오나 낭군 모가지 타 뻴라꼬 칸다. 이 여편네 좀 보소 어무리 씻째라케싸도 무거븐 거슨 들지 말라고 안캤나. 어여어여 이리 둬봐라. 어이쿠나 이 땀 좀 보그라. 어허 참일랑 신경 쓰들 말고 이짝 그늘에서 땀이나 닦그라. 어여 앉그라.

여자아이 하나가 입에 물고 있던 쥐참외를 한 입 베먹고 깻잎 밭고랑 밑을 요리조리 살펴보고 있다. 까맣게 딴 얼굴을 흙에다 가까이 대고 깻잎 줄기 사이를 분주하게 살펴보는 여자아이는 흙에서 좋은 냄새를 맡았는지 킁킁 흙냄새를 맡아보다가 눈앞에 꾸물럭거리는 게 있어 초점을 그곳에다 맞추는데 아이는 벌떡 기겁을 하며 엉덩방아를 찧는다. 실뱀 같은 지렁이가 똥을 싸고 있었다. 아이는 발로 한번 지긋이 눌려주려고 하다가 지렁이를 집어서 잎사귀에 돌돌 말아버리기만 한다. 그리곤 다시 밭고랑을 뒤지기 시작했다.

"할매에! 할매에! 어디 있노!"

여자아이는 쥐참외를 한 입 더 베어 씹으며 할매를 다시 부른다.

"할매에! 할매야!"

아이는 가만히 서서 사람의 기척을 기다리다 허리를 펴는 사람이 아무도 없자 고랑을 되짚어 나오기 시작했다.

"복실이 찾으러 갔나?"

여자아이는 손에 쥐고 있던 쥐참외를 힐끔 쳐다보더니 고랑에다 아무렇게 버려버리고 흙을 모아 찐덕찐덕한 손바닥을 닦았다. 밭고랑을 빠져나온 아이는 주위를 두리번거리며 논길을 따라 걸어가다 멀리 머리쓰개를 어깨에 걸치고 논두렁에 앉아 있는 할매가 보였다. 아이는 할매를 향해 뛰어갔다. 여자아이는 무릎에 손을 짚고 색색거렸다.

"할매, 여기서 뭐 하고 있노?"

할매는 여자아이를 슬며시 올려다보기만 할 뿐 아무런 대답이 없다.

"할매야, 혹시 복실이 봤나? 복실이가 집에 없다 아이가."

그제서야 할매는 손가락 한 마디 정도 남아있는 담배를 흙에 묻어 꺼버렸다.

"복실이가 와?"

"복실이가, 복실이가, 모가지 줄만 남겨놓고 어드로 사라져삐릿따."

여자아이는 울먹울먹 우는 소리를 섞으며 큰일났다는 표정을 지었다. 할매는 어깨에 걸쳐놓았던 머리쓰개로 새카맣게 타들어 간 쪼글쪼글한 목을 쓱 훔쳤다.

"복실이가 안 보이데? 그카믄 오늘 복실이 잡는 날인 갑따. 아믄 고만큼 컷으면 잡을 때가 한참은 지났제."

"잡는다꼬? 그기 무슨 말인데 할매야, 복실이를 와 잡는데? 뭔데? 오늘 마을에서 뭐하나? 할매야 뭔데?" 아이는 할매의 말꼬리에서 묘한 분위기를 느낀 모양이었다.

할매는 어깨에 걸쳐놨던 머리쓰개를 다시 머리에 두르고 끙하고 무릎을 폈다. 칠순이 넘은 나이치고는 등이 반듯한 편이었다. 할매는 걸음을 밭고랑으로 옮기기 시작했다. 아이는 그런 할매의 뒷모습을 꼬롬히 보더니 쪼르르 뒤를 따랐다.

"할매야, 할매야, 복실이 어디 갔는데 그러노? 복실이 병나서 병원 갔나? 할매야, 할매야, 와 그라는데? 할매야, 내 오늘 복실이랑 할 끼 있다 아이가, 빨랑 복실이 데불꼬온나, 빨랑 데불꼬온나, 어여, 어여 할매야."

"야가 오늘 와 이카노! 니 동남이는 어트키하고 이리 싸댕기노, 동남이 어디 있노 어잉!"

"동남이는 집에서 자고 있제 뭐." 여자아이는 기가 한풀 죽어버렸다.

할매는 무서운 눈초리로 여자아이를 비스듬히 내려다봤다.

"동남이 혼치서 집에 있단 말이가?"

"내는 복실이가 없어져가꼬……." 아이는 기어들어가고 있었다.

"야가 정신이 있는 기가 없는 기가! 어여 집에 안 드가나! 뭔 일 생기믄 어찔라꼬, 어여 뛰가라, 그카고 복실이는 이따 저녁에 볼 수 있을 끼다, 어여 가그라 어여."

"참말이가? 복실이 저녁때 볼 수 있는 기가? 진짜가? 할매는 진작에 말했으면 됐제, 알았따 할매야, 내 동남이 보러 가꾸만 할매도 힘쓰지 말고 찬찬히 김매그라, 내 가꾸만."

여자아이는 참새처럼 깨금발로 통통거리다가 강아지풀을 꺾어 입에 물고 달려가기 시작했다. 할매는 그런 여자아이를 기묘한 표정으로 바라봤고 해는 정오를 넘어서고 있었다.

점심을 준비하러 무주댁이 싸리문에 들어서고 있었다. 무주댁은 오자마자 호미자루를 물로 헹구고 물에 담가 두었던 보리와 조를 바가지에 문대기 시작했다. 무주댁이 밥을 안치고 장독대에서 쌈장을 푸고 있을 때 그제야 여자아이가 씩씩하게 앞마당에 발을 들여놓았다. 품에 들꽃들이 한 아름 안겨있을 것을 보니 오던 중에 들꽃들에 정신을 쏟은 모양이었다. 무주댁은 방안에서 동생을 돌보다 함께 잠든 줄 알았던 첫째가 보이자 놀란 눈으로 여자아이를 쳐다봤다.

"동화야! 니 시방 워디 댕겨오는 기여? 동남이는 워쩌고?"

"방에서 자고 있제, 걷도 못하는 갓난이가 어디 갈라꼬."

"야가!"

무주댁은 보시기가 장독 안으로 빠지는 것도 모르고 툇마루로 뛰어올라 방문을 제쳤다. 동남이는 무슨 꿈을 꾸는지 옹알옹알거리며 손가락을 쥐었다 피고 있었다. 무주댁은 기저귀를 매무만져보고 손부채질을 두어 번 해준 뒤 방문을 조금 열어둔 채 다시 마당으로 나왔다. 동화는 뭐시 그렇게 즐거운지 흥얼흥얼 콧소리를 내며 우물가에다 들꽃들을 펼쳐놓고 있었다. 무주댁은 동화의 엉덩짝을 살짝 때리고 장독대에서 보시기를 찾았다. 동화는 쌔꼬롬한 표정을 지으며 무주댁 옆구리로 붙었다.

"엄니, 할매가 오늘 복실이 잡는 날이라고 카든데 그기 무슨 말이고?"

무주댁은 보시기에 묻은 쌈장을 손가락으로 닦아 먹으며 동화를 꾸짖었다.

"동생 저렇게 혼자 두지 말라고 그랬잖여, 엄마가 그렇게 말했는디 와 그렇게 말을 안 듣는 기여, 다음부텀 그러지 말어, 알것제? 우리 동화 배고프것따 어여 점심 해 묵자, 동화야 텃밭에 가서 꼬치 좀 따오그라 파란 것으로다가 니 손맨큼만 따오그라."

동화는 복실이 문제를 더 묻고 싶었지만 이른 아침부터 복실이를 찾느라 뛰어다녀서 그런지 쌈장이 묻어있는 엄니 손가락을 보고 시장기가 확 돌았다. 침이 자기도 모르게 넘어가며 꾸룽 소리를 냈다.

"동화야, 한 분 찍어 묵을래?" 무주댁이 그 소릴 들은 모양이다.

"응" 동화는 까치발로 장독대 속을 들여다보고 있었다.

무주댁은 집게손가락으로 쌈장을 꾹 눌러 손톱만큼 찍어냈다.

"아 하고 입 벌려 보그라."

"아!" 동화의 목젖이 대롱대롱 보였다.

무주댁은 손가락 끝을 동화 혀끝에다가 톡톡 닦아주고 남아있는 쌈장은 쏙 빨아먹었다. 동화는 짠맛과 단맛의 중간 표정으로 눈을 찡그렸다.

"아부지하고 할머니 배고프것다. 어여 꼬치 따오그라" 무주댁이 숟가락으로 쌈장을 다듬으며 말했다. 동화는 짭짭 소리를 내며 쥐고 있던 들꽃 한 송이를 우물에 던져버리고 텃밭으로 고개를 돌렸다. 정지부뚜막에서 밥 익는 냄새가 올라오고 있었다.

오후의 햇볕 아래 무주댁이 점심 보자기를 이고 잰걸음으로 앞서 걸어가고 있고 뒤편에는 할매를 부르러 깻잎 밭으로 둘러갔던 주전자를 든 동화가 동남이를 바꿔 업은 할매와 멀찍이서 뒤따라오고 있다. 동남이는 할매의 등에서 들꽃 줄기를 쥐고 쭉쭉 빨아대고 있었다. 여름의 폭염은 보름 전부터 꼬리를 슬슬 내리기 시작해 대낮에도 그늘에 숨지 않고 젖은 속곳을 식힐 수 있는 정도로 여름은 꺾여있었지만 아직 해가 정수리를 지나고 있을 때에는 폭염의 여운을 충분히 느낄 수 있을 만큼의 더위는 남아있었다. 무주댁이 어느새 날랜 걸음으로 논두렁을 가로지르고 있었고 무주댁이 가로지르고 있는 논두렁 끝에는 두 사내가 퍼질어 앉아 밀짚모자로 바람 질을 하며 담배를 피워대고 있었다. 동화는 엄니가 멀어지는 모습에 갑갑증이 일었는지 주전자 주둥이로 탁주가 쏟기는 줄도 모르고 촐랑촐랑 뜀박질을 해대며 논두렁을 향해 소리를 쳤다.

"엄니이! 쪼매만 기다려 보그라, 내랑 같이 가자, 엄니이 쪼매만 기다리라꼬!"

무주댁은 들은 척도 않고 걸음을 쉬지 않았다. 동화는 논두렁길에 접어들자 더욱 크게 소리를 질렀다.

"아부지이! 아부지이! 감자 먼자 찝어 묵기 없기다아! 먼자 묵지 말그라아! 재춘이 아제에! 아제도 먼자 묵지 말그라아! 알겠제에!"

동화는 치마 끝자락에 탁주가 젖는 줄도 모른 채 정신 못 차리고 뛰어가고 있었다. 할매는 동화의 우악스러운 목소리에 동남이가 놀래지 않게끔 엉덩짝을 톡톡 얼렀다.

"무신 가시내 목소리가 머슴아맹키 저랗케 우악시럽노, 쯧쯧"

할매는 혀를 차며 주름진 목을 젖혀 동남이를 살폈다. 들꽃 줄기를 빨아먹고 있는 입가에 침이 흥건하게 고여있었다.

"성님은 좋컷소." 재춘이가 내뿜은 담배 연기를 콧구멍으로 들이마셨다.

"쌩뚱맞게 뭐시?" 동화아부지는 멀리 어무니와 동남이를 번갈아 가며 바라보고 있었다.

"딸냄이가 저랗케 피맹키 씩씩하게 자라고 있으니껜 성님은 좋겠단 말이제."

"니 또 막둥이 생각하나? 이제 고마 하그라. 인제 잊을 때도 됐다 아이가." 동화아부지는 손끝에다 침을 발라 담뱃불을 죽였다.

"성님도 참은, 그기 언제짝이라고……후으" 재춘이는 헛웃음을 섞으며 마지막 담배 연기를 길게 내뱉고 불을 손으로 문질러 꺼버렸다.

"준태가 인제 핵교에 들어간다고 캤제? 그래 글은 깼나?"

"하믄 말이라고 카는교, 으허허 애비 이름 석자도 똑 뿌러지게 쓴다 아닌교." 재춘이는 자기 이름 석 자를 바닥에다 꾸불꾸불 갈기고 난 뒤 쓱 지워버렸다.

"동화는요? 안즉 멀었는교?"

"한해 먼자 보내볼라꼬 생각 중이긴 한데 그려도 안즉 한해는 더 기둘려야제, 지보다 큰 아그들 속에서 기죽으믄 못쓴다 아이가." 동화아부지는 까불랑거리며 뛰어오고 있는 동화 쪽으로 고개를 돌려 쳐다봤다. 동화아부지는 무주댁이 가깝게 다 온 것을 보고 바지자락에 묻은 흙을 탁탁 털며 일어났다.

"다 우리가 잘 묵어야제 자석들도 잘 크는 기라, 동상 속 채울 준비하그로 저짝에다 자리 맹글러 보그라, 내는 저거 받아갔꼬 오꾸만." 동화아부지는 무주댁 짐을 덜어주려 걸음을 나섰다.

"으샤샤, 성님도 참은 안즉도 신혼인 갑소, 형수가 안즉도 그렇케 좋은교, 으허허." 재춘이가 같이 일어서며 농을 던졌다.

"참은 글고 동상 저녁때 집에 오그라, 여름도 다 갔는데 삼복더위에 해진 몸뚱아리 한 번 달래야 될 꺼 아이가." 동화아부지가 한 걸음 내딛다가 말을 보탰다.

"알고 있습니더, 형수가 복실이 우리 집에 데불꼬왔다 아입니꺼." 재춘이는 싱글싱글 웃으며 받았다.

"그랬나? 알았다. 내 저거……."동화아부지는 마음이 급했는지 무주댁을 향해 동화가 보기에도 방정맞다 싶을 정도로 빠르게 걸어갔다. 동화는 엄니 뒤꽁무니를 거의 따라붙어 있었고 할매는 이제 논두렁 반절을 지나고 있는 중이었다. 넓은 구름이 논마지기를 가리며 들어오고 있었고 구름이 흘러가는 방향으로 시원한 바람이 한 움큼 스쳐 지나갔다.

벼 잎사귀가 부딪쳐 파도처럼 일렁이며 낱알 소리를 몰고 왔고 해는 구름 뒤에 숨어 열기를 식히고 있었다. 해오라기 두 마리는 논마지기를 넘나들며 개구락지 같은 것을 열심히 쪼아대고 있었다. 동화는 아부지 다리 사이에 앉아 지 머리만 한 감자를 두 손으로 받쳐 들고 참개구리 울음주머니처럼 볼따구 가득 감자를 삼키느라 애쓰고 있고 무주댁은 남편 옆자리에 반쯤 뒤돌아 앉아 동남이 젖을 물리고 있다. 할매는 반대편 자리에서 쌈장을 찍지 않는 맨고추를 베먹고 공기에 꾲았고 재춘이는 동화 아부지 맞은편에서 깻잎에다가 마늘 짠지를 넣어 투박스럽게 쌈을 만드는 중이었다. 동남이는 옴팡지게 주먹을 쥔 채 젖꼭지와 싸우고 있었다.

"야가, 감자 구신한테 걸신 들렀나, 동화야 안 뺏어 묵으께 찬찬히 묵그라, 고러다 숨 맥히 것다, 욘석아! 찬찬히 묵으래두." 동화아부지가 동화 볼따구를 꾹 누르며 이르는 사이 동화는 먹던 감자를 입에 물고 다른 감자를 가랑이 사이로 챙기는 중이었다.

"내으는, 세으상으서 가암자허고 옥그스수하고 고우구으매가 제으일루 맛안 난은다."

동화가 입에 넣은 감자를 주체못하고 우물거린다.

"야가 시방 뭐라 카노? 니 아부지 말 안 들을래, 니 밤에 대바늘로 손꾸락 함 찔리볼래?"

동화는 아부지를 올려다보더니 손짓으로 물을 달란다. 재춘이가 입귀퉁이로 쌈을 밀어 넣으며 거든다.

"동화 니, 움막 칠득이 아제 알제? 그 아제가 와 그케 돼 삐릿는 줄 아나? 그 아제 입도 버버리고 손발도 반빽에 못 쓴다 아이가, 그기 와 그카냐믄, 지금 니처럼 감자 묵다가 체해갔꼬 그리된 거 아이가, 니 안즉 그거도 몰랐나?"

동화는 입에 밀어 넣은 감자가 넘쳐 입안 공간이 부족한지 물 한 모금도 겨우 꼴깍 삼켰다. 그리고 가슴을 통통 때리며 재춘이 아제의 깊어진 눈을 쳐다봤다. 재춘이는 짓궂어진다.

"동화는 인제 우짜노, 그 좋아하는 감자도 맴대로 못 묵고, 우리 동화 불쌍시러버서 어찌노."

동화는 재춘이 아제를 흘기며 가랑이 사이에 모아놨던 감자 세 알 중 한 알은 아부지 손에 얹어주고 한 알은 할매 치맛자락에 놓았다.

"아부지 내 쌈 싸도."

"으허허허." "우허허." 재춘이 아제와 동화아부지가 동시에 웃음을 제켰다.

동화아부지는 쌈을 만들며 무주댁을 살펴봤고 동남이는 여전히 잘 빨아대고 있었다. 재춘이가 그런 동남이를 배부르게 바라봤다.

"어무니, 동남이 아무려도 커서 장군 될꺼 같지 않습니꺼, 자 손 좀 보소, 젓 빠는 손을 돌멩이 맹키 단단하게 쥐고 있는 꼴이 꼭 장군감 아닌교, 어무니 동남이 보니께 인자 여한이 없지예?"

할매는 논에다가 시선을 놓아두고 보리밥만 우물우물 씹고 있을 뿐 아무런 변화도 보이지 않았다. 재춘이는 머쓱해져 한참 동안 젖만 물리고 있는 무주댁에게 시선을 돌려 형수를 챙겼다. 아마 동화아부지 심정을 재춘이가 눈치챈 모양이었다.

"형수, 인자 고만 믹이도 될 낍니더, 돌아앉아서 한술 뜨지 그라요?"

동화아부지가 눈빛으로 슬며시 무주댁을 부추겼다. 감자 한 알 입에 대지 않은 아내였다.

"형수, 형수가 잘 묵으야 동남이도 잘 묵을 꺼 아닌교, 어야 한술 뜨소."

무주댁은 허벅지 위에다 동남이 머리를 조심스럽게 눕혀놓고 고름을 짬매기 시작했다. 고름을 다 멘 무주댁은 다시 동남이를 어깨로 기대킨 뒤 등을 토닥토닥 두드려준다.

"아제, 지는 됐습니더, 지는 아까 집에서 한 술 떴습니더."

"엄니가 언자 밥 묵었노? 어씨, 아부지 이거 넣지 말라꼬 앙 캤나." 동화가 깻잎쌈 안에 숨어있는 마늘 짠지를 끄집어내며 성질을 부렸다.

"야가 와 이런 디여? 엄니 아까 밥 묵는 거 못 봤당가? 재춘이 아제 아입니더 징말 묵었습니더, 신경 끄고 어여 밥 마저 드시소." 무주댁은 동화를 힐끔 째리며 양은대접에다가 물을 따라 어무니 앞자리에 놓았다. 할매는 물에는 신경도 쓰지 않고 멀리 논만 바라보며 혼잣소리로 중얼거렸다.

"처음부텀 된보리밥을 못 삼켰제, 하믄 자 가졌을 띠는 밥을 못 삼켜 갔꼬 꼬치장으다 비벼서리 물 말아 묵으따 아이가, 그카이 자가 저랗케 성질이 싸나운 기라, 매운 꼬치장을 그맹키 묵으가꼬……."

동화아부지는 무심결에 마늘 짠지를 쌈에 얹다 짠지를 자신의 입속에다 넣어버렸고 재춘이는 짐짓 못 들은 척 팔꿈치에 붙은 풀을 떼어냈다. 동화는 감자알을 맨지작 거리며 쌈을 열심히 기다리는 중이었다.

"당신, 동남이 고마 이리 주고 밥 먹그라." 동화아부지는 쌈을 대충 접어 동화 손에 찔러주고 동남이 겨드랑이 사이로 손을 찔러 넣었다.

"이 사람이 와 이러는 겨? 챙겼다 안 그랬는겨, 내 야 좀 재우려 걸음질 좀 할랑게 묵던 밥이나 어여 마저 드시소." 무주댁은 동남이를 업고 일어나 가깝게 보이는 살구나무 그늘을 향해 아기 엉덩이를 톡톡 어르며 걸음을 옮겼다. 무주댁의 걸음새는 엉덩이를 두드리고 있는 손짓과 비슷했다. 논은 구름이 가렸던 그들이 벗겨지며 햇볕이 밀려오고 있었다. 한쪽 볼이 볼록한 동남이가 아부지 팔 사이를 벌려 엄니 뒷모습을 쳐다봤다.

멀리 담배밭을 노랗게 달구며 해가 뉘엿뉘엿 떨어지고 있다. 해오라기 두 마리는 긴 날개를 펄럭이며 야산으로 자리를 옮기고 있었고 어디선가 맹꽁이가 주섬주섬 울음보따리를 풀어놓기 시작했다. 동화아부지와 재춘이는 멀찍이 떨어져 허리를 굽힌 채 나아가며 논바닥에서 정신을 거두지 않고 있었다. 동화아부지는 허리를 펴지 않은 채 땀을 닦으려다 해가 물든 담배밭의 밝기를 설핏 느꼈는지 담배밭에다 시선을 꽂고 허리를 일으켰다. 일몰이 가을 하늘을 닮아가고 있었다.

"해가 참하게 지는 거슬 보니께 여름도 인자 다 갔꾸만." 동화아부지는 손바닥 창을 만들어 넘어가는 해를 세월처럼 바라다봤다.

"성니임! 인자 고마 드갈까요오!" 재춘이가 어깻죽지를 탁탁 때리며 멀리서 불렀다.

"그라자아! 고기 삶을 라아믄 시간도오 엉가이 걸리니껜엔 인자 고마 드러가자아!" 동화아부지는 밀짚모자로 상의에 묻은 낱알 먼지를 털어내며 답했다.

빼꽁, 빼롱,

빼꽁, 빼롱,

빼꽁, 빼롱,

억새풀 근처에 숨어있는 맹꽁이는 무슨 값나가는 물건이라도 내놓았는지 정식으로 울음을 부풀리고 쪼그라트렸다. 해는 어느새 담배밭 뒤로 수고한 마빡을 식히며 부드럽게 잠기고 있었다. 동화아부지와 재춘이는 논두렁을 벗어나 도랑에서 손 사이사이에 말라붙어있는 흙을 씻어

내고 있었다.

"성님" 시커먼 목에다 물질을 하고 있는 재춘이다.

"와?" 동화아부지는 바짓가랑이에다 손을 닦는 중이었다.

"어무니 말입니더."

"어무니가 와?"

"어무니 동남이 낳고도 안즉까지 그라는 깁니꺼?"

동화아부지는 토끼풀 위에다 놓아두었던 밀짚모자를 고쳐 쓰고 담배 쌈지를 꺼내려다가 도로 손을 거둔다.

"목숨 끊어질 대까정 못 고치는 병인 갑따." 동화아부지는 논둑으로 발을 올렸다. 재춘이도 수건으로 목을 훔치며 따라 올랐다.

"어무니도 참은, 인자 안 그칼 때가 됐는데……성님, 형수는요? 형수도 그대론교?"

"후으, 그 사람은 인자 고것이 편한 모양인 것 같드라, 하믄 인자는 그랄 때도 됐제, 벌씨 몇 해나 지났노, 인자는 그 사람도 인이 백히 갔꼬 혼자서 속 쌔리는 고런 우둔한 짓을 안 할 끼다, 그라제 아그들이 봐서도 그라문 안돼제……."

"성님, 동남이가 말 트고 할미, 할미, 그카믄 어무니도 많이 쑤그러질 낍니더, 조매만 더 기둘려보소."

"아닐 끼다, 후, 인자는 그냥 요렇케 살란다. 그카고 보면 뭐시 큰일도 아니다 아이가, 손녀가 어무니 잘 따르고 동남이 어여 커서 어무니 어깨나 싹싹하게 주물러드리면 고것으로 된 기다. 하믄 그카기만 해도 지붕이 따숩제, 그란 기라 그란믄 되는 기라." 동화아부지는 끈적한 숨을 길게 뱉으며 담배쌈지를 꺼냈다.

마당 한편에 걸어놓은 솥 안에서는 뜨거운 물이 팔팔 끓고 있었고 우물가에는 소쿠리에 가득 호박잎이 촉촉하게 젖어있다. 재춘이 안댁이 정지 문지방에서 숫돌에다 물을 끼얹어가며 반질반질 칼을 가느라 여념이 없다. 복실이는 절구통에 묶인 채 오전부터 밥 내놓으라고 낑낑 법석을 떨었지만, 지금은 조용히 허릿살에다 대가리를 박고 얌전하다. 복실이는 굶주려 지친 게 아니라 솥 아래 장작이 타들어 가는 불줄기에서 곧 닥칠 죽음의 꼬랑내를 맡은 모양이었다. 복실이는 주둥아리 언저리가 새카만 순종 잡견이었지만 검은 눈동자에 노련한 품성을 담고 있어 아무에게나 달려드는 순똥개라고 말할 수는 없었다. 복실이는 지랄을 떨며 죽음에서 벗어나려고 하지 않았다. 복실이는 마른 혓바닥으로 엉덩이 부근과 불알을 낼름낼름 핥으며 죽음에 여유를 보이고 있었다. 싸리담 너머 양동이를 이고 걸어오는 무주댁이 보이자 복실이가 컹컹 짖어댔다. 재춘이 안댁은 그런 복실이를 곁눈질로 보다가 앞마당으로 들어서고 있는 무주댁을 알아봤다.

"아이고, 우리 집에도 큼지막한 기 있는데 뭐 할라꼬 그걸 들고 오노, 으사샤" 재춘이 안댁이 물기 묻은 손을 앞치마에 문대고 양동이를 받았다.

"뭐시 이랗케 무겁노?"

"들깨허고 양념 좀 챙겨 왔습니더." 무주댁이 양동이 뚜껑을 열어 손질할 재료들을 꺼냈다.

"아이고나 참, 그란 걸 와 가져옵니꺼, 고런 건 이짝에서 준비하믄 된다 아입니꺼, 아이고."

무주댁은 파며 양파며 정구지며 토란이며 도라지며 고사리들을 소쿠리에 가득 쌓아놓고 복실이에게 다가갔다. 복실이는 컹컹 좋기도 하고 서럽기도 한지 짠한 울음을 짖어댔다. 무주댁은 삶은 감자 두 알을 복실이 앞발에 놓아주고 머리를 탁탁 다독여주고 뒤돌아섰다. 감자 두 알은 점심때 살구나무 아래서 동화에게서 받은 할매와 남편 몫의 감자였다. 복실이는 끙끙 냄새만 맡고 꼬리를 살랑살랑 흔들며 무주댁에게서 눈을 놓지 않았다.

컹, 커엉, 컹, 커엉

"자가 주인 왔다고 기가 사는 게 베." 재춘이 안댁이 토란껍질을 벗긴 뒤 물로 헹구고 있었다.

"잡기 전에 동화가 알믄 안 돼는디……." 정구지 끝을 따고 있는 무주댁이 혼잣말로 읊조렸다.

"와요? 동화는 안즉도 자 잡는 거 모르고 있는교?"

"알믄 온통 뒤집어 진당께요, 가 성질에 성할 바가지가 하내도 없을 껍니더."

"으히히, 카믄 그근 그랗체, 어디 동화가 가만있을 성질이가, 히히 댓돌도 엾을 가스나 아이가, 으히히."

"아제가 올 때가 됐는디……." 무주댁은 해 가루가 흩어져있는 하늘을 올려다봤다.

"근께예, 동화아부지 올 띠가 됐제예" 재춘이 안댁이 젖은 고사리를 털며 받았다.

무주댁은 애써 복실이의 시선을 피하며 우물가를 왔다 갔다 재료들을 하나하나 마무리했고 재춘이 안댁은 장작불 앞으로 숫돌을 옮겨 칼을 마저 갈며 동시에 부지깽이로 불을 돌보고 있었다. 복실이는 죽음에 대한 위로라도 받고 싶은 모양인지 빳빳하게 서서 대가리를 아래위로 끄덕이며 가만히 있지를 못했다.

"저가 함 부르러 댕겨 올까요?" 싸리문을 훔쳐보는 무주댁이다.

"고마 됐습니더, 인자 오고 있는 길일 끼라예, 아이고 호랭이 말하기 무십네, 저 보소 왔다 아입니꺼."

커컹, 커엉, 컹, 복실이가 두 발을 들어대며 환장이다. 재춘이가 바지춤을 추키며 들어서고 있었고 따라 동화아부지도 싸리문을 바싹 젖히는 중이었다.

"집이 와이리 조용하노? 아그들은?" 재춘이가 마당을 한 바퀴 둘러보고 아내에게서 시선을 멈췄다.

"와 이리 늦었는교, 아그들은 작은 성님댁에 보냈다 아닌교, 이따 부르러 갈 낍니더, 어여 씻기나 하소. 아이고 오셨는교 어여 씻으소." 재춘이 안댁이 괭이자루를 받아들고 재춘이 등어리를 탁탁 털며 동화아부지에게 인사를 건넸다. 무주댁이 젖은 손을 닦으며 다가왔다.

"어무니는요?"

"밭에 들렀다 오는 길이다, 지금쯤 집에 들어가셨을끼다." 동화아부지가 복실이를 힐끔 쳐다보며 말했다. 복실이는 낑낑 벌떡거리는 것이 곧 닥칠 죽음은 잊어버린 듯 쓰다듬질을 간절하게 바라고 있었다. 동화아부지는 복실이에게서 관심을 거두고 김이 새 나오고 있는 솥뚜껑을 쳐다봤다.

"준비는 다 했나?"

"야, 먼저 씻고 할라요?"

"씻기는 뭐시, 도로 땀 흘릴 낀데……." 동화아부지는 소맷자락을 돌돌 발꿈치까지 걷어붙였다.

"동상, 어여 끝내뿌고 등목이나 수월하게 쌔리자." 동화아부지는 손바닥에다 침을 퉷 뱉으며 툇마루에 걸쳐 누워있던 절굿공이를 집어 들었다.

"그칼까요 성님." 재춘이는 정지로 들어가 부대를 들고 나왔다. 그 사이에 소맷자락이 질끈 걷어붙여 말려있었다. 공이를 쥐고 있는 동화아부지를 본 재춘이가 공이를 건네받으려고 했다.

"성님, 지가 하겠습니더, 심 쓰리 말고 이리 주시소."

"됐다, 나가 하꾸만, 아무리 개 목숨이지만서도 한 목숨을 길렀쓰문 고 목숨 끊을 띠도 키운 사람이 짊어 지야 하는 기라, 어여 자루나 씌우그라." 동화아부지는 복실이를 똑바로 쳐다보며 공이에다가 힘을 모았다.

"하찮은 목숨이래도 죽을 때는 고상하면 못 쓰는 기라, 복실아, 한뱅에 끝내주꾸만……."

무주댁은 슬그머니 밖으로 발을 옮겼고 재춘이는 대가리부터 부대를 씌우려고 천천히 다가갔다. 복실이는 짖지도 않고 동화아부지만 멀뚱키 올려다보고 있었다. 재춘이가 부대를 쓱 씌우려는 순간 복실이가 싸리문 쪽을 쳐다보며 미친개처럼 짖어대기 시작했다. 복실이는 발광했다. 할매가 들어서고 있었다.

"벌써 잡는 기가……."

동화아부지는 힘을 실었던 손을 풀고 어무니를 멍청하게 쳐다봤다.

"어무니가 웬일인교? 집에 안 갔뜬교?"

"들렀다 오는 길이제, 자 가는 길 바라다 줄라꼬 왔다 아이가, 그칸데 자가 와 저러노? 무서비서 저러나, 안 하던 짓을 다 하고……."

컹컹컹! 컹컹컹! 복실이는 달려들 기세로 할매를 노려보며 미친 듯이 짖어댔다. 컹컹컹! 컹컹컹!

"어무니 오셨는교." 멀찍이 있던 재춘이 안댁이 쪼르르 달려와 인사를 했다.

"어무니 오셨는교, 근데 야가 와이카노 미친 것 맹키." 재춘이가 복실이에게서 주춤 물러났다.

"근께 말이다, 가만히 있던 개가 갑자기 와 이카노?" 동화아부지가 발광하는 복실이를 황당하게 쳐다봤다.

"내 신경쓰들 말고 어여 하든 거 끝내거라." 할매는 툇마루에 걸터앉으며 담배쌈지를 꺼냈다.

동화아부지는 재춘이에게 눈짓으로 부대를 가리켰다. 여전히 복실이는 할매를 향해 미쳐있었다. 재춘이는 좀 전보다 손에 긴장을 주며 살금살금 대가리 쪽으로 부대를 벌렸다. 이때 동화아부지가 큰 고함을 질러 복실이를 놀래 켰고 그 순간 부대는 대가리를 쌓았다. 재춘이는 날랜 동작으로 앞발을 부대자루에 넣고 복실이를 뒤집어 뱃가죽에 올라타 꼼짝 못 하게 만든 뒤 대가리 부분을 두드러지게 옴팡하게 만들었다. 복실이는 낑낑낑 안타까운 신음을 냈고 재춘이는 동화아부지에게 눈짓을 보낸 뒤 숨을 흡 참으며 온몸으로 복실이에게 무게를 실었다. 동화아부지 손에 움켜쥔 절굿공이가 높이 떠올랐고 할매가 내뿜은 담배 연기는 처마 밑에서 산산이 흩어지고 있었다.

하늘은 검푸르게 어스레 졌고 맑은 구름 사이로 하현으로 기울고 있는 달이 연약하게 떠오르고 있었다. 싸리담 근처 잡풀에서 풀매미 한 마리가 참새처럼 찍찍찍 울어댔고 멀리 보이지 않는 논밭에서는 불때기에 주머니 달린 것들이 모조리 합성을 터뜨리고 있었다. 방안에서 뒹굴뒹굴 복실이를 기다리고 있던 동화는 자신을 부르는 재춘이 아제의 목소리에 복실이가 왔구나 싶어 우당탕 방문을 부술 듯이 제치고 뛰쳐나왔다. 동화는 두리번두리번 얼빵한 몸짓으로 재춘이 아제의 주변을 살피다가 재춘이 아제 몸에서 풍기는 꼬수운 냄새에 복실이는 금세 잊어버렸다. 사람들이 띄엄띄엄 싸리문에 들어섰다. 아부지 손에는 큼지막한 양동이가 들려있었고 양동이가 마당 가운데 놓여지자 온 집안이 고기 냄새로 진동을 했다. 동화는 복실이 따위는 하얗게 잊어버린 지 오래고 김이 모락모락 올라오고 있는 양동이를 감동적으로 바라다보고 있었다.

"아, 아부지, 조거 고기 아이가? 고기 맞제?" 동화의 얼굴이 환장하기 직전이다. 동화는 슬금슬금 긴장하며 양동이 쪽으로 다가갔다.

"아야, 동화야, 그거 내두고 할매한테 물 한 사발 떠주그라." 무주댁이 호박잎 소쿠리를 툇마루에 내려놓으며 일렀다.

동화아부지는 대자리를 들고나와 마당 한가운데다 펼쳤고 무주댁은 정지로 들어가 그릇들을 챙겨 나왔다. 할매는 방문을 열어 동남이를 확인했고 재춘이는 바지춤을 풀어 뱃가죽을 주물럭거리며 슬슬 칙간으로 향했다. 재춘이 안댁은 아그들을 챙기려 둘러오는 모양인지 보이지 않았다. 동화는 얼른 할매에게 물을 떠다 주고 과감하게 달려들지는 못한 채 어떤 설렘으로 양동이 주변을 어슬렁어슬렁 서성였다. 어느새 푸른 저녁이 물러나며 늦여름이 밤을 지피기 시작했다. 할매는 자고있는 동남이를 업고 나왔고 재춘이는 칙간 옆에 쌓여있는 두엄에다 담뱃불을 던지며 바지춤을 추슬렀다.

"어무니, 일루 어여 앉으시소, 동상도 어여 앉그라." 음식들을 준비하고 있는 무주댁 옆에서 동화아부지가 도라지 무침을 손으로 집어 먹으며 할매와 재춘이를 불렀다.

"그카믄 인자 보신 함 해볼까나, 아이고, 냄새가 꼬신 게 좋네 으허허." 재춘이는 할매가 먼저 자리 잡으시길 기다리다 군침을 삼키며 능글스럽게 웃었다.

"끄응, 안댁은?" 할매가 동남이를 오금 지리에다 눕히며 재춘이를 봤다.

"금방 올 낍니더, 아그들 데 불로 갔습니더, 어무니 먼자 자시소."

어느새 아부지 품에 폭 들어가 앉은 동화는 긴장을 늦추지 않은 채 콧구멍을 벌렁거리며 고기 냄새를 재차 확인한다. 동화는 황홀한 표정을 지으며 온몸으로 무주댁에게 닦달을 떤다.

"여보, 어무니 먼자 한 접 푸드리라, 어무니 이 상하지 않게 찬찬히 씹어 드시소." 동화아부지는 꼬무락거리는 동화 자세를 반듯하게 고쳐주며 넓은 투가리를 무주댁에게 건넸다.

할매는 고깃덩이가 푸섬하게 담긴 투가리를 받아 자신의 앞에 놓지 않고 바로 동화아부지 앞으로 옮긴다. 그리고 다음 투가리 역시 재춘이 앞으로 옮긴 뒤에야 자신의 몫을 챙겼다. 동화는 고기를 보자 반쯤 정신이 나간 모양이었다. 평상시 밥때의 요란법석은 캄캄한 여름밤 뒤로 쪼르르 숨어버렸고 진지하게 고깃덩이를 음미하며 자기 몫을 얌전하게 기다리고 있었다. 사실 아부지 투가리가 자기 투가리이기도 했지만, 동화는 고기라는 음식의 권위 앞에서 아부지의 허락을 기다리는 중이었다. 동화아부지가 그런 동화를 슬그머니 내려다봤다.

"동화야, 이건 감자맹키 꼴딱꼴딱 삼키믄 못 쓴데이, 찬찬히 꼭꼭 씹어묵어야 단물이 쪽쪽 나오는 기라, 어여 묵자." 동화아부지는 수저로 궁물을 떠먹어보더니 얼큰한 숨을 내뱉었다.

동화는 침을 꼴깍 삼키더니 고기 살을 집어 들었다. 그리곤 무슨 금덩이 먹는 듯이 입으로 조심스럽게 쏙 집어넣었다. 한참을 요리조리 씹더니.

"이히히, 아부지, 진짜로 맛있따." 그러고는 본격적으로 손을 잽싸게 놀리기 시작했다.

무주댁은 고기만 따로 떠서 동화와 어무니 앞에다 놓아주었고 동화아부지는 그런 아내를 이제 그만 당신도 먹으라고 눈으로 나무랐다. 무주댁은 토란을 호박잎에 싸 먹었다. 동화아부지는 슬금 눈치 모르게 어무니를 살폈다. 할매는 동남이가 깨지 않게끔 쌈을 조심조심 싸고 있었다.

"어무니, 나이 드신 분들은 이 다치믄 큰일 나니께 뼈 조심하믄서 씹으시소, 성님, 요놈 살이 슬슬 녹으믄서 연한기 잘 키우셨네예." 재춘이가 입 밖으로 비쳐 나온 고사리 줄기를 집어넣으며 여러 말을 했다.

"아제!" 무주댁이 동화를 살피며 눈치를 줬다.

"예? 으흐흐, 아 그랗체, 형수도 궁물만 뜨지 마시고 고기 많이 드시소, 으흐흐, 성님, 요, 요 껍따구 살이 진짜배기인 기라요, 동화 살만 묵이지 말고 이 껍따구 많이 믹이소 으흐흐." 재춘이는 껍따구 살을 질기게 씹으며 탁주 한 모금을 들이켰다.

동화아부지는 어무니에게 탁주를 따라드리고 무주댁에게도 한 사발 권했다.

"지는 됐습니더, 이따 동남이 젖 물려야 됩니더." 무주댁은 건네는 사발을 받아 남편에게 도로 따라줬다. 탁주가 찰랑찰랑 넘치려고 했다.

"지 왔습니더." 재춘이 안댁이 들어서고 있었고 한 남자아이가 치맛자락을 붙잡고 따라 들어왔다.

"인제 오나 어여 앉그라, 어여? 와 하나뿐이고 성태는 안 비고 와 준태만 보이노?" 재춘이가 이 사이에 낀 살점을 손톱으로 뺀 뒤 도로 넣으며 물었다.

"성태는 상태하고 논다꼬 안 온담니더, 끄집꼬 올라꼬 캤는데 끝까정 안 오겠담니더, 그케서 야만 데불꼬 왔습니더. 야가 와 이랗케 파고드노 어여 어른들한티 인사 안 드리나." 재춘이 안댁이 뒤에 숨어있는 준태를 앞으로 끌어 세웠다.

동화는 조용히 씹는 일에만 몰두하다 준태가 왔다는 소리에 아부지 옆구리 사이로 얼굴을 들이밀어 준태를 째려봤다.

"준태! 니 와 왔노!"

"야가 오빠한티 말버릇이 그기 뭐꼬." 동화아부지가 엉덩짝을 툭 때렸다.

동화는 째리는 짓을 그만두고 삐죽거리며 다시 자세를 잡아 고기를 집어 들었다.

"이리루 와서 앉게라, 준태도 어여 욜로 오그라." 무주댁이 옆자리를 정리하며 불렀다.

"성태도 데불꼬 오지 그랬노……." 재춘이는 장남이 아쉬운 모양이었다.

아랫마을에서는 개들이 달빛을 올려다보는지 띄엄띄엄 개짓는 소리가 산을 타고 울렸고 어느덧 하현달은 공중으로 돛단배처럼 밀려와 있었다. 재춘이 안댁 옆구리에 찰싹 붙어 삐쭉삐쭉 눈치를 살피며 고기를 먹고 있는 준태를 동화는 가소롭게 엿보며 노리는 눈치였다. 동화는 만족스러운 포만감을 느끼는지 고기 살을 찢으며 손장난을 치고 있었다. 동화아부지와 재춘이는 반주로 한 두 사발 한다는 것이 벌써 세 번째 채워온 주전자 바닥을 비우고 있는 중이었다. 두 사람 다 얼큰하게 달아오르고 있었다. 할매는 동남이에게 깔따구들이 덤벼들지 않게끔 동남이 몸 위로 손을 젓고 있었다.

"준태, 니 어제 성태 오빠야랑 뭐 했노?" 동화가 얄궂은 표정을 지었다.

준태는 시골 사내아이답지 않게 쭈뼛쭈뼛 동화에게 완전히 기가 눌려 있었다. 준태는 아무 말도 하지 못하고 멈칫거리며 입에 넣은 고기도 제대로 씹질 못했다.

"이히히, 내 어제 니 꼬추 다 봤따 아이가, 니 빨게 벗고 물장구 잘 치데, 꼬추가 딸랑딸랑, 이히히." 동화는 찢어놓은 일격의 고기 살을 근사하게 씹어 물었다.

그런 동화를 무주댁이 무서운 눈초리로 경고했고 할매는 입을 열었다.

"자는 가스나가 누굴 닮아서 저렇케 짓궂노, 커서 어찔라고 저러노, 이 집안에 저런 가스나는 없었는디, 하믄 저렇케 우악시러운 가스나가 어디 있었노, 없었제 없었어……." 할매는 넘긴 고기가 잘 삭지 않는지 명치를 쓸며 탁주 사발을 들었다.

"어무니는 참은, 야가 쑥끼가 없어서 그렇제, 동화는 씩씩한기 똑 보기 좋고만요 뭐." 재춘이 안댁이 준태 어깨를 싸안으며 자식의 여린 심성을 달랬다.

"자는 사내새끼가 저렇케 여리 같고 어찔라꼬 저 카노, 준태 니 꼬치 떼뿌라 욘석아." 재춘이는 취기 어른 표정으로 헛트림을 해대며 풀풀 산초가루 냄새를 풍겨댔다.

노골적으로 빵빵해진 윗배를 동화는 통통 만지작거리며 부대끼는지 더 이상 고기 살에 욕심을 부리지 않았다. 대신 아부지 손가락만 한 뼈 줄기를 빨며 입가심을 하고 있었다. 동화는 밤하늘도 올려다보고 엄니도 보도 준태도 째려가며 두리번대는 것이 이제야 고기 앞에서도 여유가 생기는 모양이었다. 동화는 쪽쪽 빨던 뼈줄기를 쏙 뺐다.

"근데, 복, 복실이는, 복실이는 와 안 보이노? 할매야 복실이 밤에 온다매? 복실이 와 안 보이노?" 동화는 쥐고 있던 뼈줄기를 대자리에 버려버리고 아부지 품에서 일어났다.

"복실이 어디 갔는기고? 엄니 복실이 어디 갔노? 아부지 복실이 못 봤나?"

"복실이 내일 올 꺼니께, 그렇게 설치지 말그라, 동화 니 다 묵었으면 어여 손 씻고 잘 준비나 하그라." 무주댁이 의심을 품기 시작한 동화를 상대하고 나섰다.

"복실이 내일 온 다꼬? 할매는 밤에 온다고 캤는데? 할매, 할매가 복실이 밤에 온다꼬 안 캤나, 할매 빨리 복실이 데불꼬 온나, 복실이 어디 있노, 복실이 빨리 데불꼬 온나, 어여 빨리빨리."

"야가 와 이렇케 떼쓰는 기여! 복실이 내일 온다고 그랬잖여! 어른들 진지 드시는디, 니 자꾸 시끄럽게 굴기여!"

"씨이, 할매가 복실이 온다고 캤는데……할매, 복실이 어디 숨겨놨노? 내 오늘 복실이 한 분도 못 봤다 아이가, 할매야 어여 복실이 데불로 가자, 할매야 어여." 동화는 완강한 엄니에게서 물러나 할매 저고리를 붙들고 보채기 시작했다. 동화아부지와 재춘이는 동화에게 꼬투리라도 잡히지 않으려면 입 놀리지 않고 조용히 있는 것이 상책인 것을 잘 알고 있었다.

"동화야, 복실이 내일 올 끼다, 할매 내뚜고 준태 오빠야랑 놀그라."재춘이 안댁이 거들고 나섰다.

"준태가 뭐시 오빠야고! 어여, 할매, 복실이, 복실이 데불로 어여," 동화는 징징 짜는 콧소리를 냈다.

"자가, 니 자꾸 땡깡 부릴 끼여! 엄니가 고만하라고 그랬어 안 혔어, 동화 니 종아리 맞고 싶은 기여 어잉!" 무주댁은 엉덩이를 들썩거리며 일어날 기세로 동화를 몰아세웠다.

"씨이, 엄니는 나가 뭐슬 잘못했다꼬 화를 내고 그러노, 복실이 찾는게 엄니한테는 잘 못 한 일이가! 씨이."

"자가 그려도!" 무주댁은 무서운 기세로 자리를 털로 일어났다.

"야들이 와 이카노!" 할매였다.

"동화 니, 엄니가 복실이 내일 온 다꼬 캤제, 그칸데 와 엄니 말을 안 듣고 억척스럽게 성질을 부리노 어잉! 그카고 니는, 아가 그카믄 살살 달래갔꼬 잠잠히 만들 생각을 혀야지, 니 까정 그랗케 성질을 부리문 어찌노! 동남이 놀래서 경끼 일으키믄 우짤라꼬 그카노, 니가 자꾸만 사납게 성질을 부리믄서 아를 꺾으니게 아 성질이 저렇케 우악시러버 진 거 아이가, 겉모습맨 얌잔하믄 뭐하노, 속에 불땡이가 앉아있는디……." 할매는 동남이를 들쳐업고 방으로 들어가 버렸다.

"어무니도 참은, 아가 땡깡 부르는 것 같꼬……준태야, 일로 오바라 아부지가 비행기 태워 주꾸만." 재춘이는 탁해진 공기를 환기시키려 했다.

"엄니 복실이 내일 오는 거 참말이제?" 동화는 엄니한테 미안한 듯 주섬주섬 기를 누그러트렸다.

"니도 참, 그려 복실이 내일 온 당께, 내일 오니께 복실이랑은 신경 끄고, 성질부리느라 속 꺼졌것따 어여 더 묵기나 하그라, 어여 준태 오빠 옆에 앉그라."

"엄니도 참, 준태 자는 오빠 아니라니께."

"알았슨께 어여 앉기나 혀. 준태야아, 자는 신경 쓰들 말고 많이 묵그라잉, 어여 묵그라." 무주댁은 준태의 움츠러든 어깨를 다독여 주었다.

"아제, 내 비행기 태워도." 어느새 동화가 재춘이 아제 옆에 찰싹 붙어 있었다.

"으허허, 그랄까? 칸데 동화 니 배를 보니께 비행기 타문 안될 것 같은데, 우짜노?"

"괘얀타, 어여 태워도, 히히"

재춘이는 취기가 뭉쳐있는 몸의 무게를 등짝으로 몰아 쓰러지듯 발라

당 드러누웠다. 동화는 청개구리 같은 배를 꼭꼭 찌르며 재춘이 아제의 두 손바닥과 발바닥의 마당 같은 넓이를 확인했다. 칙간으로 비틀비틀 몸을 옮기고 있던 동화아부지는 고개만 돌려 풀린 동공을 묶었다. 무주댁은 늦게 온 재춘이 안댁과 준태를 챙기느라 분주했다. 달이 떠다니고 있는 하늘 반대편에서 별이 떼 지어 몰려오고 있었고 아픈 배를 참는 듯한 동화의 웃음소리가 어딘가에 부딪혀 메아리로 되돌아왔다.

정지에서 빠져나온 그림자가 어두운 마당을 가로질러 싸리담 주변의 풀숲을 살피고 있다. 그림자는 풀숲을 뒤지며 뭔가를 주섬주섬 줍다가 갑자기 일어난 우물 속 물 깨지는 소리에 화들짝 놀랐다. 바람 한 점 없는데 두레박이 우물 속에 빠져있었다. 그림자는 두레박이 떨어진 김에 물을 한 동이 기르고 다시 줍던 것을 모으러 자리를 옮겼다. 가까운 데서 닭 우는 소리가 들렸고 따라 개 짖는 소리도 좇아왔다. 방문이 젖혀 제키는 소리가 들리더니 다른 그림자가 꾸부정하게 툇마루에 서서 마당의 그림자를 쳐다봤다.

"당신 뭐슬 그렇게 줍고 있노?"

"워메? 웬일이당가, 당신이 요 시간에 일어두 나시구……."

"허헛, 고게 좋은 걸 묵어서 그카나, 저잘로 눈이 떠지네, 칸데 줍고 있는 기는 뭐꼬?"

"뼉따구요, 동화가 아무렇게 던져버린 뼉따구 줍고 있었지라잉"

"아, 그기가? 허헛 고 가스나 참……어무니는 안즉 안 깨셨나?"

"야, 안즉 안 일어났습니더, 당신 속은 워뜨요? 보신하라니께 고기 보담 술을 많이 묵는 사람이 워디 있습니꺼."

"허헛, 안주가 좋아시 그카나 속도 괘얀네……."

"물 한 사발 떠 줄까요?"

"됐다, 어으으, 인자 새벽이 어슬어슬하게 추운 기 여름이 다 갔꾸만."

"긍께요, 올해는 가물지 않아서 다행이라요, 작년은, 어미 생각만 혀도 흉악 시럽 구만요."

"하믄 다행이제, 올해는 낱알이 동남이 맹치로 잘 여물었을 끼라, 허헛헛."

"어미? 자가 또 무슨 일이여?"

"뭐시? 아이고 우리 딸냄이가 뭔일로 요랗케 일찍부텀 행차를 다 하시노, 우리 동화 잘 잤나?"

"저, 저 보그라, 눈도 제대로 못 뜨고, 요 가스내야, 니가 버린 뼉따구 지금 엄니가 줍고 있잖여, 동화 니 다음부텀 요로코럼 방정맞게 묵을라믄 고기 안 해줄 기여, 어여 눈 똑바로 뜨고 세수혀."

"으음, 아부지이, 으음."

"으헛헛, 와? 우리 동화가 와 그랄까? 이 가스나 웃통을 다 벗고 춥도 안 나? 동화야, 아부지 품 따신 게 좋체?"

"으음음, 응, 좋타."

"으헛헛, 그려 우리 동화 아부지 품에서 한숨 더 자그라, 아부지가 요랗케 보듬고 있어 주꾸만, 으헛헛."

"자, 자가, 삥아리 맹치 와 그란디여? 어여 세수 하랑게?"

"으음, 엄니이 내으는 여그 으서 한숨 더어 자알 끼다. 내으는 안즉 세으수 안 하알 끼다, 히히, 으음."

"자가 뭐라고 중얼 거리는 기여?"

"으헛헛, 그캐라 아부지 가심에서 한숨 푹 자그라, 엄니는 나가 지쳐주꾸만, 여보 동화 감기 걸리것다 이불 좀 가져온나."

"으음, 아부지? 으음."

"와?"

"할매는? 으음."

"할매? 할매는 안즉 주무시는데, 와?"

"안즉까지 잔다꼬? 으음, 카믄 내 할매한티 가꾸만, 으음."

"야야? 정신 좀 차리그라 갑자기 할매는 와 찾노?"

"아부지, 내 할매한티 간데이."

"오이야 댕기 오그라, 허헛 자가 오늘은 새벽부텀 댕기느라 바쁘네, 허헛."

"동화야, 할매 구찬게 허지 말고 조용히 자그라잉."

"엄니는 나가 얼란가……으음."

"여보, 재춘이는 어제 잘 들어갔나? 음석은 좀 챙그러 줬나?"

"성태 묵이라고 쪼매 챙그러 줬습니더, 아이고, 이 뺵따구 좀 보소, 가스내 징하게 묵었네."

"재춘이는 안 취했드나? 내는 어질어질 하드만……."

"아제는 원래 술 잘 자신다 아입니꺼, 당신 인제 아제허고 맞춰감서 사발 들이키지 마소, 인제 약주도 삭신 생각허믄서 자실 나이가 됐다 아입니꺼."

"뭐라카노, 안즉은 아이다, 내 안즉 바지춤 탁 풀어지끼믄 한 동이는 너끈히 묵을 수 있다 아이가."

"아이고, 고것슬 자랑이라고 합니꺼……당신 오늘은 어데로 나갑니꺼?"

"재춘이 큰 성님 담배밭에 나갈끼다."

"참은요?"

"신경지들 말그라, 재춘이 큰 성님 형수가 내올끼다."

"아부지이……음음."

"니 와 도로 나오노? 허헛, 할매 품보단 아부지 품이 더 따숩드나? 그려 어여 온나 우리 강아지."

"찹따, 손꾸락이 차겁따, 아부지가 더 따시다 으음."

"허헛헛, 야가 뭐라 카노? 찹기는 뭐가 차다 카노. 허헛"

"손꾸락도 찹고 궁디도 찹고 찌찌도 차겁따, 차겁따."

"허헛, 야가 자꾸 뭐시 찹다 카노? 니 춥나?"

"동, 동, 동화아부지이!"

무주댁이 치마폭에 담은 뼈다귀를 산산이 내팽개치고 방으로 뛰어들었다. 동화는 아직도 꾸벅꾸벅 잠이 덜 깬 상태였고 동화아부지는 어설프게 안은 동화를 마루에 눕히고 어리한 자세로 일어섰다. 방안에서 무주댁의 탄성이 터졌고 그제야 동화아부지는 방으로 내질렀다. 할매는 파랗게 식어있었다. 할매의 얼굴은 시퍼런 새벽하늘을 닮아있었고 발가락이 베베 꼬인 것이 급사한 모양이었다. 무주댁은 할매의 사지를 주무르며 정신을 못 차렸고 동화아부지는 그런 무주댁과 할매의 주검만 번갈아 쳐다볼 뿐이었다.

"고마하고 재춘이나 불러오그라."

"흐흐, 여보 어무니 워떻게 한당가, 어무니 워떻게 한당가, 흐흐흐."

"고마하고 어여 재춘이 불러오라 안카나!"

"흐흐흐, 야아."

무주댁은 눈물 콧물 범벅이 되어 정신은 놓아두고 몸만 일으켰다. 동화아부지는 할매의 머리맡에 앉아 넋 빠진 눈빛으로 주검의 구석구석을 살펴보았다. 예상대로 급체가 확실했다.

"어, 어, 어무니, 이랗케 돌아가시는 기 어디 있습니꺼, 이, 일, 일어나 보이소, 어무니 어제까정 정정하셨다 아입니꺼, 으흐흐, 어무니 얼굴이 와 이랗케 파랗타요, 엄니, 엄니 으흐흐흐.” 동화아부지는 실성했다.

“으흐허헛, 그, 그랬든기라, 그려 이캐서 그, 그랬든 기라, 가한테서는 죽, 죽음이 보였든 기라, 으흐허헛, 어무니 목쉼이 가한테서는 보였든 기라, 흐허헛, 그랬구만, 그캐서 가가 그랗케 미친것치럼 짖어댔구만, 으흐, 그랬구만, 가는지 살댕이 땜시 어무니 목쉼이 맥히는 것을 알았든 기라, 지 목쉼 꼬랑지에 어무니 목쉼 모가지가 짬매져 있는 거슬 가는 본, 본 기라, 봤던 기라, 흐흐으으, 그, 그캐서 그랗케 짖어댔구만, 그캐서 짖어댔어, 지를, 지를 어무니는 묵으믄 안된다고, 그캐서 발광했어, 발광했어, 으흐흐, 어, 어무니, 지, 지가 죽인 목쉼 땜시 어무니가 돌아가셨구만요, 으흐흐, 지 가심 속에 쌓아두었던 화가 복실이 목쉼을 타고 어무니한티 옮겨간 게라, 으흐흐흐, 엄니, 엄니이.”

문설주 뒤에 숨어있는 겁먹은 눈빛이 동화아부지의 들먹이는 등에 닿았다. 그러자 잎사귀가 풍성한 넝쿨 한줄기가 홑이불 속에서 뻗쳐 나왔다. 넝쿨은 동화아부지를 휘휘 감고 문지방을 넘어 마당을 돌아 달팽이집 모양으로 줄기를 눕혔다. 맑은 공중을 뱅글뱅글 감으며 넝쿨이 떠올랐다. 구름 한 점 없는 깨끗한 아침이 밝아왔고 동화는 새파란 허공에서 쏟아지고 있는 싱싱한 잎사귀들을 마당에서 맨발로 하나하나 줍기 시작했다. 작은 손에 잎사귀가 한 잎 한 잎 포개진다.

당선

제1160호 2002년 10월 14일 월요일
2002 최명희청년문학상 : 고등부 소설

나비

· 손미라 (목포정명여고 2학년) ·

간담이 서늘해지는 벼랑 끝이었다. 필사적으로 떨어지지 않으려고 악을 썼다. 그러다가 순간 이동을 한 것처럼 몸이 붕 뜨더니, 그만 아래로 뚝 떨어졌다.

"이제 그만해."

그 순간 움찔하며 눈이 떠졌다. 꿈이었던 모양이다. 창문 밖은 이미 환하게 밝아져 있었다. 침대 옆에 놓여 있던 자명종을 더듬더듬 집었다. 5시 15분.

나는 조금 더 게으름을 피웠다. 초여름으로 들어서고 있지만, 아침저녁으로는 이불에 살이 엉겨 붙는 게 아직 싫지 않아 일어나기가 싫었다. 이불에 다리를 쓱쓱 비벼댔다. 보송보송한 이불의 감촉이 더없이 산뜻했다.

아침밥 대신 '전일 마트' 상표가 붙어있는 오렌지 껍질을 깠다. 단단한 껍질 때문에 손톱에 힘을 주면서 아침부터 이렇게 사소한 일에 열중을 하는 게 아닌가 싶어 약간 씁쓸하게 생각되었다. 그래서 그런지 오렌지의 단맛보다는 신맛이 더 혀끝에 앵겼다.

"너 혼자서도 며칠 지낼 수 있지? 오래전부터 별러 온 여행이니 다녀오마. 먹을 것은 냉장고에 챙겨 놨다."

그제 아침 일찍 어머니는 아버지와 함께 온천과 석불로 유명한 일본의 오이타 지방으로 여행을 가시며 말씀하셨지만 나는 냉장고 안에서 오늘 아침에야 오렌지 두어 개를 꺼냈을 뿐이다. 안은 절간처럼 조용함이 가득 고여 있었다. 평소에도 내가 떠들지 않으면 집안은 조용했지만 오늘은 유난하다는 생각이 들었다.

책가방을 무심코 드는데 '호밀밭 파수꾼'이 설핏 눈에 띄었다.

"존 레논을 쏴 죽인 스토커가 그를 쏘는 순간에도 들고 있었을 만큼 좋아했던 책이래."

완희 선배가 사흘 전에 뜬금없이 책을 내 눈앞에 불쑥 내밀면서 한 말이었다.

"좋아하는 사람이 있다면?"

고등학교에 들어간 후 문학 동아리 방에서 처음 만난 선배가 나에게 질문했고 많은 사람 앞에서 지목당한 나는 조금 망설이다가 대답했었다.

"존 레논요."

나는 갑자기 생각난 듯 호밀밭의 파수꾼을 가방에 쑥 집어넣고 찌익 가방의 지퍼를 올렸다. 읽으면 읽을수록 주인공 홀든 콜필드에게 꼴딱 넘어가 버린다는 완희 선배의 말이 귓가에 맴돌았다.

버스 정류장에 도착해보니 13번 버스가 훌쩍 떠나던 참이었다. 나는 정류장 뒤편에 있는 거물 계단에 멋대로 철퍼덕 앉아 학생들이 한 명, 두 명 모여드는 걸 무심히 바라보았다. 교복의 물결이 버스정류장을 진을 칠 때쯤 두 번째 버스가 왔다.

앙심을 품은 강한 햇살이 화~아 내 눈을 부시게 하며 유리창으로 새어 들어왔다. 유난히 길을 돌아가던 버스가 갑자기 끼익 급정거를 한 것은 3호 광장을 막 지나서였다. 앞에 있던 여자아이의 가슴이 내 머리 위로 쏟아졌다. 그 여학생은 급히 몸을 세웠다.

그때였다. 난데없이 울렁거리는 메스꺼움이 욱하며 가슴을 밀고 올라왔다. 처음에는 아침에 먹은 오렌지의 신맛 같은 구토가 올라왔다. 그러나 불쾌함은 곧 통증으로 왔다. 배가 심하게 아팠다. 아픔은 금방 온몸으로 퍼졌고, 이리저리 몸을 비틀다 보니 종이처럼 구겨지는 것 같았다. 식은땀이 흘렀다.

다음 정류장에서 내렸다. 구도심 어디나 그렇지만 나는 조금 허름한 작은 건물의 좁은 입구에 쪼그려 앉아 헛구역질을 했다. 시큼한 침만 잔뜩 퉤, 퉤 뱉었다. 잠시 그렇게 앉아 지나가는 사람들을 보았다, 아침이어서일까, 한결같이 사람들은 바빠 보였다. 몸을 간신히 일으켰다. 식은땀으로 교복 상의가 축축했다. 땀 냄새로 머리가 어지럽고 목구멍까지 구역질이 차올랐다.

잠깐 비틀거렸던 걸까? 아까부터 힐끗힐끗 쳐다보며 주공 마트 앞에서 박스를 나르던 아저씨가 다가왔다.

"학생 괜찮아?"

내가 원한다면 봉고차로 집에 바래다주겠다는 그 아저씨에게 완곡하게 거절하였다.

"내 차가 불편하면 택시라도 잡아줄까?"

나는 괜찮다는 듯이 살짝 웃어 보이며 곧 발걸음을 돌렸다. 얼마 가지 않아 공중전화가 눈에 띄었다. 안으로 들어갔다.

친구들은 도움이 되지 않을 것이고 잠시 담임 생각이 났지만, 곧 머리를 흔들어버렸다. 잠시 버튼을 노려보고 있던 난 약간 망설이다가 언니의 핸드폰으로 조심스럽게 버튼을 꾹꾹 눌렀다.

상가들이 줄지어 서 있는 그늘 속의 벤치에 가만히 앉았다. 뒤로 있는 아파트 단지에서는 어린이들의 재잘거림이 들렸다.

"어디가 아픈 거야? 멀쩡해 보이는데."

운전석에서 내린 언니는 막상 나를 보더니 기막히다는 듯이 말했다.

"나도 모르겠어. 그냥 지금은 안 아파"

신기하게도 언니에게 전화한 지 얼마 되지 않아서 복통이 가라앉았다. 물론 새하얬으리라고 생각했던 얼굴도 정상으로 돌아왔을 것이다. 언니는 그 특유의 의심스러운 표정으로 내 얼굴에 자기 얼굴을 들이댔다. 어렸을 때 언니 몫까지 아이스크림을 먹어치우고 모른 척했을 때처럼 얼굴이 빨개지는 것을 느꼈다. 언니가 읽고 있었던 책을 내가 몰래 옷장에 숨겨놨다가 들통났을 때 짓던 모습이기도 하리라.

미간을 찌푸리는 언니의 백옥같이 하얀 피부가 아침 햇빛에 반짝거렸다. 작은 키에 피부까지 검은 나는 그래서 늘 언니가 자존심의 밑바닥까지 긁는 대상으로서만 존재했다.

중학교 1학년 때였을 것이다. 우유로 목욕하면 하얘진다는 짝꿍의 말만 철석같이 믿고 세숫대야에 오백 리터짜리 우유 두 개를 콸콸 붓다가 어머니에게 들켰다.

"이 아까운걸. 원 참, 쥐방울만 한 게 벌써부터 얼굴에 신경이나 쓰다니. 어디 이게 너 마실 우유니? 네 언니 마실 우유야."

어머니의 말은 내 심장을 콕콕 쑤셨다. 우유가 아깝다는 말만 했어도 나는 가만있었을 것이다. 네 언니 마실 우유야 라니.

"엄마는 언니밖에 없지? 나 어디서 데려왔어?"

나는 갑자기 서러움이 북받쳐 올라 박박 울면서 달려들었다.

"애가 갑자기 왜 이래. 누가 널 데려왔대?"

"그럼, 왜 만날 나만 차별해!"

"그럼, 너랑 언니랑 같니? 억울하면 너도 언니처럼 잘해 봐."

"어떡할래?"

언니가 시동을 걸면서 물었다. 병약한 목소리였다. 아픈 사람은 내가 아니라 언니 같았다.

"그냥 병원은 안 갈래."

"아니, 학교 말이야 별로 늦지 않았으니까 지금이라도 가야 하지 않겠어?"

"싫어, 또다시 아플지도 모르잖아."

뒷좌석에 앉아 있던 나는 창문을 열면서 퉁명스럽게 대답하였다.

"너 일부러 학교 가기 싫어서 날 부른 거야?"

언니가 어이없다는 듯이 말했다.

"무슨 소리야? 내가 꾀병이나 연기할 것 같아? 아까는 정말 아팠다고!"

고집스러운 나의 말에 언니는 더 이상 아무 말 하지 않았다. 출근 시간이 지난 바깥 풍경을 바라보다가 나는 가방에서 호밀밭의 파수꾼을 꺼냈다.

"뭐 읽어?"

백미러로 책 읽는 나의 모습을 본 언니가 아까와는 달리 자못 신기하다는 듯이 물었다.

"호밀밭의 파수꾼"

나는 역시 퉁명스럽게 대답하였다.

"아, 호밀밭의 파수꾼! 그 책은 샐린저 자신의 유년시절 경험을 쓴 자전적 소설이야. 그런 건 알고 읽는 거니?"

"그 정도는 책에도 나와 있어."

언니는 매번 이런 식이었다. 이 세상의 모든 책은 자신 혼자만 이해하고 감동한 것처럼. 나는 말없이 책에 집중하기 위해 노력했다. 학교에서 퇴학을 받고 거침없이 마음대로 행동하는 주인공 홀든 콜필드. 그의 배짱이 부럽다는 생각을 했다. 하지만 내 마음은 여전히 책 내용보다는 금방도 날 무시하듯 말한 언니의 말이 마음에서 가라앉지 않아 나를 자꾸 괴롭혔다.

언니와 나는 태어났을 때부터 달랐다. 언니는 아이를 몹시 기다리던 부모님의 결혼 8년째에 간신히 얻은 귀한 첫딸이었다. 그래서 언니가 태어나던 그 한 달 동안은 온 집안이 잔치 분위기였을 정도로 모든 주위 사람들의 지대한 관심을 끌어모았다. 호랑이 영감이라는 별명을 갖고 있을 정도로 엄하셨던 할아버지는 아기였던 언니의 통장을 만들어 당시 꽤 큰돈이었던 백만 원을 넣으셨다. 평소 할머니의 고무신 한 켤레 제대로 못 사게 했던 구두쇠 할아버지가 일생 한 일 중에서 가장 충격적인 사건이 아닐 수 없었다.

언니는 30여 호 정도의 작은 고금리 사람들에게 복 받은 아이, 장차 크게 될 아이라고 한참이나 이름 대신 불렸다. 언니가 그런 유명세를 탄 것은 아무래도 동네에서 꽤 영향력이 있는 할아버지의 때문이었을 것이다. 언니는 누구에게서나 신동이라는 소리를 들었으며 고금리에서는 유일하게 읍내에 있는 신나라 유치원의 졸업장을 받았다.

할아버지가 돌아가시자 면사무소에 다니시던 아버지는 땅과 집을 팔고 목포로 나왔다. 자식 교육하기에는 그래도 도시가 낫지 않겠냐며 고금리를 떠나기 전날 아버지는 동네 사람들에게 큰 어미돼지를 잡고 술을 샀다.

"지수 같은 아이들은 도시로 가야지. 암, 그래야 하고 말고."

동네 어른들은 입가를 훔치면서도 언니 이야기만 했다. 그것은 단지 공짜 술을 얻어먹은 치렛말만은 아니었을 것이다. 언니에 대한 부모님의 기대는 목포에서 살면서 더 커졌다.

아버지는 고금리에서 정리하신 돈으로 사람들이 많이 내왕하는 광장 쪽에 작은 슈퍼를 차렸다. 장사는 나날이 번창하였다. 수완이 있는 아버지는 큰 마트 때문에 슈퍼가 조금씩 밀리자 오히려 꽤 규모가 있는 큰 마트를 개업하였다. 수입은 처음보다 몇 배로 나아졌다. 아버지는 다른 곳에도 하나, 둘 분점을 차리기 시작해 광장 마트라는 상호는 신도심에도, 시외버스 터미널 근처에도 있게 되었다. 그러니 어머니는 언니가 하늘의 운을 가지고 태어나서 집안일이 술술 풀린다고 귀가 따갑도록 말씀하셨다. 게다가 언니는 목포에 와서도 여전히 수재였다.

언니의 아파트 정문은 마지막 왔던 그 날처럼 다름없이 바투 서 있었다. 결국, 언니 집으로 온 것이다. 나는 말 잘 듣는 어린아이처럼 얌전히 책을 덮고 내리길 기다렸다.

"왜 창문도 안 열어 놓은 거야?"

집안에 들어서자마자 꽉 막힌 더위가 내 온몸을 마구 훑고 지나갔다. 베란다의 창문들을 모조리 활짝 열어젖혔다. 시원한 바람과 왁자지껄한 아파트 내의 소음도 덩달아 따라 들어왔다. 초여름의 햇살을 받은 아파트의 나무 이파리들이 유난히 푸르렀다.

"날씨 하난 좋네."

나는 시선을 집안으로 돌리며 소파에 앉았다. 어찌 된 일인지 집안은 온통 구석구석 엉망이었다. 앉아 있는 소파에도 언니가 아무렇게나 벗어 던진 옷가지들이 놓여 있었고, 꽂혀 있어야 할 책들도 식탁 위며, 탁자 위에 아무렇게나 널려 있었다. 도무지 혼자 사는 처녀의 방 같지 않았다. 아니, 유난하리만큼 깔끔 떨던 언니의 거처라 할 수 없는 방안 풍경이었다. 화장실이며 침실, 베란다 할 것 없이 오랫동안 주인의 손길이 닿은 것 같지 않았다.

그러고 보니 언니의 옷매무새 또한 회사에 있어야 할 복장이 아니었다.

"언니 회사는 어떻게 하고 왔어?"

"그만뒀어"

언니는 냉담한 눈빛으로 날 보면서 말했다.

난 순간 경악하고 말았다. 부모님이 떠올랐다. 남자들도 들어가기 힘들다는 S기업에 언니가 취직한 것을 너무나 자랑스러워하던 그 모습이, 이 작은 소도시에서 흔치 않게 대기업의 지사가 들어섰는데 그것이 S기업이었다. 결혼 적령기의 남자가 귀했던 이 도시에서 양복을 깔끔하게 입은 이 회사의 남자 직원들이 지사 건물을 드나드는 모습은 이 지역 사람들에게는 신선한 충격이었다. 그러니 얼굴조차 예쁘고 재원인 언니는 이 지역 여성들에게는 부러움의 대상이면서 동시에 경계의 대상이었다. 그런 언니가 회사를 그만두다니.

일주일 전, 집에 왔을 때만 해도 언니에게서는 어떤 조짐도 보이지 않았다.

매번 그러던 것처럼 언니는 집에 와서 어머니와 이야기를 많이 했고, 이제는 결혼해야 하지 않겠니 라며 조심스럽게 묻는 어머니와 말에 아주 가볍게,

"엄마, 그래야겠지?"

하며 반색을 하는 통에 어머니의 얼굴을 환하게 만들었었다.

저녁 식사를 하면서도 텔레비전의 개그 프로를 보면서 유난히 흰 이

를 드러내며 밝게 웃곤 했다. 그리고 자상하게,

"요즘 학교생활은 어때?"

하고 내게 물어왔고 나는 그저 그래 라고 무심히 대답했다.

그러자 언니는,

"그러지 마, 고교 시절도 잠깐이야. 보람있게 보내."

하던 언니의 말과 행동 어디에도 언니가 그만두리라고 생각할 만한 조짐은 티끌도 보이지 않았다. 회사를 그만두겠다는 내색은커녕, 일하는 게 어렵지 않으냐고 묻는 아버지의 말에 오히려 처음 입사 때보다 일도 수월해지고 요즘은 재미도 있다고 말했는데,

내가 믿기지않다는 듯이 멍하게 있자 언니는 다시 한번 사실을 확인시켜주듯이 천천히 말을 했다.

"월요일에 사표를 냈어, 진작부터 생각했던 일이야."

그렇게 말하며 언니는 주전자의 물을 레인지 위에 올리고 전원을 눌렀다.

학창시절 내내 언니는 타고난 리더쉽과 뛰어난 성적으로 이름을 날렸다. '위 학생은 학업에서도 우수할 뿐만 아니라 어려운 이웃과 급우를 돕는 등 선행됨이 뛰어나….'로 쓰인 많은 표창장의 글귀처럼 언니는 부모님뿐 아니라 선생님들과 학생들 사이에서도 귀감이 되었다. 교내 시상식에 언니가 빠지는 일도 드물었다. 선행상, 효행상, 학력 우수상, 교내백일장 최고상, 영어경시대회 최우수상, 그리고 장학금까지.

항상 그런 상들을 받아 올 때마다 어머니는 수화기를 손에 들고 살았다. 우리 지수가 이번에는 말이야…라고 시작하여, 그 애는 신경을 안 써줘도 그렇게 잘하니까 내가 걱정을 안 해…

선생님은 수학 시간이 되면 한 사람씩 일어나게 해서 구구단을 외우게 했다. 그것을 또한 의무적인 시간이기도 했으므로 아무도 그 순간을 비껴갈 수는 없었다. 다른 아이들이 서두르게 외우는 소리를 들으며 내 실력을 드러낼 욕심에 들 떠 있었다. 나는 막 진영이라는 남자아이에게 환한 배꽃 같은 감정을 지니고 있었다. 그런 만큼 구구단을 날렵하게 외워 나의 실력을 보여주고 싶었다. 그러나 간절함이 지나치면 재앙을 불러온다고 했던가.

겨울 삼단을 왼 아이가 구슬땀을 닦는데, "신지나"하며 담임은 내 이름을 호명했다. 반 아이들의 내게 쏠린 시선 속에 진영이의 눈동자도 있었다. 그 순간 가슴이 막혔다.

"칠 단 한번 외어 봐."

늙은 여선생님은 심드렁하게 말했다

"칠 일은 칠, 칠 이는 십사, 칠 삼은 이십일, 칠 사는… 칠 사는, 칠…칠 사는……"

자신감에 벌떡 일어나 큰소리로 칠 단을 외우기 시작했는데 칠 곱하기 사에서 막히더니 그다음에는 아무 생각도 나지 않는 것이다. 나 또한 다른 아이들과 마찬가지로 구슬땀을 흘리며 '칠 사는, 칠 사는' 하고 있는데 이미 진영이는 짝꿍 여자아이와 장난을 치고 있었다.

내가 사람들 앞에 서면 '구제 불능의 떨림증'이란 병이 생기는 걸 그때야 처음 알았다. 나는 구구단에서도 내 실력을 발휘할 기회를 놓치고, 방과 후에 남아서 "너희들 때문에 나도 남아야 하잖아" 하며 짜증을 내는 선생님과 함께 구구단을 외워야 했다. 그 끔찍한 시간이 끝나고 아이들이 사라지고 없는 학교를 빠져나갈 때는 뭔가 억울하게 처박혀 있던 감정들로 기분을 통제할 수가 없었다. 그래서 그야말로 눈물 콧물 바람이 되어 운동화 끈을 질끈질끈 묶곤 했다.

어머니는 그런 나를 언니와 늘 비교했다. 나는 끝까지 피해의식을 갖지 않으려고 노력했다. 더욱 씩씩하게 굴었다. 그럼에도 불구하고 나도 모르는 사이에 내 성격을 조금씩 거칠어져 갔다. 작은 일에도 짜증을 잘 냈다. 누가 옆에서 말을 걸어도 대답을 잘 하지 않는 성격으로 변해갔다. 친했던 친구들은 날카로워진 나와 함께 있는 것을 꺼렸다. 자연히 그들과 멀어져 갔고 부쩍 혼자 있는 시간이 많아지면서 대신에 책들과 함께할 시간은 많아졌다. 문예반의 완희 선배는 누구나 좋아하는 성품을 지니고 있었다. 아마도 선배의 눈에 겉도는 내가 눈에 뜨였을 것이다. 그래서 '호밀밭의 파수꾼'을 건네줬을 것이다. 사실 완희 선배에게 이런 내 마음을 한번 털어놓은 적은 있었지만, 그 선배와도 결코 친해질 순 없었다. 먼저 날 위로해주길 바라며 다가섰던 사람은 나였지만 완희 선배가 다가오기 전에 차가워졌던 사람또한 역시 나였다.

"왜? 난 전혀 이해가 안 돼. 언니는 제정신이 아니야! 미래가 보장되어있는 회사를 난데없이 그만둬?"

난 조금 흥분했다.

"미래가 보장되어 있다구?"

언니는 눈을 치켜들었다.

"넌 아직 어려서 몰라. 그래, S회사의 명함으로 난 좋은 남자를 만날 수 있겠지. 친구들을 만나도 우쭐할 수도 있어. 하지만 넌 왜 남자들한테는 직원이라는 말을 쓰면서 나한테는 꼭 여직원이라는 말을 쓰는 줄 아니? 그건 내가 여자이기 때문이야!"

언니의 낯빛은 창백했다.

"내 참, 여자를 여자라고 하는 게 왜 잘못됐다고 하는 거야. 언니가 여자라는 사실은 어디를 가든지 바뀔 수 없는 게 아니야! 그리고 여자여서 잘못된 게 뭔데? 게다가 어쨌든 언니는 남들이 부러워하는 큰 회사에서 일한다는 사실은 변함없잖아?"

"일? 넌 큰 회사에서 들어갔다고 내가 대단한 일이라도 할 것 같지. 하지만 난 입사한 지 일 년이나 지났는데도 지금까지도 커피 뽑고 복사하는 일이 거의 다야. 상사들이 맡긴 일에 매달려 내 일다운 일을 해본 적이 없어. 회의에 적극적으로 참여라도 할라치면 모두 딴청을 부려. 그러면서 회식자리에서는 노래나 하라고 그러지."

어렸을 때부터 성공하고 싶어 했던 언니가 말했다.

"그‥그럼, 엄마는 어떡할 거야. 엄마는 언니밖에 모르잖아. 그런데 언니가 잘도…이 사실을 말하면…"

"그만해!"

언니가 별안간 소리를 질렀다. 나는 깜짝 놀라 언니를 쳐다보았다.

나야 남아도는 게 시간이었지만 언니는 늘 바빴다. 고등학교 때도 언니는 학교에서 집으로 곧장 돌아오지 않고 과외하러 갔다. 보통 밤 한 시쯤에야 언니는 들어왔다. 물론 어머니는 언니를 위한 승용차를 준비해 놓고 언니를 모시러 다녔다. 그뿐이 아니었다. 어머니는 언니를 위해 차 안에서 먹을 수 있도록 간식거리도 늘 챙겨서 다녔다. 언니는 그런 어머니에 대해 어떤 불평도 하지 않고 준비한 간식을 먹었다.

그런 언니와 나는 종일 얼굴을 마주치지 않고 넘어간 날도 많았다. 평소에 대화할 시간이 없으니 서로 낯 붉혀 본 일도 거의 없었다. 더더구나 언니는 타의 모범생이니 동생에게 나쁜 말을 할 까닭도 없다. 늘 화는 내가 냈고, 심술을 내가 부렸다. 그런데 오늘 언니는 나에게 버럭 소리를 질렀다. 오랜만에 언니가 미간을 찌푸리며 화를 내는 그 모습은 생소한 충격이어서 화가 나기보다는 신기했다.

"그래, 네 말이 맞아. 나는 어렸을 때부터 엄마의 기대를 받고 자랐어, 작은 실수에도 끝없이 실망하는 엄마 때문에 난 언제나 모든 것을 다른 아이들보다 잘해야만 했어. 그동안 내가 엄마 때문에 얼마나 숨 막혀 살았는지 넌 모를 거야. 대학을 졸업하자마자 도망치듯 집을 뛰쳐나온 것도 그 때문이야."

나는 박하사탕을 먹었을 때처럼 머릿속이 하얘졌다. 언니의 갑작스러운 이야기에 배신감마저 들었다. 항상 불행한 주인공은 언니가 아니라 나였다. 언제나 콩쥐는 나였다. 계모에게 끝없이 구박당하고 부림을 당하는. 마찬가지 이유에서 언니는 엄마의 팥쥐였다. 끝없는 배려와 사랑을 독차지하는. 불행하다는 말을 할 사람은 언니가 아니라 나였던 것이다. 그런데 언니가 불행하다니. 나로서는 어처구니가 없고 억울했다. 내 눈에 비쳐온 언니는 불행이라는 단어와는 거리가 멀었다.

주전자가 아까보다 더 삑삑 소리를 냈다. 그제야 언니는 정신이 되돌아온 듯 가스레인지로 갔다. 잠시 후 컵을 두 손에 들고 와 내게 풀잎이 그려진 컵을 스윽 내밀었다. 받아 든 컵을 손에 쥐었지만 차마 마실 수가 없었다. 그때까지 참고 있던 감정이 불쑥 속에서 튀어나왔다.

"언니는 진짜 나빠! 항상 자기만 생각하는 이기주의자야!"

창문 옆에 서서 녹차를 후루룩 마시던 언니가 눈을 동그랗게 뜨고 날 쳐다보았다.

"언니가 불행했다고? 그래, 엄마의 기대 때문에 불행하게 살아왔다구? 그럼, 나는 뭔데? 어렸을 때부터 부모님은 언니에게 온통 관심이 쏠려 나 같은 건 아무렇게나 내버려 두었잖아."

눈물이 언니의 모습을 희뿌옇게 만들었다. 차라리 언니의 얼굴이 보이지 않는 것은 다행이었다. 언니가 제대로 보이지 않는다는 것을 이용해 나는 언니에게 되는대로 뱉었다. 제풀에 거칠던 숨소리가 잦아질 때까지 가만히 있던 언니는 그제야 내게 휴지통을 내밀었다. 나는 언니를 힐끗 바라보면서 범벅이 된 얼굴을 닦았다.

눈물을 닦고 나니 갑자기 할 일이 없어졌다. 나는 괜히 소파에 덜렁덜렁 달린 실밥을 뜯는 시늉을 했다. 그렇게 얼마간 시간이 흘렀을까, 언니가 나지막하게 물었다.

"네가 좋아하는 삼분 카레가 있어, 먹을래?"

나는 아무 대답도 하지 않았다.

언니는 삼분 만에 카레를 만들어냈다. 우리는 서로의 그릇을 들고 그대로 소파에 앉아서 먹었다. 언니가 텔레비전의 전원을 눌렀다. 내셔널지오그래픽이 나비에 대한 다큐멘터리를 방영하고 있었다. 수많은 종류의 천연색 나비의 이름들이 호명되었다. 유리창떠들썩팔랑나비, 민무늬귤빛부전나비, 작은멋쟁이나비……동물시체에도 모여 있다는 푸른부전나비는 수컷은 날개 윗면이 밝은 남색을 띠고, 암컷은 날개 외연이 흑갈색이며 기부 가까이 청백색의 무늬가 있었다. 정말로 혹할 정도로 예쁘고, 매혹적이었다. 알에서 애벌레로, 번데기에서 성충인 나비로 변해 가는 일생을 보며 나비가 이처럼 아름다운지를 처음 알게 되었다.

"넌 나비가 될 것 같아."

언니는 이제 막 번데기 속을 나와 젖은 날개를 펼치려고 애쓰는 나비를 눈으로 좇으며 입을 열었다.

"나비가 되기 위해 끊임없이 번데기를 준비하는 모습이 지나 너랑 닮았어. 난 항상 네가 부러웠어. 엄마, 아빠에게 부담 갖지 않고 자유분방하게 살아가는 네 모습이 얼마나 부러웠는지 몰라 그런데 난 모범생 콤플렉스에 사로잡혀 행복해야 할 젊은 시절을 헛되이 보낸 것 같애…아니, 모두 헛된 것은 아니고 헛된 것에 소모한 시간들이 아까워."

뻐꾸기가 열 번 허공을 향해 애섧게 울어댔다. 부모님이 아직 돌아오지 않은 집안은 적막하다. 나는 거실의 큰 창문을 여고 밖을 내다보았다. 자동차들은 헤드라인을 켜고 앞만 보고 달려갔다. 나는 바다처럼 불빛이 출렁거리는 도로를 내다보았다.

언니는 다음날 집에 찾아왔다. 여행에서 돌아온 아버지와 어머니가 지치지도 않으신지 정기적인 부부 모임에 나가기 위해 외출 준비를 하고 있을 때였다.

"드릴 말씀이 있어요."

노란 민소매 원피스를 입은 언니는 진지했다.

"아니, 얘가 연락도 없이…나가봐야 할 텐데…"

어머니는 반가움으로 얼굴에 회색이 흘렀지만, 시간에 쫓기는 듯 초조하게 말하였다.

"좀 늦으면 어때. 방으로 들어가자."

과묵한 아버지가 말했다.

컴퓨터 게임을 하고 있던 나는 언니의 갑작스러운 등장으로 긴장했다. '대형사고'가 예감되어 컴퓨터 앞에서 물러나 방문을 열고 거실 쪽으로 귀를 기울였다. 그러나 염려한 것처럼 큰소리는 밖으로 새어 나오지 않았다. 되려 도란거리는 소리만이 나직하게 들려왔다. 어머니의 질질 끄는 한숨 소리만 가끔 들려왔다. 시간이 얼마나 지났을까. 엄마와 아빠가 밖으로 나가는 소리가 들렸다. 뜻밖에도 언니는 승자 같은 얼굴을 하고 내 방에 들어섰다.

"나 말이야 어쩐지 회사만 그만두면 일이 잘 풀릴 것 같았어."

막상 언니의 목소리는 떨렸다.

"앞으로 뭐 할 거야?"

라고 물으며 언니의 얼굴을 바라보았다. 상기된 언니는 아름다워 보였다.

"춘천! 춘천으로으로 갈 거야. 그곳에 아는 선배가 외국어학원의 원장으로 있어. 그곳에서 영어를 가르칠 생각이야. 그다음에는 나도 모르겠어."

"그게 최선의 길이야?"

"아직은 잘 모르겠어. 그러나 지금보다는 더 나을 거야. 춘천에 가서 지내면 많은 걸 생각해 볼 거야."

"그러다가 누가 아니? 춘천 토박이 남자와 연애도 하고 결혼도 할지…"

언니가 내 눈앞에서 믿기지 않을 만큼 천진난만한 아이처럼 웃고 있었다. 하늘은 점점 어스름하게 어두워지고 있었고, 언니가 입은 노란색 원피스는 금방이라도 하늘에 빨려 들어갈 것만 같았다. 그리고 바로 그 순간에 노랑나비 한 마리가 우리의 머리 위를 잔잔하게 맴돌았다.

당선

제1160호 2002년 10월 14일 월요일
2002 최명희청년문학상 : 대학부 시

꽃피는 재봉틀

· 김병곤 (원광대 국문과 4학년) ·

새벽까지 어머니 미싱 돌린다
촘촘한 졸음의 실들 끊으시며
두 눈은 산수유 열매가 되어간다
시집올 때 들고 오셨다는
기관차 같은 평양 미싱
수백 개의 실밥 가득 싣고
옷감 위에 선로를 놓으신다
헝클어져 잠든 가족의 머리맡 지나
덜덜덜 철길을 달리신다
바람에 벽지의 꽃들이 세차게 흔들린다
밤마다 어디까지 다녀오셨을까
만주상회 지나 지브롤터해협 어느 선단까지
가시는 길마다 색색의 꽃을 누비 박는
기차가 잘못 밟고 지나갔던 손가락엔
상처의 봉제선이 형편없다

공장 담벼락 아래서 세어보는 쭈글쭈글한
지전(紙錢)에도 봄바람 같은 보푸라기 일어난다
줄 끝에 서서 기다림 끝에 겨우
얻어 온 주문이래도 세월은
꼼꼼히 바늘을 넣어야 무늬하나 제대로
이룰 수 있는 것이구나 어머니
아침이면 달아오른 기관차를 내리시고
꾸벅, 졸다가 그냥
지나쳐 버린 곳은 없나 밤새 달린 길 위,
수북한 싸락눈을 후 부신다
알전구 속, 싱싱한 필라멘트 같은 꽃들이
안감까지 뿌리내렸다

당선

제1160호 2002년 10월 14일 월요일

2002 최명희청년문학상 : 고등부 시

할머니의 손

· 강세희 (옥천고 2학년) ·

장독 속에 할머니가 들어선다
햇살을 품고 있던 장독은
할머니의 손끝에서 장을 삭힌다

기다림이 곰팡이로 피어났다
마른기침으로 숨 쉬던 메주
할머니는 장을 담기 위해
메주의 곰팡이 옷깃을 푼다
곰팡이들은 할머니의 손끝에서
무뎌진 곰팡이를 흩날리고.
(곰팡이가 많을수록 잘 삭는 법이지)
소금물로 채워진 양동이
할머니는 계란 하나를 띄워본다

계란은 할머니 머리 위에 떠 있는

구름처럼 양동이 주위를 맴돌고.
메주가 들어선 장독 속에
할머니는 소금물을 붓는다
메주에 할머니의 손길이 가라앉듯
소금물이 천천히 메주 속에 스민다
숯을 놓는다
그리고 빨간 고추 몇 개도 띄워 놓는다
망사가 씌워지고

할머니가 들르던 장독,
할머니의 손맛이 독 안에서 익어가고 있다

최 명 희
청년문학상

•

2001~2008

당선

제1182호 2003년 10월 06일 월요일
2003 최명희청년문학상 : 대학부 소설

옻나무

· 김보현 (서강대 인문학부 1학년) ·

달빛이 고운 밤이다. 종이로 바른 문은 달이 밝게 뜨는 날이면, 그 진가를 발휘한다. 직접 쏟아지는 빛보다는 종이 체에 한번 걸러서 들어오는 빛이 더 애잔하게 마련이다. 달빛이 문 앞에 놓인 요강을 감싸고 돈다. 반쯤 드리워진 빛이 사기요강의 관능미를 연출한다. 혜자 언니가 뒤척이다가 팔 하나를 쭉 내디뎠다. 요강에 묻었던 달빛이 언니의 손에 와 쏟아진다. 힘없이 구겨진 언니의 손바닥에 달빛이 오줌을 누는 소리가 들리는 것 같다. 혜자 언니는 지금…, 무슨 꿈을 꾸는 걸까? 뒤뜰에서 옻나무 진이 흐르는 소리가 들려온다. 밤이 얼마나 깊은 것일까? 모든 것이 어둠에 폭 싸인 느낌이다. 폭 싸인 적막이 오히려 의식을 또렷하게 하는 밤이다.

달빛인지 햇살인지 정확히 분간하기도 어려운 시각…, 할머니께서 일어나신 자리로 습한 새벽이 와 눕는다. 햇살이 자꾸만 길어져 할머니가 누웠던 모양을 하고 눕는다. 웅크린 햇살 몇 올이 내 눈꺼풀 위로 척척 쏟아진다.

-쩍

비닐 장판에서 사기요강이 떨어지는 소리.

아침이다.

그것도, 우원에서의 아침이다.

할머니의 아침은 묵직해진 요강을 내다 씻는 일로 시작된다. 혜자 언니는 일어나자마자 찬물로 세수를 한다. 붓기가 덜 빠진 말간 얼굴로 거울 앞에 앉아 할머니의 화장품 바구니를 뒤지는 언니의 손가락이 만족스럽지 못하다. 할머니의 싸구려 화장품 냄새가 코끝에 와 닿는다. 우원에서 자극적인 것이라고는 저 스킨냄새 뿐이다. 모든 것이 조용하고 사긋사긋할 뿐이다. 거울을 보면서 오래오래 로션을 바르고 있는 혜자 언니의 등에 언니의 나이가 묻어있다. 언니의 나이는 이제 서른. 3년 전, 대학 선배와 결혼을 해 가정을 꾸렸던 언니는 몇 번의 유산 끝에 남편과 이혼하고 대학로의 극단을 들어갔다. 서른이라는 나이. 언니가 늘 동경해오던 나이에, 언니 곁에는 아무도 없지만, 마르고 야윈 언니의 등에서 다소곳하게 묻어있는 언니의 나이는 제법 담담하다. 몸을 개키고 일어나 바닥에 몸을 댄 채로 기지개를 켠다. 문을 열고 마루에서 서자 우원의 햇살이, 우원의 안개가, 우원의 아침이 확 달려든다. 밖을 향해 놓인 철 지난 내 샌들, 우원에서는 무엇이건 할머니의 손길이 닿지 않은 것이 없다. 마루에서 내려와 뜰 판에 앉았다. 싸늘한 기운이 바닥에 엉겨 붙어 있다. 엉덩이가 조금씩 싸늘해진다. 오늘 아침은, 유난히 차다.

정지된 풍경.

가끔 바람이 불어 잔가지라도 흔들어주지 않는다면 심장까지 멎어버릴 것 같다. 적막을 깨고 부엌에서 물소리가 들려온다. 달그락거리는 물소리 사이로 습습한 밤 냄새가 난다. 새로 지은 밥은, 그냥 밥만 떠먹어도 식욕이 돈다. 습습한 밥 냄새가 좋아서, 밑에서부터 차고 오르는 싸늘한 기운을 더 이상은 견딜 수가 없어서, 나는 자리를 털고 일어섰다. 방 쪽으로 몸을 돌리는데 할아버지께서 나를 쳐다보고 계셨다.

공허한 눈빛.

할아버지는 내가 혼자서 멍하니 앉아 있으면 언제나 저런 눈빛으로 나를 바라보신다.

'아니에요, 그런 게 아니라…'

자꾸만 뭐라고 속엣말을 만들어 내게 된다. 그러나 그것이 속엣말을 떠나서 입술에 닿게 되면 더 깊은 공허함을 불러일으킬 것이라는 것을 안다.

"지원아, 할아버지랑 옻나무 보러 갈까?"

사고 이후…, 할아버지께서는 옻나무를 키우기 시작하셨다. 상처를 통해서 인간을 위해 체액을 내뿜는 옻나무를 할아버지는 늘 애처롭게 바라보셨다. 저렇게 애처롭게 바라보기 위해서 옻나무를 키우는 것이 아닐까 싶을 정도로, 할아버지는 언제나 저렇게 슬픈 눈을 하고 옻나무 앞에 서신다. V자로 그어진 수백 개의 상처…. 정제되지 않은 체액을 만지면 피부가 거부반응을 일으키기도 하지만 정제된 체액은 여러모로 쓸모가 있다.

"올해로 십 이 년째가 맞냐?"

"…"

"이 눔들헌테는 가을이 더 쓸쓸할거여, 웬통 진을 빼냈으니 빨리 삭을 수밖에 없제…"

할아버지는 눈 밑 언저리에 물이 차오른다. 뒷짐을 지고 선 할아버지의 뒷모습에서 진한 싸늘함이 묻어난다. 까맣게 말라버린 수백 개의 상처들. 나도 괜히, 심장에 눈이 내리는 것 같이 가슴이 차고 시리다.

"지원아…"

할아버지께서는 말을 잇지 못하신다. 가을 냄새가 난다. 뺨에 와 닿는 바람 속에서 잘 마른 장작 타는 소리 같은 것이 들려온다. 가만히… 할아버지의 손을 잡았다. 바싹 마른 손바닥. 움켜쥐면 낙엽처럼 부서져 버릴 것 같다.

"여기서 뭐 하세요? 식사하시래요!"

할아버지는 몸을 잔뜩 웅송거리고 있는 언니를 짠하게 바라보신다. 언니의 등에 묻은 나이가 아무리 담담하다고 말을 해도, 할아버지는 짠한 눈으로, 아버지의 손바닥으로 언니의 등을 쓸어주신다.

오래간만에 우원의 상 앞에 네 '식구'가 둘러앉았다. 미역국이다. 할머니는 미역국을 가장 맛있게 끓이셨다. 가끔 마늘 냄새가 너무 진하게 느껴지기도 했지만 언제나 '할머니 냄새'가 더 진했다. 새로 지은 밥은 하얗고 윤이 났다. 자꾸만 밥그릇 속이 하얗게 뭉겨져서 아무 생각도 하지 않으려고 고개를 내리박았다. 할머니는 자꾸만 내 밥그릇 위에 갈치살을 발라서 올려놓으신다.

"서울 가더니 아주 얼굴이 쏙 빠졌어. 고개 들고 폭폭 좀 퍼먹어라."

부탁받은 사진을 서울에 보내려고 밥을 먹고 혼자서 집을 나섰다. 스커트 아래로 나온 종아리가 싸늘하다.

-가을이구나.

탄성처럼 또 속엣말이 나왔다. 길가에는 코스모스들이 메마른 가을바람에 얼굴을 부비며 금방이라도 울 것 같은 모양을 하고 서 있다. 나는 버스를 기다리다가 코스모스 사이에 그냥 주저앉았다. 우원에 있다 보면… 계절의 변화를 논을 통해서 제일 먼저 알게 된다. 어느새 벼 이삭이 누릿누릿해졌다. 진-한 흙냄새가 좋다. 시간 앞에서도 영원할 수 있는 것이 있을까? 계절마다 이렇게 흙 내음도 다른데…, 그런 것이 있을까? 우리는 때로 그것이 사랑이라고 세뇌받곤 한다. 변하지 않고, 영원하고, 가장 아름다운 것은, 바로, 사랑이라고. 그리고 기다린다. 내게 사랑은 언제 오는가, 하고.

나의 여덟 번째 생일날, 나는 엄마의 고향으로 짧은 여행을 다녀왔다. 우원에서 한 시간 정도 거리에 있는 명선이라는 작은 도시였는데 우원만큼은 아니었지만, 그곳도 농사짓는 사람들이 대부분인 농촌이었다. 엄마와 나는 그곳의 밤 농장에서 밤도 털고 사진도 찍으면서 시간을 보내다가 엄마의 친구 집에서 하룻밤을 보낸 뒤 서울로 올라올 예정이었다. 엄마의 친구는 그곳 사람과 결혼을 하여 포도 농사를 지으면서 살아가고 있었는데 나보다 나이가 어린 아이가 셋이나 있었다. 그곳은 밤과 포도로 유명한 곳이라고 했다. 엄마의 친구는 엄마와 내가 반나절 동안 털었던 밤을 삶아 주시면서 시골에서 아이들을 키우면서 사는 이야기들을 해 주었었다. 여덟 살 때까지 하늘 아래 나의 가족은 단 한 사람, 엄마뿐이었다. 둘이서만 살아오던 나는 다섯 식구가 복작거리면서 살아가고 있는 모습에 적잖은 감동을 하였던 것 같다. 아줌마가 밤 하나를 까 놓으면 오글오글 몰려들어 입을 벌려대던 세 명의 아이들. 아저씨의 굳은살 박힌 갈라진 발뒤꿈치에 반투명 연고를 발라 면양말을 신겨주던 아줌마의 손길, 그 눈빛…. 그 뒤로도 가끔 그곳에 가곤 하는데 아줌마는 내가 갈 때마다 닭을 잡아 주신다. 그때는 한참 아이들이 클 때라서 오랜만에 찾아온 친구한테 닭 한 마리 잡아 줄 형편이 못 되었었다고 하시면서…. 엄마는 아빠에 대해 작은 출판사를 운영하면서 소일삼아 글을 쓰곤 하던 좋은 사람이었다고 했다. 엄마와 아빠는 대학 1학년 때 만나 많이 사랑했지만 아직은 말할 수 없는 이유로 헤어졌다고. 나중에 내가 그것을 이해할 만큼 나이를 먹으면 그 이유에 대해서도 말해주겠다고 엄마는 나와 약속을 했었다. 사진 속의 아빠와 엄마는 연인이라기보다는 남매같이 닮아 있었다. 결국, 나는 그 이유를 듣지 못했지만 그런 것은 중요하지 않다는 생각을 하게 되었다. 그냥, 아빠와 엄마가 많이 사랑했었다는 것. 엄마는, 그 추억과 기억만으로도 나를 낳아 사람으로 키우고 있었다는 것. 그것만으로도, 나는 충분했다. 엄마와의 여행, 12년이나 지났지만 나는 아직도 그 날에 대한 기억이 또렷하다. 하얀 꽃잎을 짓이겨 듬성듬성 뿌려놓은 것 같은 구름이 떠다니던 말갛던 하늘. 고개를 들면 하늘에서 꽃향기가 쏟아져 내려 온 얼굴을 적시는 것만 같았다. 차창밖에 어려있는 가을의 모습에 넋을 잃고 있을 때, 빨간 테두리의 모자를 쓴 남자가 손을 내밀었다.

"죄송합니다. 서울로 가는 막차를 놓쳐서 그런데요, 시내까지만 좀 태워다 주시겠어요?"

"시내까지는 뭐… 우리도 서울로 가는 길이니까 타요."

"고맙습니다"

남자는 커다란 가방을 트렁크에 싣고 넉살 좋게 웃으면서 내 옆에 탔다. 그렇게 불쑥 생에 찾아든 사람. 그 담백한 웃음이 아직도 눈에 선하다. 낯선 사람에게는 눈길조차 주지 않는 엄마가 경계심 없이 남자와 말을 섞을 수 있었던 것은 그의 목에 달린 사진기 때문이었다. 학교 때 사진을 전공하는 엄마는 나의 임신으로 펴보지도 못하고 접어야 했던 추억에 젖어 끊임없이 이야기를 했다.

“어디 살아요?

“우원이라고, 이 동네가 고향입니다.”

“우원?”

“네. 같이 구불구불 굽어서 돌아서 멀리 간다, 는 뜻이래요.”

“그래서 이렇게 길이 험하구나…”

“예. 쌩 시골이에요. 그래도 저는 여기가 참 좋아요. 서울서 하고 싶은 거 실컷 하다가 나중에는 내려와서 농사나 지으면서 살려구요.”

“사진 찍는가 봐요.”

“전공이긴 한데, 아직 잘은 못 다룹니다. 배우는 중이에요.”

“동네가 참해서 사진 찍은 데 많겠네요.”

“네, 실물만큼 잘 안 나와서 그렇지 사진 찍을 데는 많아요.”

남자는 사진기를 꺼내 엄마의 옆모습에 렌즈를 대더니 내가 풍선껌을 불면서 ‘인어공주’를 읽는 모습도 찍었다. 나는 엄마의 가방에서 사과 한 알을 꺼내 남자와 나누어 먹었다. 단물이 배어나던 그 사과 맛을 나는, 아직도, 생생하게 기억한다.

기억은 여기까지 질주해 오다가 주춤거린다. 기억의 언덕 너머로 희미하게 기억되는 웃음소리. 그리고…, 내가 마지막으로 기억하는 것은 비명이다.

비명.

아직도 섬뜩해지는 짐승 같은 비명소리.

“악-”

버스 안이 금세 술렁였다. 내 나이 또래의 여자 무릎 위로 마른 장작 같은 할머니의 몸이 쏟아져 있었다. 핏기가 없는 할머니의 얼굴은 누가 봐도 더 이상 이 세상 사람의 것이 아니었다.

꽉 다문 입술.

잿빛 피부와 주름진 양미간.

나는 그만 선 채로 오줌을 누어버렸다. 버스 기사는 핸드폰으로 119 구급차를 불렀고 사람들은 하나, 둘씩 버스에서 내렸다. 소리를 질렀던 여자는 아직도 사색인 채로 동행인 듯한 남자의 어깨에 폭 싸인 채 택시 속으로 사라졌다. 결국, 버스 안에는 119구급차를 기다리는 버스 기사와 말라버린 노인, 그리고 나밖에 남지 않았다. 핏기없는 노인의 얼굴은 검붉은 빛이었다.

죽음의 그림자. 부인하고 살려고 했던 기억들….

"아가씨, 이 할머니 알아?"

나는 부들부들 떨고만 있었다. 아랫도리가 축축했다. 이대로 시내로 나갈 수는 없는 노릇이었다. 터벅터벅 버스에서 내려 반대 방향으로 걷기 시작했다. 사람들의 웅성거림이 공중을 부유했지만 나는 개의치 않았다. 너무 피곤했다. 이 세상에는 지워질 수 없는 단단한 선 같은 것이 있다. 그리고 그 선을 중심으로 두 부류의 사람이 있다. 그 선을 넘어서야 마음을 나눌 수 있는 사람과 절대로 그 선을 넘어서는 안 되는 사람, 나와 할아버지, 할머니는 어느 쪽일까. 논 가에 앉아서 그대로 눈을 감아버렸다.

'이대로 깨어나지 않았으면…."

내가 처음 이곳에 와서 제일 먼저 마음을 붙인 곳은 오빠의 사진첩이었다. 여섯 권을 다 채우지 못한 사진첩 속에는 많은 사람이 다채로운 표정으로 비쳐 있었다. 정면을 똑바로 응시하고 있는 사진도 있었지만, 대부분은 시선이 다른 곳에 흘려져 있었다. 오빠는 이 많은 사람의 사진을 찍으면서 어떤 생각을 했었을까…. 사진첩을 넘겨보다 보면 코끝에 칼날이 와 닿는 것 같기도 했다. 사진첩이 들어 있는 상자 속에는 인화되지 못한 두 롤의 필름과 까만 사진기가 들어있었는데 나는 곧잘 그것들을 손에 쥐어보곤 했다. 엄지와 검지 사이에 필름을 놓고 롤러처럼 굴리고 있으면 지문이 묻었다. 겹쳐지는 지문들, 순식간에 뭉개지는 존재가치…. 나는 그렇게 오빠의 사진첩이 숨겨져 있는 어두운 방 안에서 나의 십 대를 보냈다. 그리고, 지금, 오빠의 나이가 되어 우원의 길 위에 서 있다.

비명 끝에 발견된 것은 세 사람이었다. 가족으로 보이는 모녀와 관계를 알 수 없는 대학생 한 명. 한지상이라 불리던 대학생은 15톤 트럭이 중앙선을 침범하는 순간 옆에 앉아 있던 8살짜리 아이를 온몸으로 끌어안은 채 피투성으로 발견되었다. 그들이 타고 있던 중형차는 형태도 없이 일그러졌으나 기적적으로 한 생명이 살았다. 남자의 굳은 몸에서 아이를 떼어내는 데에도 상당한 시간이 소요되었다. 구조대원이 팔 하나를 절단해야 할지도 모르겠다고 조심스럽게 이야기했을 때 남자의 어머니가 바싹 마른 입술을 떼었다.

"인자 놔 주어. 내가 야 혈육덜 찾아서 잘 키우라고 헐팅게 인자 놔 주어어. 팔 빙신으로다가 저 세상에 갈거여어? 짝 팔로다가 먼 사진을 찍는다고 그라는거여어-"

신음에 가까운 목소리.

아이의 가슴팍에 감싸졌던 팔이 힘없이 떨어졌다. 아이는 울다가 지칠 대로 지쳐 숨소리 사이로 간간이 쇠스랑 긁는 소리를 냈다. 남자의 어머니는 남자의 사진기를 가져다가 남자의 빈 품에 안겨 주었다.

남자의 부모는 여기저기 수소문을 해 보았으나 아이에게는 외국에 사는 먼 친척이 있을 뿐 마땅히 장례를 치러줄 사람조차 없는 형편이었다. 경찰 쪽에서는 고아원이나 보호시설 같은 곳을 찾고 있었으나 어쩐지 아무 손에나 맡길 수 없다는 생각이 들었다. 그렇게 맡아서 키어온 아이가 어느덧 남자가 세상을 떠날 때의 나이가 되었다.

"지원아! 너 여기서 뭐 하는 거니?"

혜자 언니가 말간 얼굴을 하고 나를 들여다본다.

"언니…"

받아들이기 힘들었을 것이다. 그때 언니의 나이 열여덟. 갑작스런 오빠의 죽음을 언니는 어떤 방법으로 받아들였을까. 그리고, 갑작스러운 우원에 찾아든 나를 또 어떤 방법으로 받아들였을까.

"힘드니?"

메마른 언니의 얼굴이 묻는다.

"지원아, 언니는 스무 살을 오래 준비했어. 내가, 오빠의 나이를 딛고 넘어서야 했으니까. 오빠가 사라진 열여덟부터 나는 안절부절못하였지. 어떻게 해야 하나. 어떻게 받아들이고 어떻게 맞이 해야 할까. 그때까지 열 번도 넘게 나이를 먹었는데 생전 처음 대하는 일인 양 유난을 떨었던 거지. 그렇게…. 절름, 절름, 힘겹게 스무 살에 닿았는데, 막상 스무 살이 되었을 때 나는 아무렇지도 않았어. 그러고 보면 난 계속 그렇게 살았던 것 같애. 일이 저질러지기도 전에 겁먹고 엄살떨고, 그런데 막상 닥치면 눈을 질끈 감고 모른 척 해버리게 되더라. 저 순간이 오면 나는 죽을 것 같아 힘들 거야, 생각했지만 그래도 도망치지 않았던 건 사실은 살만하고 견딜만한 일이라는 걸 알고 있었기 때문이었던 것 같아."

"…"

무어라고 대꾸를 하고 싶었지만, 입이 떨어지지 않았다. 그저 자꾸만 쫄렸다. 어쩌면 눈앞에 있는 언니도 꿈속에서 만난 것인지도 모른다는 생각이 들었다. 그렇게, 언니와 나 사이에 침묵을 쌓아 놓고 언니는 오래오래 담배를 피웠고 나는 언니의 고소한 담배 냄새를 맡으면서 잠이 들었다.

언니가 몇 번의 유산 끝에 이혼을 결심했을 때 언니는 오래 아팠다. 이제는 아예 아이를 가질 수 없을 정도로 망가져 버린 자궁 때문이 아니라, 위자료 한 푼 받지 못한 처량한 이혼 때문이 아니라, 기억 때문에 아팠다. 뱃속에서 옹알거리던 아이들의 짧은 생에 대한 기억이, 오랜 시간 짝사랑했던 선배와의 길지 않은 신혼에 대한 기억이, 언니를 아프게 했다. 기억을 버리고, 기억을 밟고 올라서려고 언니는 연극을 시작했다. 대학 때 연극 동아리에서 활동했던 경력을 살려 선배들을 수소문했던 모양이다. 언젠가 언니가 그랬었다. 싫어서 동떨어진 것이 연극이 아니라, 삶 속으로, 삶 안으로, 깊숙이 들어가는 것이 연극이라고. 가식과 '연극'이 난무하는 세상에서 오히려 '무대에서의 연극'은 솔직하고 진솔하고 살아있다고. 그래서 그런 것일까. 매일같이 계속되는 연습과 공연 속에서도 언니는 잘 버텨내고 있었다. 기억에서 도망치기 위해서가 아니라 기억을 자신의 것으로 만들어 그것을 무대 위에 보여주기 위해서 언니는 연극배우가 되었다. 언니의 등에 거북이 등껍질처럼 붙어있는 서른이라는 나이가 담담하게만 느껴지는 것은 그 때문인지도 모른다. 아팠던 기억에서 도망치는 것이 아니라 당당하게 그 안으로 걸어 들어가 그 위에 서서 극 속의 누군가를 연기하고 있는 언니가 나는 누구보다도 좋아 보였다. 그리고 누구보다도 부러웠다.

언니와 함께 대문을 들어섰을 때 할머니는 마루에서 전을 부치고 계셨다.

"어디들 갔다 오냐? 좀 거들지 않고!"

"아버지는요?"

"떡 찾으러 허씨네 가셨다."

"아저씨는 건강하시죠?"

"그럼…. 니 아버지가 걱정이지, 그 양반이야 아직 창창하지."

"지난번에 사다 드린 영양제 잘 드시고 계시죠?"

"…"

"그거 좋은 거래요. 꼭 챙겨 드세요."

언니가 손을 씻고 후라이팬 앞에 앉았다. 나는 할머니 손에 이끌려 제기를 닦으러 웃방으로 갔다. 말라붙은 할머니의 젖가슴이 파진 내의 밑으로 축 처져 있다. 괜히 코끝이 찡해진다. 언니의 잇따른 유산은, 말하자면 유전이었다. 스물다섯에 할아버지와 늦은 결혼을 하신 할머니는 결혼한 지 3년 만에야 아이를 가졌다고 했다. 그렇게 힘들게 생긴 아이가 8개월 만에 죽어서 태어나서 그때의 충격으로 십 년이 넘게 아이를 갖지 못했다고. 오빠가 태어나고 2년 뒤에 언니도 건강하게 태어났을 때 할머니는 천하를 다 얻은 것만 같았다고 하셨다. 오빠는 그렇게 가버렸지만, 할머니는 그 이십 년 동안만으로도 감사한다고 하셨다. 그 이십 년의 기억만으로도 할머니는 행복한 사람이라고…. 그것조차도 누리지 못한 언니를 두고 할머니는 당신의 박복함이 언니에게 옮겨간 것이라면서 마음 아파 하셨다.

"올해는 안 울린다"

제기가 들어있는 상자를 꺼내놓으시며 할머니께서 덥석 말씀하신다. 말끝에 힘이 들어가 있다. 다짐을 하시는 것인지, 나에게 말씀을 하시는 것인지 알 수가 없다.

처음에 우원에 오게 되었을 때 할머니께서 꼭 이렇게 말씀하셨었다.

"너는 이제 내 손녀다."

폭 쉬어버린 목소리에 어색하게 힘이 들어간 억양으로, 그렇게 말씀하시면서 내 머리를 묶어 주셨었다. 가끔은 내 마음대로 생각해버리고자 했었다. 감당할 수가 없어서, 낯선 곳에서 낯선 사람들과 살아가야 한다는 것이, 어린 마음에도 감당할 수가 없어서 그랬었다. 엄마는…, 할아버지 할머니의 딸이고 이분들은 나의 생부터 나를 지켜본 분들이다. 엄마도 유년시절을 이곳, 우원에서 보냈다. 이곳은, 나에게, 아주, 낯익은 곳이다…. 처음에는 그냥 그렇게 생각하면서 모른 척 해야지, 생각했었다. 그러다가 어느 순간부터 그것이 사실이라고 믿기 시작했다. 조금은 뻔뻔했지만 나는 그렇게 대강 삶을 속여보기로 마음먹었었다. 언니처럼 나도 남자의 나이, 스무 살을 갖게 되는 것이 오랫동안 두려웠다. 그저 막연히, 그걸 넘어서게 된다는 것이 두려웠다. 부끄럽기도 했고 죄를 짓는 듯한 기분이 들기도 했다. 할머니는 제기를 꼼꼼하게 닦아내신다. 할머니 눈매가 엄마랑 닮았다는 생각을 한다. 할머니 손가락이 내 것과 닮았다고 생각해 본다. 나는 조금만 더 삶에 능청스러워지기로 해 본다. 나는 조금만 더 삶에 뻔뻔해지기로 한다.

할머니는 정말로 울지 않았다. 우리는 지금까지 일 년에 한번, 이렇게 절을 하지 않는 제사장을 차렸다. 종교 때문이 아니라 그냥 처음부터 그랬다. 안방에 특별히 예를 갖추지 않은 상을 차려 향 한개가 다 타들어 갈 즈음 다 같이 모여서 식사를 했다. 향 한 도막이 타들어 가는 시간 동안, 할아버지께서는 옻나무 앞에 가 계셨고 나와 언니는 물끄러미 앉아 있었고 할머니 혼자서 많이, 많이 우셨었다. 처음으로 울지 않고 앉아만 계시던 할머니는 제사장에 올렸던 조기를 하얗게 발라서 내 밥그릇 위에 올려주시며 어여 먹어라, 어여 먹어라 하신다.

"필름 말이다. 웃방 상자에 있는…."

"…"

"그거 지금도 사진으로 맹글수 있는 거냐?"

할아버지께서 자꾸만 헛 젓가락질을 하시면서 물어보신다.

"…아마 가능할 거예요"

"그럼 인자 니가 좀 맹글어 봐라. 아직 일학년이긴 해도, 할 줄 알지?"

"…네…"

오빠가 지니고 있던 두 롤의 필름. 자가 인화를 했었기 때문에 아무도 손대지 않고 있었다. 당장 대하고 있는 것만으로도, 당장 남겨진 것만으로도 충분히 괴로웠기 때문에 우리 모두 새로운 파편들까지 꺼내 보고 싶지 않았던 것이다. 마지막으로 우원에 다녀가면서 오빠가 찍었던 사진들, 그리고 차 안에서 찍었던 나와 엄마의 사진들이 드디어 빛을 보게 되는 것이다. 처음으로, 오빠가 찍은 사진을 다른 사람이 인화하게 되는 셈이다. 잠시 표정 없이 할아버지를 바라보시던 할머니가 다시 조기를 발라서 내 밥 위에 올려 주신다.

언니는 상을 거두고 나서 대본을 꺼내 들고 연습을 했고 할머니는 고단하신지 벽을 보고 등을 보이신 채 끙, 하고 잠이 드셨다. 언니 대본에는 메모가 가득하다. 언니 얼굴에 윤기가 난다. 나는 조용히 방문을 열고 옻나무가 있는 곳으로 갔다. 어둠 속에 할아버지께서 장승처럼 서 계신다. 할아버지는, 내게 늘 그늘 같은 분이었다. 야간 자율학습을 마치고 밤늦게 돌아올 때마다 마을회관 처마 밑의 깊은 어둠 속에서 뚜벅뚜벅 걸어 나오시며 지원아, 하고 부르실 때면 온 세상이 다 환해지는 것 같았다. 두서없이 마음이 울적해질 때면 나는 곧잘 할아버지의 무릎을 베고 할아버지께서 깎아 주시는 사과며 밤 같은 것들을 받아먹곤 했다. 어둠 때문에 옻나무들의 상처가 잘 보이지 않는다. 어쩌면 할아버지는 저 상처들 때문에 옻나무를 기르시는 것인지도 모른다. 까맣게 말라버린 상처들을 품고도 저렇듯 무심하게 서 있는 옻나무 앞에서만 아들을 잃은 아픔을 내보일 수 있었기 때문인지도. 슬픔은 슬픔으로만 위로받을 수 있다고 했던가. 틈이 보이는 사람 앞에 서면 아무리 작은 상처라도 들춰내어 보여주고 싶어진다. 나도 이만큼 아파, 라고 말해주는 것. 그 이상의 위로는 없는 것 같다. 때문에 옻나무 앞에 서 계신 할아버지를 보고 있자면 그 슬픔의 무게가 보이는 것 같아서 가슴이 서걱거린다. 저 상처투성이 앞에서야 비로소 위로를 받을 수 있다는 것. 할아버지는 위로받기 위해서 저것들을 키우시는 것이다. 그렇게 숨통을 터놓고 계신 것이다.

"팔자소관이니 뭐니 하는 이야기들, 다 실없는 소리라고 생각했었어. 가끔 절에 가기는 하지만 부처님을 모시는 것도 아니고, 딱히 종교는 없었지만, 인간 세상에서 벌어지는 일에는 다 천지신명의 뜻이 있을 것이라고 믿었었다. 아무리 힘든 일도 그 일이 어떻게 해서 내게 벌어진 것인지 이유만 찾아내면 이미 반쯤은 견뎌낸 것이라고 생각했지. 그러다가 어느 날 그런 생각이 얼마나 바보 같았는지 알게 되었어. 아버지는 엄마랑 결혼하시고도 십 년 넘게 시간 강사로 일하시다가 내가 중학생이 되어서야 지방 사립대의 교수가 되셨지. 그런데 그 날 우리 집에서 아버지 동료분들이랑 늦게까지 술자리 벌어졌는데, 엄마가 맥주를 꺼내오겠다고 일어서다가 그대로 쓰러지셨어. 그리고 한 이년을 의식 없이 누워 계시다가 돌아가셨다. 말도 안 되는 삼류 영화 같은 일이 내 가족에서 일어난 거야. 나는 어떻게든 이유를 찾아보려고 했어. 적어도 그때까지는, 내가 납득할 수 있는 범위 내에서 모든 일이 벌어졌는데 살수록 그게 아니더라. 한 번 그렇게 보고 나니까 안되는 사람은 하나부터 열까지 다 안 되는 것도 보였고 정말 버릴 것 없이 성실하게 살아도 남루한 생을 벗어나지 못하는 사람도 보였어. 그 전에도 그런 사람들은 있었는데, 내 눈에 보이지 않았던 거야. 그때 이후로 세상 보는 눈도 달라지고 나 사는 것도 많이 달려졌지. 그때야 비로소 알았어. 팔자소관이라고 하는 말. 그 말이 얼마나 슬픈 말인지를 말야. 그냥 그렇게 관습 속으로 체념을 해버리는 거지. 그렇게 하지 않으면 견딜 수가 없으니까 말이야."

우원에 다녀오겠다고 했을 때 어떤 선배가 그랬다. 너는 어쩐지 그곳에 다녀오겠다는 말이 참 슬퍼 보여, 라고 말하면서. 할아버지도 옻나무 앞에서 그렇게 생각하고 계신 걸까. 너도, 나도 다 팔자소관이다. 그러니 어쩌겠냐…고.

나는 어둠 속에 발소릴 숨기며 방으로 들어와 할머니 곁에 누웠다. 대본 연습을 하던 언니는 대본하던 언니는 대본을 베개 밑에 넣어 놓고 잠들어 있다. 언젠가 언니는 자기 자신과의 깊은 호흡이 필요한 모노드라마로 무대에 서고 싶다고 했었다. 언니의 잠든 얼굴은 머지않아 그렇게 될 것이라고 말하고 있다. 할머니의 굽은 등을 뒤에서 안아 보았다. 작고 야위었으나 따뜻하고 편안하다. 할아버지께서 들어오셔서 언니의 등을 쓸어주시고, 나와 할머니의 이불을 고쳐 덮어 주신다. 그리고 끙, 하고 누우신다.

가을바람이 우우 울고 있다. 달이 칠칠맞게 빛을 줄줄 흘린다. 한지로 바른 문에 달빛이 흠뻑 젖어 들어 온 방 안에 노란 달 내음이 배어난다. 저 달빛을 맞으면서 무심하게 서 있을 옻나무들을 생각한다. 정제되지 않은 체액은 다른 사람에게도 아픔과 고통을 준다. 그러나 담금질을 통해 정제된 체액은 인간을 크게 만든다. 옻나무밭에서 살아오면서 우리 가족들은 모두 옻나무의 상처를 통해서 위로를 받고 동시에 조금씩 속에서 저렇게 무심하게 서 있는 옻나무를 보면서 우리 상처를 안고 무심히 서는 법을 배우고, 정제된 체액으로 타인을 이롭게 하는 법을 배우고 있는 것인지도 모르겠다. 우원의 가을밤이 짙어지고 있다. 고불고불 이어진 길들 위에 세상에서 가장 특별한 가족이 잠들어 있다. 나는 말할 수 없이 가슴이 벅차오르는 것을 느낀다.

제1182호 2003년 10월 06일 월요일
2003 최명희청년문학상 : 고등부 소설

쌔미이야기

· 전아리 (이화여고 2학년) ·

다섯 개째의 두꺼비집이었다.

두꺼비집 사이를 손끝으로 길게 긁어 길을 만들었다. 젖은 모래는 손가락이 지나간 모양대로 깊고 부드럽게 파졌다. 이어나가던 길을 멈추고 두꺼비집의 비스듬하게 막힌 뒷부분을 살살 허물어냈다. 모래를 파던 손가락 끝이 휑해지며 두꺼비집이 둥그스름한 터널로 둔갑했다. 쌓인 모래를 치워내고 다른 두꺼비집으로 가 또 하나의 터널을 만들었다. 아슬아슬하게 무너지려는 터널의 천장을 굳혀놓고 나머지 세 개의 두꺼비집도 손을 보았다. 미리 손자국을 내놓았던 터널과 터널 사이의 길은 더 깊게 팠다. 땀 줄기가 근질근질하게 볼을 타고 내려오는 것을 어깨로 문질러 닦고는 양동이에 손을 담가 헹궈냈다. 양동이를 제일 앞쪽 터널의 입구로 들고 가 천천히 기울였다. 모래를 튀기며 물이 쏟아지더니 이내 빨려 들어가듯 터널 안으로 흘렀다. 터널 천장의 가장자리를 무너뜨리며 흐른 물은 순식간에 구불구불한 길과 다른 터널들을 지나고 화단의 턱을 넘어 시멘트 바닥 위로 넓은 얼룩을 그리며 번졌다. 발밑에 꿈지럭거리고 있는 공 벌레를 터널 앞 통로 위에 올려놓고 다시 한번 양동이의 물을 쏟았다. 양동이의 물이 모자라 벌레는 세 번째 터널 앞에서 멈추고 말았다. 고개를 들고, 이마 위에 달라붙은 머리카락을 쓸어 올렸다. 매미 울음소리가 엉긴 공장 위의 하늘은 눈이 부셨다. 화단 끝에 놓아두었던 어머니의 슬리퍼를 빈 양동이에 넣고 손목에 걸쳐 들었다. 작업장을 지날 때는 어머니의 눈에 띄지 않게 걸음을 빨리했다. 집에 가서 숙제하라고 떠밀린 것이 아까인데 아직까지 공장 공터에 얼쩡거리고 있는 모습을 들키면 한 대 쥐어박힐 것이 분명했다. 창고에 양동이를 놓고 나오는데 누가 어두컴컴한 안쪽에서 부스럭거리며 고개를 들었다. 쌓아놓은 옷감 사이에서 까무잡잡한 얼굴이 드러났다. 쌔미였다. 자기 키만 한 실타래 봉지를 들고 일어서다가 무언가를 엎은 모양이었다. 그녀는 당황한 눈빛으로 이쪽을 쳐다보다가 나인 것을 알고는 이내 옷을 털고 일어났다. 가서 도와줄까 망설이고 있는데 작업장 쪽에서 어머니의 목소리가 들려왔다.

그녀의 이름은 쌔미였지만 공장장 윤씨는 자기 멋대로 장미라는 호칭을 붙여놓았다. 그리고 그녀를 부를 때마다 생김만큼이나 걸쭉한 목소리로 능글맞게 '장' 발음에 힘을 주어 올리곤 했다. 우리 장미가 요즘 살 좀 찐 거 같네. 등의 살가운 소리도 자주 했지만 조금만 심사가 뒤틀리는 모습을 보이면 가차 없이 등신, 노린내 나는 년이라는 욕이 날아갔다. 어머니는 사람이란 제 나라를 떠나 살면 다 그렇게 욕보기 마련이라고 했다. 게다가 쌔미의 나라는 내 한 달 군것질 값이 생활비로 여겨질 만큼 가난해서, 이곳에 와 무시당하는 것은 당연한 일이라고 했다. 공장에는 그녀 말고도 몇 명의 외국인들이 더 있었는데 다들 덩치가 왜소한 남자들이었다.

라면을 반으로 부수어서 반쪽은 그냥 스프를 뿌려 씹어먹고 반만 물을 끓여 집어넣었다. 부엌 구석에 뭐가 빛나고 있어 보니 거미줄이 처져 있다. 고무 슬리퍼의 바닥으로 거미줄을 닦아냈다. 아버지가 돌아가시기 전까지만 해도 어머니는 사내 녀석이 부엌에 들어가면 고추가 떨어진다며 부엌 근처로는 얼씬도 하지 못하게 했었다. 그러나 지금은 점심은 기본이요 어머니의 야근이 있는 날이면 저녁까지도 알아서 해결해야 한다. 열어놓은 문은 옆집 인철이가 좁은 골목을 미끄러지듯 내려가는 것이 보였다. 아이들이 그 뒤를 우르르 따라간다. 며칠 전 인철이 녀석이 천 원만 내면 타보게 해준다고 꼬드겼지만, 자존심이 상해 됐다고 소리쳤다. 자기네 엄마가 한 달 부업을 해서 사준 것이라고 뻐겨대던, 요즘 한창 유행하는 바퀴가 달린 신발이다. 휑해진 길을 보고 있다가 골목에 비스듬히 선 전신주 쪽으로 시선을 옮겼다. 인터넷 광고 포스터가 밑부분이 가위질 된 채 너덜거리고 있었다.

어머니와 쌔미는 마주 보는 자리에 미싱을 돌렸다. 귓바퀴를 박는 듯한 미싱소리와 탁한 먼지 속에서 쌔미는 고개 한 번 들지 않고 손을 놀렸다. 어머니는 내가 찾아온 것이 못마땅한 듯 인상을 찌푸렸다. 작업장 안은 숨이 막힐 정도로 더웠다. 사람들의 땀 냄새와 머리가 아플 정도로 진동하는 석유 냄새, 이따금 코와 입안으로 날아 들어오는 실밥은 재채기를 나게 했다. 군것질 값을 받아내러 왔는데 어머니는 주머니에 돈이 없다며 기다리라고 했다. 그렇게 옆에 서 있기를 십 분, 슬슬 짜증이 밀려오기 시작했다. 옷깃을 잡아끌자 어머니는 버럭 신경질을 냈다.

"장미야 너 천 원짜리 하나 있으면 좀 빌려줘라."

어머니가 참다못한 말투로 쌔미를 불렀다. 쌔미는 작업복을 뒤적이더니 고개를 저어 보였다. 그러다가 시계를 보고는 펼쳐진 옷감을 추슬러

놓고 일어나서 따라오라고 손짓했다. 어머니는 내 머리를 한번 쥐어박고는 가보라고 했다. 쌔미는 보관함을 열고 옷가지를 뒤적였다. 어깨를 훨씬 넘어서는 그녀의 긴 머리는 까맣고 부석거려 보였다.

"부탁…할‥거 있어요."

쌔미가 가지런하게 접힌 돈을 꺼내 쥐더니 띄엄띄엄 말했다.

편지지를 사다 달라는 것이었다. 쌔미는 포장 작업장 앞에서 한 아줌마와 이야기를 나누고 있었다. 아줌마는 내가 오는 것을 보자 생각났다는 듯이 작업복 주머니에 넣고 있던 손을 빼고 일을 하러 들어갔다.

"내 동생도. 너만 해요."

쌔미는 편지지를 받아들고는 활짝 웃으며 말했다. 양 볼이 햇빛을 받아 윤이 났다. 쌔미 가까이에 있자 특이한 냄새가 풍겼는데 사람들 말만큼 이상한 냄새가 아니라 어딘가 낯익게 코끝을 스치는 냄새였다. 나는 그녀가 우리말로 내게 말을 건다는 것이 신기하면서도 빨리 대꾸를 해줘야 한다는 생각에 서둘러 머리를 굴렸지만 입이 선뜻 떼어지질 않았다. 작업장 쪽에서 쌔미를 부르는 윤씨의 목소리가 들렸다. 그녀는 미소를 지어 보이고는 작업장 쪽으로 뛰어갔다. 공터를 가로질러 나오는데 저쪽에서 경우형이 장갑을 끼며 다가오고 있었다. 그는 나를 흘끔 보더니 언제나 그렇듯 무표정한 얼굴로 지나쳤다. 인사를 해볼까 눈치를 보고 있다가 머쓱해져서 허공에 발길질을 한번 했다.

나는 어머니에게 손을 빼내려고 필사적으로 발버둥 쳤다. 그러나 어머니의 억센 손은 기어코 나를 여탕 앞까지 끌고 들어갔다. 같이 온 쌔미와 경주 아줌마는 표를 내고 먼저 안으로 들어갔다. 어머니는 땀이 흐르는 내 팔을 손으로 부욱 밀어보고는 등을 철썩 때렸다. 내가 아무리 나이에 비해 키가 작다고 해도 이건 말도 안 되는 일이었다. 목에 줄이 매어진 강아지처럼 유리문 안으로 끌려 들어갔을 때, 바닥에 누워 있던 목욕탕 아줌마가 아는 체를 해왔다. 쌔미와 경주아줌마는 발가벗은 채 냉장고에서 우유를 꺼내고 있었다. 어머니의 손을 뿌리치고 밖으로 뛰어나왔다. 단숨에 세탁소 앞의 육교까지 달렸다. 더운 김을 쐰 것처럼 얼굴이 뜨거웠다. 숨을 내쉴 때마다 단내와 함께 후텁지근한 바람이 뿜어져 나왔다.

"저도 사내놈인데 고추 귀한 줄은 알것지잉."

젖어서 꼬불꼬불해진 머리카락을 수건으로 문지르며 경주 아줌마가 말했다. 어머니는 나를 흘겼지만 미운 눈초리는 아니었다. 쌔미는 아직 덜 마른 머리카락을 느슨하게 묶고 부채질을 했다. 기분 좋은 복숭아 냄새가 풍겼다.

공터 구석에 짐을 내려놓은 경우형이 손을 털며 다가왔다. 그는 아줌마와 어머니는 본 체도 하지 않고 쌔미의 어깨를 쳤다.

"잠깐 얘기 좀 하자."

경우형이 멀어진 후 아줌마는 입을 삐죽였고 어머니는 혀를 차며 무슨 말인가 하려고 했지만 이내 입을 다물어 버렸다.

그 날 저녁 부엌의 큰 통에 물을 받아 놓고 목욕을 해야 했다. 어머니는 팔꿈치 살이 떨어져 나갈 것 같이 세게 때를 밀었고 나는 소리를 지르면 옆집에 들릴 것 같아 얼굴만 찡그리고 있었다. 나무 한 그루 없는 골목인데도 밤중의 매미 소리는 끊이질 않고 이따금 술 취한 동네 아저씨들의 주정 소리가 휘청거리다가 멀어지곤 했다. 부엌의 유리문 위로 골목 가로등의 주홍 불빛이 으깨놓은 귤빛처럼 번져 들었다. 문득 낮에 언뜻 보았던 쌔미의 둥그스름한 어깨가 떠올랐다. 나는 손등으로 물을 쳐올리며 일부러 심드렁한 투로 어머니에게 물었다.

"쌔미는 왜 여기 왔을까? 무시만 당하면서‥"

어머니는 못 들은 척 반대편 팔을 낚아챘다. 나는 응?, 하고 재촉해 물었다.

"아, 돈 벌라고 왔지, 왜 왔어."

별거에 관심을 다 보인다는 듯한 어머니의 말투에 머쓱해진 나는 괜히 화를 내듯이 목소리를 높였다.

"돈 벌라면 큰 장사도 하고 그래야지, 맨날 공장에만 다닌대?"

어머니가 벌컥 온수를 틀자 뜨거운 물이 흘러들어와 엉덩이를 뻐근하게 감쌌다. 어머니가 갑자기 뜨거운 물을 내어 내 어깨에 끼얹었다. 나는 찬물 수도꼭지를 틀어 달아오른 얼굴을 부걱부걱 문질렀다.

학교 앞에서 산 금붕어를 들고 공장에 들리려는데 안에서 젊은 두 여자가 쫓겨 나오고 있었다. 윤씨의 욕지기 섞인 목소리가 멀리서 들려왔다. 카메라를 목에 걸고 노트를 팔에 낀 그녀들은 공장 안으로 들어가려는 나를 불러 세웠다. 금붕어를 넣은 비닐봉지가 종아리에 닿자 물방울 하나가 도르르 다리를 타고 흘러내렸다. 공장에 부모님이 계시냐는 물음에 나는 어물거리다가 고개를 끄덕였다. 한 여자가, 공장에 혹시 외국인들도 함께 일하고 있느냐고 물었다.

"아니 이 사람들이 아직도‥ 이거 진짜 신고해버려야 하나."

불쑥 튀어나온 윤씨의 목소리에 나는 반사적으로 어깨를 움츠렸다. 여자들도 주춤거리며 일어나더니 골목 쪽으로 돌아섰다. 윤씨는 흰자가 누런 눈으로 나를 내려다보았다. 나는 금붕어에게로 눈길을 떨구었다. 이야기를 들은 작업장의 한 아줌마가 코웃음을 쳤다. 한번 크게 당해야 돼. 불법 취업자들 데려다가 쓰는 거 요즘 보통 문제 아니래요. 어머니가 아줌마의 다리를 슬쩍 건드리자 아줌마는 쌔미를 흘끗 보더니 솔직히 저 동남아 애들하고 같이 일하는 거 마음에 안 들어‥ 어머니는 말을 돌리며 내게 그런 걸 왜 사 왔느냐고 나무랐다. 나는 작은 금붕어 두 마리가 촛불 같은 꼬리를 흔들거리고 있는 봉지를 들어 보였다. 쌔미가 잠깐 고개를 들어 이쪽을 보다가 다시 미싱에 얼굴을 묻었다.

A창고를 지나며 바닥에 떨어진 넥타이 하나를 주워 목에 걸었다. A창고는 재고 들어온 것이나 어딘가 잘못 만들어져서 버려진 것과 다름없는 것들을 모아두는 곳이다. 붉은 넥타이를 목에 느슨하게 동여매고 나니 배꼽 아래까지 내려왔다. 넥타이를 매면 저절로 어깨에 힘이 들어간다. 허리를 펴고 금붕어 봉지를 오른손으로 바꾸어 들었다. 어머니는 늘 내게 훌륭한 사람이 되어 흰 와이셔츠에 반듯하게 넥타이를 매고 일해야 한다고 말하곤 했다. 나는 넥타이를 만들어 내는 사람보다 그것을 매고 다니는 사람이 더 훌륭한 사람이라는 어머니의 말을 이해할 수가 없었지만, 어른이 되면 어머니가 원하는 대로 어딜 가든지 언제나 깨끗한 와이셔츠에 넥타이만 매고 다니겠다고 다짐했다.

경우형의 성난 목소리를 들은 것은 그날 저녁이었다. 나는 어머니가 일을 정리하고 옷을 갈아입을 동안 건물 밖에 쌓아놓은 빈 상자 틈에서 놀던 중이었다. 경우형의 목소리와 함께 튀어나온 것은 누군가의 비명이었다. 후다닥 일어나 소리가 나는 쪽으로 달려갔다. 콘테이너로 된 합동숙소였다. 당황한 듯 밖으로 나온 경우형이 나를 보더니 욕지기를 뱉고는 사라졌다. 얼떨떨한 기분으로 서 있는데 숙소 안에서 흘러나온 불빛이 다리를 잡아끌었다. 슬그머니 안쪽으로 걸음을 떼어 보았다. 훌쩍

이는 소리를 듣고 들여다본 곳에서는 쌔미가 난장판이 된 바닥을 치우고 있었다. 쌔미는 인기척에 흠칫 놀라는 듯하더니 나인 것을 확인하고는 다시 바닥에 떨어진 물건들을 주웠다. 이도 저도 못하고 어물거리다가 어머니를 불러올 참으로 돌아섰다.

"돈‥ 있어."

쌔미가 말했다. 그리고는 확인이라도 해 보이듯 바닥의 장판을 몇 번 두드리고는 손을 내저어 보였다.

"돈 여기… 안 훔쳐갔어… 말하지 말아요."

나는 문지방을 밟고 선 채로 바닥에 흩어진 편지지들을 내려다보았다.

집에 돌아오는 길에 내 이야기를 들은 어머니는 혀를 찼다. 어미니는 주머니를 뒤적여 열쇠를 꺼내며 그놈은 언젠가 한 번 혼이 나야 한다고 혼잣말처럼 중얼거렸다. 가로등 주위에 깨알 같은 날벌레들이 날아다니고 있었다.

"정말이지?"

내가 묻자 친구는 확신에 찬 얼굴로 고개를 끄덕였다. 나는 조심스럽게 깡통을 기울였다. 빙수용 팥이 들어있던 것인데 주워와 깨끗이 씻어서 금붕어를 담아놓았었다. 다홍빛의 금붕어 한 마리가 앞서 물 위로 떨어졌다. 금붕어는 개천을 따라 빠르게 떠내려갔다. 언뜻 보기에 천 조각이 떨어져 흘러내려 가는 것 같았다. 친구와 나는 아래쪽으로 재빨리 달려가 금붕어가 내려가는 모양을 보았지만, 도무지 헤엄을 치는 것이라고는 생각되지 않고 정신없이 휩쓸려 가기만 하는 것 같았다. 두 번째 금붕어는 조금 내려가다가 모난 돌 틈에 끼어서 꼬리를 파닥였다.

"내가 너 때문에 못 산다‥"

어머니는 힘을 가득 주었지만 아프지는 않은 주먹으로 내 머리를 쥐어박았다. 옆자리 아줌마가 낄낄거리고 웃었다.

"당연히 죽지, 이것아. 다 저 살던 물에서 살아야지…"

쌔미가 직물을 들고 작업장에 들어서고 있었다. 무서운 것을 든 어깨가 떨리는 것 같았다. 나는 시선은 쌔미를 향한 채 어머니의 귓가 높이로 무릎을 낮추어 물었다.

"저렇게 돈을 벌어서 어따 쓰려고 그래?"

어머니는 미싱에 새 실타래를 걸며 민망할 정도로 큰 소리를 내어 대꾸했다.

"아, 너는 어린 게 뭔 오지랖이 그리 넓어?"

기분 상하게 계속 웃고 있던 옆자리 아줌마가 직접 물어보지 그러냐며 쌔미를 턱짓으로 가리켰다. 내가 못마땅한 표정을 짓고 서 있자 아줌마는 괜히 나서고 들었다.

"장미야, 진영이가 너 어디다 쓸려고 그렇게 돈 버는 지 궁금해 죽겠는데.. 쑥스러워서 못 물어보겠단다."

그리고는 또 아줌마 혼자 킬킬대며 어머니를 흘끗 쳐다보았다. 어머니는 미싱을 돌리는 데만 열중하고 있었다. 쌔미는 땀에 젖은 이마를 손등으로 문지르며 나를 쳐다보았다.

"돈…"

중얼거리던 쌔미는 돌연 의심스러운 눈빛으로 나와 아줌마를 살폈다.

"왜?‥ 왜‥ 요? 돈, 왜요?"

경계심이 묻어나는 쌔미의 말투에 아줌마는 약간 당황한 빛을 띠더니 이내, 별거 아닌 것 좀 물어보기로서니 뭘 그렇게 정색을 하느냐고 쏘아붙었다. 쌔미는 입을 다물었지만 굳은 얼굴 위로 빠르게 움직이는 두 눈은 여전히 아줌마를 향해 있었다. 아니, 왜 저렇게 예민하게 군대… 내 참 어이가 없어서… 진영엄마도 봤죠, 쟤 눈 새파랗게 뜨고 보는 거.

그 날 저녁 쌔미가 그렇게 화난 모습을 본 것은 처음이었다.

윤씨는 특유의 능글맞은 얼굴에 표정 하나 변하지 않은 채로 쌔미를 마주하고 있었다. 잔업을 한 것까지 다 계산되어 나와야 할 급료가 맞지 않는다는 것이었다. 쌔미는 얼굴을 붉히며 따지고 들었다. 띄엄띄엄한 발음으로 뱉어내는 말보다 앞지르는 감정 때문에 그녀는 금방이라도 울어버릴 것 같은 얼굴이었다.

"니가 우리나라 사람들하고 똑같이 취급받겠다는 거냐, 지금? 주제도 모르고‥ 이게 배가 불렀지, 그 만한 돈도 고마운 줄 알아."

윤씨는 코웃음을 치며 쌔미를 위아래로 훑어보았다. 그러나 그녀는 물러설 줄 모르고 급료를 내놓으라고 버티고 섰다. 윤씨가 쌔미를 향해 때리는 시늉을 해 보이더니 입을 씰룩였다.

"당장 꺼지고 일이나 해!"

돌아서는 쌔미와 눈이 마주쳤다. 나는 못 본 척 재빨리 시선을 돌리고 딴청을 피웠다.

경우형과 쌔미의 대화를 들은 것은 나 혼자가 아니었다. 공장 내에 딸린 작은 식당의 주방 아줌마도 근처에 있었다. 아줌마는 숙소 건물 뒤의 플라스틱 의자에 앉아 퉁퉁한 발을 주무르고 있었고 나는 벽에 대고 혼자 야구를 하고 있었다. 불거져 나온 큰못에 옷자락이 걸리듯 거슬리게 귀를 잡아끈 경우형의 큰 목소리에 눈살을 찌푸렸다. 아줌마는 발을 주무르던 손을 멈추고 몸을 약간 뒤로 민 채로 귀를 기울이는 모습이었다.

"이게 니 돈이라고? 웃기고 있네."

"신고할 거예요. 돈 주세요. 내·· 돈 주세요."

나는 아줌마가 자리에서 일어나 경우형을 말리러 들어가리라고 생각했다. 그러나 그녀는 눈을 크게 뜨고 가만히 앉아 소리가 넘어오는 창쪽으로 몸을 비스듬히 할 뿐이었다.

"신고? 끌려가면 니가 가지, 내가 왜? 저리 안 비켜?"

짧은 침묵이 흐르고 대화가 끝나는 듯싶더니 이내 경우형의 짧은 비명과 함께 둔탁한 소리가 들려왔다. 조마조마한 마음으로 입안에 고인 침을 삼켰다. 잠시 후 욕지기와 함께 들려온 소리는 발길질을 해대는 것 같았다. 나는 컨테이너 문 앞으로 살금살금 다가갔다. 경우형이 몸을 돌리다가 나와 마주쳤다. 그는 신경질적으로 손을 치켜들었다가 옷을 터는 척하고 가버렸다. 그의 옆구리에 끼어있는 손가방이 눈에 따끔하게 박혔다. 뒤쫓아 나오던 쌔미는 나를 보더니 바닥에 철퍼덕 주저앉았다. 쌔미는 눈물을 문지르며 알아듣지 못할 외국말로 무어라 중얼거렸는데 다가가서 동그스름한 어깨가 이따금 부르르 떨렸다. 잠시 후 인기척이 나자 쌔미는 몸을 일으켰다. 그을린 듯한 갈색 피부 위로 눈이 붉게 충혈되어 있었다. 입술이 하얘지도록 깨물고 있는 쌔미의 얼굴이 차갑게 느껴졌다.

경우형에 대한 소문은 금세 공장 안에 소리 없이 퍼졌다. 모두 뒤돌아 그의 욕을 했지만 나서서 질책하는 사람은 없었다. 어른들은 본래가 겁이 많다. 기분 나쁜 일이 있으면 한바탕 붙고 깨끗하게 끝내는 우리 같지 못하고, 바지에 오줌을 찔끔찔끔 지리듯 유치한 험담이나 흘리고 다니는 것이 고작이다. 며칠 사이 유난히 광대뼈가 불거진 듯한 쌔미의 얼굴에서는 전에 없던 살기가 돌았다. 쉴 줄 모르고 미싱을 돌리고 일을 해대다가도 어느 순간 멈춰서 무언가를 지그시 노려보고 있는 째미를 보며 사람들은 저러다가 뭔 일이라도 낼 것 같다고 수군거렸다.

"야, 잠깐 이리 와봐."

공장 정문을 나서는데 누군가 나를 불렀다. 눈을 찡그리며 돌아보니 경우형이었다. 나는 순간적으로 움찔했지만, 곧 내키지 않는다는 표정을 하고는 그대로 서 있었다. 그러자 경우형이 장갑을 벗으며 다가왔다. 그는 멈춰서 주위를 둘러보더니 내 팔을 끌고 가기 시작했다. 억센 손아귀에 잡힌 팔이 문틈에 끼어있는 것처럼 욱신거렸다. 팔을 뿌리치고 경우형을 쏘아보았지만 이미 골목 안까지 나를 데리고 온 그는 내 표정 따위를 아랑곳하지 않은 채로 작업복 윗주머니에서 담배를 꺼내 물었다.

"너 뭐 갖고 싶은 거 없냐?"

경우형의 예상치 못한 물음에 당황스러웠다. 얼마 전 옆 동네 아이와 한 판 붙었던 자리에서 주먹으로 코를 한 대 얻어맞았을 때와 같이 알딸딸한 기분이었다. 비싼 거도 괜찮고 뭐, 요즘 늬들 유행하는 게 뭐냐? 경우형은 골목 벽에 비스듬히 기대어 선 채로 나를 내려다보고 있었다. 목덜미 위로 뜨거운 햇볕이 따갑게 흘러내렸다. 나는 주먹을 폈다 쥐었다 하던 손을 바지에 문질렀다. 문득 인철이 녀석이 바퀴 달린 신발을 타고 휙 내려가는 모습이 머리에 스쳐져 나갔다. 경우형은 울퉁불퉁한 골목 바닥 위로 침을 뱉어내더니 나를 흘끗 보고는 웃음 지었다.

어두운 개천가 모래 속을 더듬거리며 다리 기둥 아래쪽에 묻어둔 보물상자를 꺼냈다. 나는 재빨리 상자에 신발을 넣고 좀 더 깊숙이 파묻었다. 온종일 귓가를 얽어매던 매미 울음소리도 들리지 않고 오지 물 흐르는 소리만이 졸졸거리고 있었다.

어머니는 어딜 싸돌아다니다가 이제야 오냐며 화를 낸다. 빨갛게 양념한 돼지고기가 식어 있었다. 어머니는 상추에 쌈을 싸주며 앞으로 공장에 드나들지 말라고 했다. 나는 입에 음식이 잔뜩 있어서 대답을 못하는 척 우물거리고만 있었다. 핀잔을 조금 받기로서니 그렇게 좋은 놀이터를 포기할 수는 없는 것이었다.

그러나 다음날만큼은 어머니의 말을 듣는 편이 좋았을 걸 그랬다. 내가 실내화 주머니를 휘두르며 공장에 도착했을 때 이미 일은 벌어지고 있었다. 좁은 작업장 안에 사람들이 둘러서 있었다. 다들 일손을 놓고 있는 것으로 보아 윤씨가 잠시 자리를 비운 것 같았다.

"이게 겁대가리 없이·· 이젠 헛소문까지 퍼뜨려서 사람을 몰아붙이네?"

경우형의 목소리였다. 지레 가슴이 덜컹하여 사람들 사이를 뚫고 들어가자 쌔미가 두 주먹을 차돌처럼 쥔 채 못 박힌 듯 서 있었다. 경우형은 목에 두르고 있던 수건을 집어 던지고 쌔미의 어깨를 밀쳤다.

"말해보라고, 내가 니 돈을 가져갔어? 증거 있어? 너 증거도 없이 사람 몰아붙이면 그것도 콩밥 먹는 거 알아? 어디서 굴러먹던 외국 년이 생사람 잡네, 이거··"

쌔미는 볼에 힘줄이 설만큼 이를 물고 있을 뿐 입을 떼지 않았다. 증거가 있느냐는 경우형의 말을 듣는 순간 가슴에 불이 와 닿은 듯 후끈거렸다. 경우형은 금방이라도 쌔미를 한 대 칠 듯 팔을 들었지만, 시늉만 할 뿐이었다.

"애·· 사람이, 봤어요. 진영이 봤어요."

쌔미는 떨리는 목소리를 억누르고 더듬거리며 대꾸했다. 어른들의 시선이 내게로 몰렸다. 다리가 후들거리며 머릿속이 텅 비워진 것 같았다. 당황한 나는 입술을 깨문 채 가빠진 숨소리를 애써 죽였다. 경우형이 내 쪽으로 몸을 틀더니 큰소리로 물어왔다. 진영아, 얘가 지금 무슨 소리하는 거냐? 너 뭐 본 거라도 있으면 말해봐라… 몸이 빙글빙글 돌고 있는 것 같았다. 경우형이 내밀었던 묵직한 쇼핑백과 그가 주머니에서 꺼내 지불하던 종이돈이 팔락거리며 눈앞을 스쳐지나갔다. 마른침을 삼키며 시멘트 바닥을 발로 문질렀다. 그때였다.

"아니 지금 남의 집 애는 왜 끌어들인대? 어이가 없어서‥"

어머니의 목소리가 불쑥 튀어나오더니 나를 끌어당겼다. 나는 빨랫줄에서 낚아채지는 마른 옷가지처럼 맥없이 어머니 쪽으로 당겨졌다. 경우형은 신고할 거리가 있으면 맘껏 법대로 하라며, 네가 나한테 그딴 식으로 나와서는 곤란할 것이라고 비아냥거렸다.

"돈만 주면 결혼하겠다고 매달릴 땐 언제고……. 이제 와서 사람 뒤통수를 쳐?"

어머니의 품에 묻힌 채로 곁눈질을 하는데 사색이 된 쌔미의 얼굴이 눈에 들어왔다.

잠시 후 벌레 떼를 쫓듯 사람들을 제자리로 흩어놓은 것은 윤씨의 신경질적이고 걸쭉한 목소리였다.

밖에서는 비가 쏟아지고 있었다. 나는 방바닥에 누운 채로 텔레비전 채널을 돌렸다. 버튼을 눌러대던 손이 멈칫한 것은 웬 가무잡잡한 외국인 남자의 뭉툭하게 잘린 팔이 눈에 들어왔을 때였다. 외국인 옆에 서 있던 젊은 여자가 나서서 무슨 정부의 조치라느니 한국 기업의 비양심적인 만행이라느니 알아들을 수 없는 복잡한 마을 써가며 목소리를 높였다. 외국인 남자는 어깨로 눈물을 훔쳐냈다. 큰 눈이 젖어있었고 입술은 굳게 물고 있는 채였다. 갑자기 어딘가가 시큰해지는 느낌이었다. 기분이 미지근하게 저려왔다. 나는 재빨리 채널을 돌려버렸다. 그러나 남자의 큰 눈은 머릿속에 남은 채로 선명히 떠올랐고 그것은 이내 쌔미의 눈동자가 되어 나를 물끄러미 바라보고 있었다.

"그러고도 꿋꿋하게 댕기는 거 보면 그쪽 애들이 참 독허긴 한 거 같어. 아니, 난 걔들하고 내내 붙어 일했음서도 둘이 연애하는 걸 전혀 몰랐을까, 그래…"

아줌마는 찐 완두콩의 껍질을 벗겨 입안에 알맹이를 털어 넣으며 말했다. 어머니는 아줌마의 무릎을 치며 내가 있다는 눈치를 주었다. 아줌마는 능청스럽게 내 쪽으로 얼굴을 들이밀고 표정을 살피더니 어린애들은 들어도 모른다며 손을 지었다.

나는 쌔미가 얼른 공장에서 떠나기를 바랐다. 쌔미가 있는 공장에는 태연한 얼굴로 놀러 들어갈 수가 없었던 것이다. 게다가 공장내의 곰팡이 같은 소문과 시선에도 아무 말 없이 일만 하는 쌔미가 무서웠다. 사람들의 이야기에 쓸려 이런저런 생각들을 하고 있으면 정말 죄지은 사람이 경우형이 아니라 쌔미 인 것 같은 착각이 들곤 했다.

비는 한동안 내렸다. 마루로 들이치는 빗줄기를 지루하게 내다보며 안으로 기어오르는 벌레들을 잡았다.

"진영엄마! 진영엄마, 빨리 좀 나와봐!"

동네 아줌마의 다급한 목소리에 눈을 떴을 때는 새벽 두 시가 가까워지고 있었다. 어머니는 이불을 덮고 일어나 앉은 채로 방문을 밀었다. 비가 그친 듯이 사방이 고요했다.

"아, 뭐해 빨리 나와보라니까. 공장에 불이 났대!"

 집에 있으라는 어머니의 말에도 나는 기어코 옷자락을 쥐고 공장으로 달려갔다. 먼 곳에서부터 매캐한 냄새 풍겼다. 사람들은 떨어진 곳에 모여선 채로 붉게 솟아오르는 불길을 구경하고 있었다. 섬뜩할 정도로 높게 타오르는 불길은 검은 하늘을 사정없이 채찍질했다. 안에 사람이 있다는 누군가의 비명이 들려왔지만 신고를 했다는 대답만이 튀어나올 뿐이었다. 윤씨는 얼굴이 붉게 달아올라서는 정신이 나간 듯 사람들 사이를 휘젓고 다닌다. 주위를 둘러보았다. 사람들 사이에 쌔미가 서 있었다. 눈동자 하나 움직이지 않고 치솟는 불길을 향해 서 있는 쌔미를 보자 알 수 없는, 빳빳하고 서늘한 기운이 등줄기를 타고 올라왔다. 요란한 사이렌 소리를 울리며 소방차가 다가와 멈추어 섰다. 사람들은 물러나게 한 소방대원들이 차에 감겨 있던 굵은 호스를 끌어내고, 몇은 몸보다 몇 배 부풀어 보이는 옷을 입은 채로 건물 안으로 들어갔다. 쌔미가 슬그머니 사람들 속에서 빠져나가고 있었다. 나는 어머니 곁에 붙어서 채로 망설이다가 그녀의 뒤를 따라갔다. 쌔미의 앞에 선 나는 막상 입이 떼어지질 않아 고작 한 일이라고는 타오르고 있는 건물을 가리킨 것이다. 쌔미의 눈이 불안스럽게 나를 훑어 내리더니 내 쪽으로 천천히 다가왔다. 누군가를 구해냈는지 사람들이 웅성거리는 소리가 들려왔다. 그녀는 주위를 살피더니 창고로 달려가 짐 가방과 몇 개의 종이가방을 들고 황급히 공장을 나섰다. 불룩한 종이가방 밖으로 나와 있던 넥타이들이 그녀의 다리에 부딪혀 땅에 떨어졌다. 우뚝 멈춰선 쌔미가 내 눈을 쏘아보며 말했다.

"너희들은… 다 똑같애."

쌔미의 또렷한 발음이 머릿속을 찌르고 들어왔다.

그녀는 빠른 걸음으로 뒤 한번 돌아보지 않고 멀어졌다. 불길을 제압하고 난 공장 건물은 시커먼 밤하늘보다도 더욱 어두운 빛깔이었다. 추적추적, 뒤늦어서야 내린 빗물이 어깨를 적시기 시작했다.

"세상 무섭네, 다들 이렇다저렇다 해도 나는 걔 생긴 게 워낙 순해 보여서 애는 착해 먹겠다 싶었는데… 지가 경우한테 당했음 그놈한테만 해코지할 것이지 왜 공장엔 불을 지른대, 미친 가시내 아냐?"

나는 어머니의 무릎 옆에 붙어 막 잠이 들려 하고 있었다. 눈은 감기고 머릿속은 이미 잠의 물속으로 가라앉고 있었지만, 방안의 이야기 소리만은 여전히 바람의 울림처럼 들려왔다. 잠으로 빠져들면 들수록 뜨거운 손가락 같은 것이 내 머리를 힘주어 누르는 기분이 들었다. 불길이 날름거리며 머리 주변을 핥아댔다. 공장에 사람들이 나와 쌔미의 주변을 둘러싸고 뜨거운 햇볕은 누런 현기증을 불러일으킨다. 쌔미의 시선은 애써 피하려 해도 내 눈동자에 꼿꼿하게 내려꽂혔다. 곧 주변에서 웅성거리던 사람들이 사라지고 넓은 공장에서는 쌔미와 나만이 마주 보고 서 있다. 그녀의 새까만 눈동자를 보고 있던 두 눈이 달아오른 듯 뜨겁다.

쌔미의 두 눈동자는 벌겋게 달궈진 돌멩이가 되어 내 머리를 향해 굴러왔다. 무어라고 쏘아붙이는 쌔미의 목소리. 정확한 발음이었지만 내 귓가에 부옇게 안개가 막아선 듯 잘 들을 수가 없었다. 돌멩이는 금방이라도 내 머리를 터뜨릴 듯 요란하게 눈앞으로 굴러오고 있었다.

"아니, 얘가 왜 이래? 진영아!"

어머니의 목소리와 함께 몸이 심하게 흔들렸다. 나는 가까스로 눈을 떴다. 걱정스러운 표정의 어머니와 아줌마가 나를 내려다보고 있었다. 어머니는 식은땀에 젖은 내 이마를 쓸어 넘기며, 불구경을 해서 그런 거라고 냉수를 한잔 마시고 다시 편히 자면 괜찮을 거라 했다.

다음날 날이 밝자마자 개천으로 갔다. 젖은 모래 사이로 상자가 드러나 있었다. 망설일 여지도 없이 그것을 들고뛰기 시작했다. 경우형은 창고 안에서 직물을 확인하고 있었다. 나를 발견한 그는 손을 들어 아는 척을 했다. 그러나 나는 말없이 그에게서 얼마쯤 떨어진 곳까지 다가가서는 냅다 신발을 집어 던졌다. 그리고 돌아서서 곧장 달음박질쳤다.

비가 갠 하늘은 가벼워 보였다. 몸속까지 후끈하게 데우고 들던 더위가 한풀 꺾이고 해질 무렵이 되면 제법 선선한 바람도 불었다. 나는 손위로 모래를 다독이며 쌓아 올렸다. 주위에는 적당히 불룩하게 뚫어놓은 두꺼비집이 두 개 있다. 언젠가 길게 만들어 놓은 터널을 가리키며 쌔미가 지나가는 소리로 말했던 것이 떠오른다.

"저거·· 지나서 밖에 나오면 환해져··· 좋아요."

그러나 모래를 만든 터널은 물이 두 번 이상 통과하기도 전에 다 무너져버리고 만다. 빠르게 달려가던 물은 채 빠져나오기도 전에 무너진 모래 속에 묻혀 스며 사라져버린다.

작업장에서 직물에 파묻힌 채 미싱의 페달을 밟는 자그마한 체구의 쌔미를 보고 있으면 그녀 또한 길고 어두운 터널을 빠져나가기 위해 정신없이 달리고 있는 것 같았다. 돈을 벌기 위해 찾은 한국에서도 끝내 터널의 밝은 끝을 찾지 못한 채 도망쳐버린 쌔미의 뒷모습이 어른거렸다. 한참 동안 공들여 터널을 뚫어놓은 나는 양동이의 물을 도로 개천에 쏟아붓고 둥그스름하게 솟은 천장들을 바라보며 앉아 있었다.

공장에는 사고 인원을 보충할 겸 새로운 외국인 노동자들이 몇 더 들어왔다. 그중에는 쌔미를 닮은 여자도 보였다. 윤씨는 그녀에게 별명을 붙이고 사람들은 멋대로 그것을 따라 불렀다. 그녀는 밤마다 남아 잔업을 했다. 나는 더 이상 공장에 자주 드나들지 않았다.

엉덩이를 털고 일어났다. 개천가에 여름 내내 열심히 울어대던 매미가 죽어 있었다.

그것을 집어 터널 안에 가만히 밀어 넣어 두고는 집으로 향했다.

당선

제1182호 2003년 10월 06일 월요일

2003 최명희청년문학상 : 대학부 시

입석(立席)

· 정훈 (전남대 국문과 2학년) ·

1

침침한 백열등 주위로
나방 몇 마리가 바둥거렸고
기차는 말없이 철로를 끌어당겼다

열차가 흔들릴 때마다
몸을 뒤척이는 지친 졸음들 어쩌다
부딪치기라도 하면 움찔, 하지만
밑바닥이나마 사수하려는 저
거대한 꿈틀거림
세상에 닳을 대로 닳은 눈빛들끼리
서로 마주치면 슬쩍
돌아앉는 어색한 풍경 속.
쿨럭거리는 기침 사이로
간간이 뱉어지는 거친 욕설들만

철로 변 어디론가 굴러떨어지고 있을 뿐,
무임승차한 어둠조차 말을 잃고 있었다

2
덜컹거리는 생(生)은
행복의 간이역에 정차할 수 없는 걸까
그네들의 머리에 이처럼
물음표 수백 개가 한 번에 쏟아지고
다시 기차 밑으로 빨려 들어가는 것을
나는 보았다 흔적도 없이
탈선을 꿈꾸는 것만으로는 무죄임을
모두들 알고 있었다 기적은 결코
울리지 않으리라는 것도 그리하여
몇 개피 담배에선 한숨이 피어오르고
소주병조차 취해서 나동그라지는데
(어디까지 더 내려가야 하는 건지)
이 칸 저 칸 옮겨 다니다
삐거덕거리는 관절 사이로 몰린 사람들,
구겨진 신문지처럼 주저앉아 있었지만
서울발 하행선 열차,
끝까지 가보자는 듯
종착역을 향해 씨팔씨팔 달려가고 있었다

당선

제1182호 2003년 10월 06일 월요일

2003 최명희청년문학상 : 고등부 시

구워내는 말

· 유인선 (과천여고 1학년) ·

군데군데 칠이 벗겨진
어두컴컴한 천막 안에서
벙어리 부부가 붕어빵을 굽고 있다

비록 말은 할 수 없어도
후끈거리는 빵틀 앞에 멈춰 서면
마음으로 나누는 은은한 눈인사에
노릇노릇 사랑은 구워지고 있다

빙글빙글 돌아가는 기계 속으로
밀가루 반죽은 자르르 부어지고
단팥으로 넉넉히 붕어 배를 채우면
한 마리, 두 마리, 세 마리씩……
마침내 꼿꼿이 일어서는 붕어 떼들

바람 많은 세상, 벙어리 부부가
구워내는 훈훈한 말들로
종이봉투 가득 온기가 채워지면
환히 골목길을 붕어들은 헤엄쳐간다

부림동 8단지 농협 앞
영하 10도 눈 아픈 겨울이
파닥이는 붕어들로 녹아내리고 있다

최명희 청년문학상

•

2001~2008

당선

제1205호 2004년 10월 11일 월요일

2004 최명희청년문학상 : 고등부 시

뿔

· 김지영 (울산여고 3학년) ·

스틸녹스, 아마릴, 아반디아, 아타칸, 에나폰, 알소벤, 트리티코…….

처방전에 적힌 약들의 이름을 확인하며 약 주걱에 알약들을 떨어트렸다. 음울한 약 냄새가 기계적으로 움직이는 손가락 끝에 묻어난다. 안경알에 달라붙어 있는 미미한 먼지의 입자들이 속눈썹을 간질인다. 조제실 유리 벽 너머로 힐끔 바라보았다. 풀색 스카프를 칭칭 감은 초췌한 노파가 아이를 업고 의자에 앉아있다. 노파의 좁은 등에 달라 붙어있는 아이는 어린 새처럼 칭얼대며 늙은 할미를 괴롭힌다. 각양각색의 알약들은 분포지 안에 털어 넣었다. 조제실에서 약봉투를 들고나오는 나를 보며 엉거주춤하게 다가오는 그녀의 등이 굽어져있다.

"다른 약은 아침저녁으로 복용하시고, 여기 백색 타원형 알약은 스틸녹스라는 수면유도제기 때문에 자기 전에 한 알만 복용하셔야 합니다. 염분 섭취를 줄이시고 콜레스테롤이 많은 기름진 음식은 피하셔야 합니다. 또 당뇨가 있으시니까 쌀밥이나 단 음식, 과식을 삼가시고 현미밥, 야채 종류, 콩으로 만든 음식을 드시면 좋습니다. 이 주 분 이만 이천 원입니다."

약봉투를 내밀며 무심코 노파의 얼굴을 살폈다. 볼우물이 깊게 패인 누렇게 뜬 얼굴 위에 피곤이 둥둥 떠 있다. 약봉투를 챙겨 들고 나가는 노파의 분화구처럼 움푹 팬 뒤통수를 바라보며 잠시 아무 생각 없이 서 있었다. 그러다 종아리를 타고 올라오는 환형동물과도 같은 냉기에 컴퓨터 앞 의자를 끌어와 무릎을 모으고 앉았다. 한껏 달아오른 난로가 긴장된 종아리를 녹인다. 그 안온한 온기는 종아리를 타고 올라와 허벅지와 골반 부근을 연이어 이완시킨다. 피부 위에 오래된 각질처럼 들러 붙어있던 긴장이 조금씩 녹는 것이 느껴진다. 나는 천천히 허리를 펴며 처방전을 다시 들여다보았다. 병원과 멀리 떨어져 있어 처방전이 드문 우리 약국에, 오랜만에 들어온 처방전이었다. 정귀례. 육십 사세. 고혈압에 당뇨, 불면증, 불안증까지 아주 골고루 앓고 있다. 약을 짓는 내내 그녀의 등에 업혀 칭얼거렸던 아이는 도망간 딸자식이나 며느리가 남기고 간 아이일 것이다. 그녀의 다양한 병치레도 그것과 관계가 있을지도 모른다. 아이의 눈이 잠시 오버랩 되었다가 사라졌다. 나는 처방전에 서명을 하고 파일에 넣었다.

처방전이 정리된 파일을 서랍에 막 집어넣을 때, 전화벨이 울렸다. 나도 모르게 숨을 죽였던 공기를 헤치고 핸드폰 액정을 내려다보았다. 집이었다.

가공된 열이 아지랑이처럼 솟아오르는 난로를 가만히 내려다보았다. 눈 주위가 차갑게 식는 것 같다.

"오셨어요."

초췌한 얼굴로 나를 맞는 호천댁의 광대뼈가 오늘따라 유난히 도드라져 보였다. 그녀의 아무렇게나 질끈 묶은 상한 머리카락이 뿌리처럼 엉켜있다. 몇 분 전까지 울고 있었는지 눈가가 빨갰다. 입원 중인 남편의 병세가 악화하기라도 한 것인가. 지칠 대로 지쳐 보이는 호천댁의 한숨과 눈에 뷘 눈물 자국을 언제 그래왔듯 나는 모른 척하기로 했다. 얼음가루 같은 냉기를 섞은 음성을 툭 내뱉었다.

"업연이는요?"

호천댁은 말없이 방을 가리켰다. 나는 입고 있던 밤색 코트를 그녀에게 건네주고, 아이의 방으로 갔다. 아이의 방을 지키고 있는 방문이 거인처럼 거대하고 버티고 서 있었다. 세상눈 앞이 아득해진다. 나는 눈가를 비볐다.

아이는 태어날 때부터 앞을 보지 못했다.

구 년 전, 혼자 몸으로 아이를 낳아야 했던 나는 장애가 있는 아이를 옆에서 챙기며 기를 여건이 되지 못했기에 아이가 태어난 지 한 달 뒤부터는 항상 아이를 다른 사람 손에 맡겼다. 제대로 된 끼니도 챙겨 먹지 못하던 시절이어서 경제적 부담은 이만저만이 아니었지만, 그 시절의 나에게 있어 아이를 키우는 것만 한 고통은 없었기에 나는 끊임없이 사람을 고용했고, 지금까지 아이를 다른 여자의 손에 맡겨놓고 있다.

잠시 어지럼증을 느꼈던 나는 천천히 방문을 열었다. 불 하나 켜져 있지 않은 방에는 나지막한 라디오 소리만이 구석구석에 번지고 있었다. 그리고 방 한 켠에는 보라색 원피스를 입은 아이가 라디오 앞에 널브러져 있다. 나는 숨이 턱턱 막히는 것을 느꼈다.

"아까 오후부터 열이 내리지가 않네요. 침대에 눕혀 놓아도 잠시 뒤에 들어가 보면 어느새 라디오 앞에 누워있고……. 밥도 잘 먹지 않구요."

어느새 따라온 호천댁이 가는 듯한 목소리로 아이에 대한 나의 무관심을 질책한다. 나는 그런 그녀의 속내를 모르는 척하며 아이에게 다가

갔다. 초점 없는 눈을 아무렇게나 풀어놓은 아이는 병든 짐승처럼 늘어져 있다.

손을 뻗어 아이의 이마를 짚었다. 후끈 전해져오는 아이의 열기가 순간, 맞닿은 손바닥을 얼게 붙게 만들었다. 미동도 하지 않는 아이의 몸뚱이와 너무도 상반되는 뜨거운 체온에 나도 모르게 두려움을 느꼈다. 나는 피라도 본 사람처럼 손을 거두어들이며 호천댁 몰래 가슴을 쓸고는, 천천히 자리에서 일어났다.

"감기 기운이 있어요. 내일 새로 약을 지어올 테니까 일단 전에 있던 약을 밥 먹고 난 뒤에 하루 세 번 먹이세요. 그리고 당분간은 돼지고기 닭고기는 먹이지 마세요. 찬 음식도 물론 안되구요."

마지막으로 호천댁에게 아이를 침대로 옮겨줄 것을 부탁하며 내 방으로 들어왔다.

다섯 살이 되도록 말 한마디 하지 못하는 아이를 병원에 데리고 갔을 때, 의사는 아이에게 후천적 자폐증세가 있다고 했다. 하지만 그 증세라는 것이 아주 미묘한 선에 놓여있는 것이라 아이를 자폐아라고 단정 지을 수는 없다며 일단은 아이를 믿고 사랑해주는 것이 가장 좋을 것이라는 말을 남겼다. 하지만 아이를 대하는 시간이 흘러갈수록 난 그 의사의 오진을 확신하게 되었다.

단 한마디 말도, 어떤 특별한 행동도 보여주지 않으며 하루종일 라디오에서 흘러나오는 소리에만 모든 신경을 기울이는 아이는 더 이상 내 아이가 아닌 것만 같았다. 그런 아이의 증세는 점점 악화하여 특수학교에도 보낼 수 없을 만큼 고립되어갔다. 하지만 아이의 마음을 막고 가둬버린 사람이 타인이 아니라는 것을 누구보다도 잘 아는 나는 묵인과 방관을 택했다. 나는 더 이상 아이가 업고 있는 창살까지 책임지고 싶지 않았다. 나는 아이가 안고 있는 시력의 부재를 책임지는 것만으로도 충분히 벅차다.

"어쩌다가 이러셨어요."

살이 찢어져 피가 흐르는 이마를 헝겊으로 누르고 약국 안으로 들어오는 그녀를 나는 멍하니 바라보고 있었다. 진수엄마는 슬픔을 어금니로 와작 씹은 듯한 웃음을 띠었다. 사실 그녀가 그 꼴이 된 이유는 굳이 물어보지 않아도 알 수 있었다. 보나 마나 남편의 짓이리라.

그녀의 남편은 동네에서도 유명한 망나니였다. 매일같이 말도 안 되는 꼬투리를 잡아 진수와 진수엄마를 폭행하고, 그녀의 피를 빨아먹으며 다른 여자들을 만나러 다녔다. 분명히 또 말도 안 되는 이유를 대며, 들고 있던 무언가를 그녀의 이마에 던졌으리라. 명치 아래에서부터 검붉은 분노를 담은 비애감이 치밀어 올랐다.

사실 이 동네에서 이런 일은 소문 거리가 될 일도 아니었다. 남편들의 횡포는 하루 이틀 있는 일이 아니었고, 진수엄마만 당하는 일도 아니었기에 서로 간에 모르는 척해주고 있는 것이다. 하지만 이 동네에 약국을 연지 구 년이 되어가는 지금도, 매번 나는 놀란 토끼처럼 가슴을 부여잡는다.

나는 소독약과 붕대를 그녀에게 건네주었다. 피로 흥건하게 젖은 헝겊이 그녀의 손가락을 붉게 물들였다. 미간이 저절로 찌푸려진다.

"항생제는 전문의약품이라 병원에 가서 처방을 받아오셔야 하는데……"

"……그럼 그냥 아무거나 주세요."

"그럼 일단 소염진통제와 프로세프를 이틀분 드릴 테니 하루에 세 번씩 복용하세요. 기름진 음식은 피하셔야 합니다."

고개를 끄덕이는 그녀의 관자놀이를 타고 음울한 피가 흘러내렸다. 붕대를 뜯고, 소독약의 뚜껑을 여는 진수엄마의 손이 애처롭게 떨리고 있었다. 나는 어설프게 붕대를 동여매려는 그녀와 손에서 붕대와 소독약을 빼앗았다. 그리고 그녀의 이마를 조심스럽게 소독하고 붕대를 감았다. 입술을 꾹 다문 몸이 가늘게 떨렸다. 말없이 눈동자를 내리깔고 있던 그녀의 눈에서 남편에 대한 애증이 뚝뚝 흘러내렸다. 그런 그녀를 바라보던 나는 추모라도 하듯 고개를 숙였다.

그와 헤어진 지 이 주가 되어가던 날, 나는 그의 아이를 가진 사실을 알았다. 책과 약 가루에 파묻혀 이십 대의 반을 보냈던 내게 가슴 뛰는 첫 남자로 다가왔던 그였기에 실연의 상처도 채 털지 못하고 앓고 있던 어느 날이었다. 꽃망울이 터지는 것만 봐도 볼을 붉히는 스물다섯 처녀에게 찾아온 임신은 그 어떤 시련과도 비교할 수 없는 끔찍한 재난이었다. 하지만 나를 짓누르던 그에 대한 미망이 더 이상 주체할 수 없을 정도로 터져 버렸던 날, 내가 본 것은 그의 손을 잡은 낯선 여자의 머리칼이었다. 그의 옆에서 그녀가 보였던 매혹적인 미소와 청아하게 젖은 머리카락 한 올 한 올의 움직임은 절망스러울 만큼 아름다웠다. 손길 하나, 눈짓 하나에도 꽃향기가 배어날 것만 같은 청량함을 가득 안고 있던 그녀는 부드럽게 늘어뜨린 긴 머리를 눈부시게 휘날리며 그를 향해 화사하게 웃고 있었다. 그 머리칼을 쓰다듬던 그의 손가락 마디 하나까지 모두 각인되어 버렸던 순간, 나는 그의 눈을 피해 도망치듯 돌아서고 말았다. 그날 밤, 그녀를 바라보던 그의 달콤했던 눈빛을 곱씹으며 잠을 이루지 못했던 나는 밤새도록 내 헝클어진 머리카락을 쥐어 뜯어야 했다.

이후, 나는 어떻게든 아이를 지우기 위해 수시로 병원을 찾았지만, 오

개월이 넘어가는 태아는 어느 병원에서고 수술을 하기 꺼렸다. 수십 곳의 병원을 전전해도 어디나 마찬가지였다. 매일을 절망 속에서 헤엄치며 가슴에 분노를 품고, 아이가 지워지기를 바랬다. 배가 불러오면서 나를 둘러싸는 날카로운 시선의 무게는 더해만 갔고, 결국 근무하던 약국에서마저 나와야 했던 내 가슴의 앙금은 날이 갈수록 앙칼져갔었다. 세상이 모두 나를 향해 창끝을 세운 것만 같은 나날이었다.

때아닌 겨울비가 내리고 있다. 긴장된 공기들이 창백한 소름을 떨어트리고, 얼어붙은 습기는 손등을 자극한다. 흔한 감기 손님의 발길마저 끊긴 약국 안은 눈물이 고일 만큼 적막하다. 나는 몸을 기울여 하늘을 바라보았다. 노파의 머리카락이 엉켜있는 듯한 음울한 하늘은 잃어버린 슬픔을 지상으로 떨어트리고 있다. 비릿한 비 냄새가 입속에 감도는 것만 같다. 나는 난로를 의자 앞으로 끌어오며, 자리에 앉았다. 코끝을 누르던 약 냄새도 추위에 사그라지어 거의 흩날리지 않고 있다. 나는 가운의 단추를 잠그고 손바닥을 난로 앞에 가져갔다. 실 같은 바늘로 찌르는 듯한 통증이 손바닥을 할퀸다.

임신 육 개월이 되어가던 어느 날부터 나는 복부에 아릿한 통증을 느끼기 시작했다. 그것은 그냥 단순히 발로 차이는 듯한 통증이 아닌, 뾰족한 무언가에 찔리는 듯한 그런 통증이었다. 하루 이틀이면 잠잠해질 거라고 믿었던 생각은 지속적으로 파고드는 고통에 잠을 설치면서 점점 독기로 변해갔다. 거의 매일 밤, 식은땀을 흘리며 배를 움켜쥐어야 했던 나는 언젠가부터 내 아랫배에 들러 붙어있는 아이의 정수리에 뿔이 있을 거라는 생각을 하게 되었다. 이후로 나는 통증이 찾아올 때마다 그 고통의 정도를 가늠해가며, 매일같이 뿔의 모양을 상상했다. 염소의 그것처럼 뾰족하게 솟아오른 삼각형의 뿔을, 숱이 없는 민숭한 머리 위에 솟아오른 단단한 뿔을, 그리고 그것으로 어미의 배를 찌르는 태아를 고통으로 얼어붙은 머릿속에 그려보곤 했다. 실제로 나는 의사가 건네 준 아이를 품에 안자마자, 가장 먼저 아이의 정수리를 더듬어봤었다. 사실 아이를 낳았을 때, 아이가 앞을 못 본다는 사실보다는 아이의 정수리에 뿔이 없다는 사실이 나를 더 허망하게 만들었었다. 나 자신도 이해할 수 없는 그 비윤리적인 감정의 모태를 가만히 짚어 보았다면, 아이의 정수리에 돋아난 그 뿔을 어떻게든 키워서 부러뜨리고 말겠다는 살의가 작용하고 있지 않았을까. 내 말라비틀어진 손마디 안에서 뚜둑 하는 경쾌한 소리와 함께 최후를 맞는 뿔을 지켜보고야 말겠다는 섬뜩한 의지가 말이다. 어쩌면 나는 십 개월이라는 시간 동안 아이가 아닌 뿔을 뱃속에서 키워 내고 있었을지도 모른다. 그 이후로, 생각이 날 때마다 아이의 정수리를 힐끔거리는 나는 지금도 아이의 풍성한 머리카락 속에 뿔이 숨겨져 있을지도 모른다는 은밀한 상상을 한다.

문을 열고 거실로 들어서자 풋풋한 마늘 냄새가 코를 찔렀다. 식탁에는 치우지 않은 그릇들이 그대로 굴러다니고 있었다. 나는 외투를 벗어 들고 거실로 들어갔다. 핼쑥한 얼굴을 한 호천댁이 거실 베란다 창에 기대어 졸고 있었다. 쥐색 스웨터를 입은 아이는 어김없이 라디오를 끼고 그녀의 옆에 앉아있다. 라디오에서 흘러나오는 여자 디제이의 목소리가 카랑카랑하게 울려 퍼진다. 음산하게 흩뿌리는 빗물은 음울한 소음을 만들어내고, 나는 목덜미에 엉힌 낯선 어색함에 치를 떨었다. 잠시 멍하니 서 있던 나는 아이에게 다가가 이마를 짚었다. 열이 조금도 내리지 않은 아이의 이마가 섬뜩한 열기를 전한다. 꽃샘추위로 바싹 얼어붙은 날씨 때문인지 열이 더 오른 것도 같다. 손바닥 아래에 자리 잡은 아이의 얼굴을 살폈다. 아이는 병든 짐승처럼 낮은 숨을 쌕쌕거리며 얌전히 이마를 대고 있다. 아이의 날숨에서 단내가 풍긴다. 낮은 테이블 위에 아이에게 지어준 약이 놓여있었다. 주홍색 시럽이 조금도 줄지 않았다.

아이는 언젠가부터 내가 가져다주는 약을 먹지 않았다. 아무리 사십 도에 육박하는 고열에 시달려도 내가 먹이는 약은 그 어떤 약이라도 거부했다. 약만이 아니라 약 냄새를 풍기는 그 어떤 것도 질색을 하며 강력하게 거부했다. 단순한 아이의 투정이라고 생각하고 넘겼었지만 죽 속에 섞인 미량의 약 냄새만을 풍기는 어미에 대한 아이의 저열해진 저항인 걸까. 아이가 싫은 것이 약인지 나인지를 모르겠다. 나는 내 머리카락에서 배어 나오는 약 냄새에 잠시 치를 떨었다. 그리고 시럽 병을 들고 아이에게 다가갔다.

"업연아."

아이는 고개도 들리지 않는다. 나는 가끔 아이의 시력만이 아니라 청력마저 의심하게 된다. 대답은 바라지도 않지만, 미세한 반응도 보여주지 않는 것은 어떤 의미일까. 배 속에 있는 동안 지어미의 절망만을 받아 삼키기라도 한 것인지 끔찍할 만큼 무표정하다는 것을 내 아이는 알고 있을까. 난 가끔 나 자신이 못 견디게 혐오스러워지곤 한다.

나는 시럽을 따른 숟가락을 쥐고 아이의 곁에 앉았다. 아이의 몸에서 설익은 젖내가 난다. 나는 코끝이 아릿해졌다.

"업연아, 약 먹자."

아니나 다를까 꼼짝도 하지 않는 아이를 안아 무릎에 앉히고, 아이의 힘없이 벌어진 입으로 약을 밀어 넣었다. 잠시 아이의 입안에 고여 있던 시럽은 이내 주르륵 흘러내린다. 아이의 턱을 가재로 닦고 다시 떠서 밀어 넣으려 했지만, 아이는 고개를 돌린다. 다시 아이의 고개를 돌리려

하니, 아이는 손을 들어 나를 밀어내었다. 허망하게 아이를 바라보던 나는 순간, 나도 모를 화가 치밀어 올랐다.

"업연아, 엄마야."

아이는 들은 체도 하지 않는다. 화가 울컥 치밀어 오른 나는 아이의 고개를 억지로 돌렸다. 아이의 표정 없던 얼굴이 일그러지더니 고사리 같은 손이 나를 구기듯 밀어낸다. 오기가 생긴 나는 아이의 얼굴을 잡고 시럽을 억지로 밀어 넣었다. 거부하면 할수록 단단하게 고정된 분노와 오기, 세상이 모든 껄끄러움이 오직 아이의 일그러진 입에 모아졌다.

그때였다. 순간 뭔가 둔탁한 물체가 눈썹 옆을 강하게 때리는 충격이 나를 덮친 것은. 안경이 바닥에 떨어지고, 나는 순간 정신이 아득해졌다.

"사모님!"

어느새 일어난 호천댁이 찢어지는 비명을 지른다. 나는 천장 끝까지 달아났던 정신을 붙잡고 침침해진 시야를 저었다. 물속으로 번지는 잉크처럼 엉킨 공기가 눈앞을 감싼다. 나는 손가락을 들어 욱신거리는 이마를 짚었다. 눈 옆으로 찐득한 피가 흘러내리고 있었다. 곁눈으로 주위를 살피자, 안테나가 떨어져 나간 채 쇠댄 비명을 질러대고 있는 라디오가 눈에 들어왔다. 어쩔 줄 몰라 하는 호천댁이 쥐여준 수건으로 찢어진 부위를 누르고, 자리에서 일어났다. 잠시 천장이 역회전하는 느낌에 발을 헛디뎠던 나는 호천댁의 놀란 손을 거절하고 화장실로 걸어 들어갔다. 수도꼭지를 틀자, 찬물이 세차게 흘러나온다. 나는 피 묻은 헝겊을 수면 위에 내려놓았다. 희미한 붉은 색이 너무나 투명해서 매혹적인 색감으로 물속으로 퍼져나간다. 거울을 바라보았다. 알을 내놓은 석류처럼 벌어진 상처에서 석류알보다 붉은 피가 흐르고 있다. 붉게 물든 플라나리아가 천천히 관자놀이를 타고 내려오는 것 같다. 음울한 플라나리

아의 대가리가 내 살을 파고 들어가는 환상이 보인다. 나는 눈앞이 침침해지는 것을 느끼며 미간을 짚었다. 마디가 도드라진 손가락이 수면처럼 떨린다. 아이와 나는 아이의 이름 그대로 업연(業緣)인 것일까, 감당하기 힘든 두려움의 이빨이 어깻죽지를 물어뜯는다. 비애감의 무게에 코끝이 저릿해진다. 귓바퀴 근처에서 라디오 디제이의 목소리가 아련하게 맴돈다. 날카로운 통증이 복부를 스쳤다.

"현경이 너 얼굴이 왜 그래?"

곰실린, 아토크, 콜민을 분포지에 차례로 떨어트렸다. 나는 조제실 유리 벽 너머로 보이는 성미의 얼굴을 바라보았다. 삼 개월 전에, 딸아이를 낳아 두 아이의 엄마가 된 성미는 사뭇 평온해 보인다.

"좀 다쳤어."

"어쩌다 다쳤는지를 묻는 거야. 뭐야, 어쩌다 그랬어."

나는 분포지를 자동포장기로 찍은 뒤, 약 봉투에 담아 조제실을 나왔다. 잠이 든 딸아이를 안고 있는 성미의 앞에 앉아 처방전에 서명을 했다. 아이를 낳은 뒤 유난히 화장이 옅어진 성미가 내 얼굴을 관찰하듯 살핀다.

"업연이가 그랬니?"

나는 의도적으로 성미의 시선을 피한다. 지금은 아무하고도 이야기하고 싶지 않았다.

"삼일 분이야, 하루에 세 번 식후에 먹고 커피나 카페인이 들어있는 음료는 약과 같이 먹지 마, 그리고 콧물약이 들어가 있어서 조금 졸릴 거야."

오른팔에 아이를 안은 성미는 가만히 왼손으로 턱을 괴었다. 성미의 시선이 눈썹 옆에 붙어있는 반창고를 향해있다. 나는 고개를 숙여 앞머리를 내렸다. 포대기에 싸인 아이의 자그마한 손가락이 꼼틀댄다. 아이의 몸에서 젖내가 풍긴다.

"난 가끔 널 보면 무서워, 현경아."

고개를 들어 성미의 눈을 바라보았다. 성미의 쌍꺼풀 없는 가느다란 눈이 나를 꾹 누르듯 바라보고 있다. 난 다시 눈을 내렸다. 나도 가끔 내가 무서워.

"난 가끔 니가 업연이를 사육하는 것 같다는 느낌이 들 때가 있어."

아이의 꼭 쥐어진 주먹을 매만졌다. 아이의 손이 내 손가락을 쥔다. .그 소름 끼치는 온기에 나는 눈을 감았다. 성미의 목소리는 낮게 가라앉아 있다.

"가여운 아이야, 그리고 현경이 니 아이고 니가 보듬어주지 않으면 도대체 누가 업연이를 보호해주니?"

"……"

"인제 와서 하는 말이지만, 나나 애초에 니가 아이의 이름을 지을 때부터 석연치 않았어. 지금이라도 괜찮잖아. 작명소에라도 가서 애 이름이나 바꿔봐."

나는 쓰게 웃었다. 운명을 바꾸는 일이 그렇게나 단순했다면 아이는 스스로를 가두는 길을 택하지도 않았을 것이며, 나는 아이를 낳지 않을 수도 있었을 것이다. 나는 아이가 쥐고 있는 손가락을 좌우로 움직였다. 아이의 해맑은 웃음이 내 이마를 비춘다. 아이가 태어나자마자, 아이와 나의 인연을 단정 지었던 내 치기 어린 작명이 아이의 운명을 결정하기라도 한 걸까, 음산한 졸음이 금방이라도 나를 덮칠 것만 같다.

"성미야."

성미의 눈이 나를 본다.

"넌 아이를 낳은 걸 후회한 적 없니……?"

성미의 상기된 얼굴이 일순간 잠잠해졌다. 나를 바라보는 그녀의 눈에서 측은함을 발견한 것은 착각이 아닐 것이다.

"후회 안 해본 여자가 어디 있어, 다 한 번씩은 아이를 낳은 걸 후회하지. 하지만 그러면서도 떼어내지 못하는 본능에 가까운 무언가가 있는 거야. 넌 아이를 낳고 아이를 기르는 일을 이성만으로 해 나갈 수 있다고 생각하니?" 난 모성이야말로 여자가 가진 가장 원초적인 본능일 거라고 생각해. 난 아이들을 낳은 뒤부터는 나도 어쩔 수 없는 포유류라는 걸 몸으로 실감했어."

나는 가만히 선반에 귀를 붙였다. 눈을 감자 주위의 공기가 살에 스미는 것이 느껴졌다. 성미의 한숨이 내 귓불에 내려앉는다.

"현경아, 아이를 낳으면 여자는 변하게 마련인데, 넌 처녀 적 그대로야. 니 라이프 스타일에 이래라저래라 관여하고 싶지는 않지만, 업연이를 낳고 난 뒤의 넌 니가 아닌 것 같아."

나는 입술 끝으로 나오지도 않는 소리를 중얼거렸다.

성미 니가 그 초점 없는 눈과 지독할 만큼 무표정한 얼굴을 본다면, 그런 말을 할 수 있을까? 너한텐 미안한 말이지만, 내가 아는 내 딸은 내게 더 이상 아이로 느껴지지 않아.

이런 내가 정말 짐승만도 못한 거니……?

나는 어금니를 꾹 깨물었다. 어금니 끝이 약하게 부서져 입안에 맴돌았다. 그 싸늘한 씁쓸함이 날 견딜 수 없게 처량하게 만들었다.

초인종을 다섯 번이나 누를 동안 호천댁은 나오지 않았다. 여섯 번째 초인종을 누르던 나는 결국 깊숙이 숨겨놓은 열쇠를 찾아 가방을 뒤적인 후에, 열쇠를 문을 열었다. 집안에는 평소와 다른 정적이 흐르고 있었다. 이상한 느낌에 휴대폰을 꺼내어보았다. 부재중 전화가 열네 통이나 와 있었다. 모두 호천댁의 전화였다. 거울에 붙여놓은 메모지에는 남편이 위급해서 속히 병원으로 간다며 갑작스럽게 집을 비우게 되어 미안하다는 호천댁의 엉성한 글씨가 새겨져 있었다. 떨리는 손으로 글씨를 휘갈겼을 호천댁이 떠올라 멍하니 거울을 들여다보고 있던 나는 엉거주춤하게 발걸음을 옮겨 아이의 방으로 갔다. 아이는 평소와 다름없이 벽에 기대어 라디오를 듣고 있었다. 열이 내리지 않은 아이의 볼이 발갛게 달아올라 있다. 별생각 없이 아이에게 다가갔던 나는 나도 모르게 인상을 찌푸렸다. 호천댁이 없는 사이 아이가 게워낸 토사물이 온 얼굴과 머리카락에 들러붙어 있었다. 명치에서부터 올라온 한숨을 토해냈던 나는 아이를 욕실로 데려가, 물을 틀었다. 하지만 뜨거운 물이 쏟아져 나와야 할 수도꼭지에선 물이 나오지 않았다. 그리고 그제야 어젯밤에 경비사무소에서 알린다던 쩌렁쩌렁한 목소리가 떠올랐다. 아마도 아파트 배수관 공사로 인해 내일 하루 물이 나오지 않을 것이니, 이 점 유의해달라는 방송이었으리라. 처음 보는 사람에게 머리를 얻어맞은 것처럼 허망하게 서 있는 내 얼굴 위에 지독한 토사물 냄새가 침을 뱉고 달아난다. 어느새 냄새가 밴 내 몸과 아이의 마른 몸을 어찌할 줄 모르고 바라만 보던 나는 하는 수없이 목욕 바구니를 챙겼다.

공중목욕탕 안으로 들어선 나는 나도 모르게 아이를 꼭 붙들었다. 십년이 넘게 오지 않았던 목욕탕의 열기가 섬뜩할 만큼 낯설게 다가왔다. 발가벗은 몸을 내놓고 아무렇지 않게 돌아다니는 여자들의 체취가 물씬 풍긴다. 한순간에 이 세상의 이방인이 되어버린 듯한 이질감에 치를 떨었던 나는 조용히 엉망이 된 아이의 옷을 벗겼다. 토사물로 범벅이 된 아이의 몰골을 힐끔거리는 사람들의 시선이 등줄기에 날카롭게 꽂힌다. 아이를 타인들의 눈길 속에 던져둔 적이 거의 없었던 나는 마른침을 삼키며, 내 몸에 걸쳐진 옷을 얼른 벗어 내렸다. 그리곤 도망치듯 아이를 안고 목욕탕 안으로 들어갔다. 갑작스러운 환경의 변화에 긴장한 아이의 굳은 몸이 느껴졌다. 평일 저녁인데도 목욕탕은 안은 몸뚱이가 붉게 단 사람들로 우글거렸다. 나는 허연 김이 가득 찬 탕 안을 여기저기 헤매며 자리를 물색했다. 안경을 벗어놓고 들어온 바람에 목욕탕 안 풍경이 모두 희미하게 엉켜있는 것 같았다. 어지러운 시야를 비비며, 나는 조심스럽게 주위를 돌아다녔다. 한참 뒤 겨우 비좁게나마 자리를 잡은 나는 바구니를 내려놓고 흐린 눈을 닦으며 아이를 끌어왔다. 우선 조심스럽게 아이의 몸에 물을 끼얹고 냄새가 밴 머리를 감겨주었다. 아이의 입에서 새어 나오는 뜨거운 날숨이 귓가를 덥혔다. 아이는 여전히 멍한 시선을 아무렇게나 내던져두고, 인형처럼 꼼짝도 하지 않았다. 그리고 나는 그런 아이의 태도가 처음으로 고마워졌다. 대충 아이의 몸까지 깨끗이 씻겨주고 난 뒤에야 겨우 한숨을 놓은 나는 의자를 끌어다가 아이를 자리에 앉혔다. 아이를 안고 오느라고 더러워진 머리카락에 샴푸를 묻혔다. 머리를 감는 와중에도 사방에선 아이들의 앙칼진 울음소리가 쩌렁쩌렁하게 울린다. 나는 인상을 찌푸리며, 손톱을 세워 머리를 긁었다. 이런 소음에는 전혀 익숙하지 못한 내게는 증기가 가득 차 있는 이 공간은 불지옥 같이 느껴졌다. 내 몸을 씻는 대로 미련 없이 이곳을 나갈 것을 속으로 몇 번이나 다짐하며, 급하게 머리를 헹궜다. 온도를 맞추지 않은 물이 지나치게 차가웠지만, 눈을 질끈 감고 거품이 씻겨 내려오는 머리를 쓸었다. 아플 만큼 센 물살이 풍성하던 거품을 순식간에 씻어낸다. 거미줄처럼 가늘게 늘어뜨린 머리카락을 타고 흘러내리는 물줄기가 얼굴을 덮는다. 결국, 눈가에 스며들어버린 거품이 따끔한 통증을 퍼트렸다. 엉성하게 수도꼭지를 더듬어 찬물로 눈가를 대충 씻어낸 나는 무심코 아이가 있는 곳을 바라보았다. 순간, 내 몸을 둘러싼 수증기들이 순식간에 얼어붙었다. 아이가 보이지 않았다.

몸의 모든 감각이 일순간 마비되었다. 다급하게 자리에서 일어나자, 앉아있던 의자가 요란한 소리를 내며 쓰러진다. 탕 안의 증기가 모두 날카로운 결정이 되어 눈동자를 찌르는 것만 같다. 나는 온몸의 털이 쭈뼛서는 것을 느끼며 어깨를 떨었다. 번져버린 글씨처럼 흐릿하게 뒤엉켜버린 사위가 어지럽게 흔들렸다. 나는 불안한 눈동자를 떨며, 연신 눈을 깜빡였다. 안경이 없어 흐릿하기만 한 시야는 소름 끼치는 불안감을 가중해 내 눈가를 싸늘하게 마비시킨다.

"업연아!"

견딜 수 없는 두려움이 등줄기를 얼어붙게 한다. 내 좋지 않은 시력이 이보다 더 저주스러웠던 적이 있었는가. 아이의 흔적을, 아이의 냄새를 찾아 온몸의 신경을 온몸의 신경을 곤두세우는 머릿속에 참담함이 가득 차오른다. 위태롭게 움직이는 팔다리가 뱀의 독니에 물린 것 마냥 뻣뻣하게 마비되어간다. 어느새 가슴께까지 퍼진 독 기운이 명치를 죄여왔다.

나는 흐린 시야를 바로 잡으려 고개를 저었다. 사방에 가득 찬 수증기 때문에 아이의 흔적이라고는 찾을 수가 없다. 나는 앞을 지나가는 사람들을 헤치며 무작정 주위를 더듬었다. 축 늘어진 수많은 알몸들과 날카로운 짜증들이 나를 스치고 지나간다. 막무가내로 휘둘러대는 내 손을 신경질적으로 거부하는 팔이 나를 벽 쪽으로 밀쳐냈다. 어깨를 할퀴는 무거운 통증에 잠시 미간을 찌푸렸던 나는 다시 불안한 걸음을 디디며 갈라진 목소리를 한껏 내질렀다. 흐리게 바라본 세상은 거대한 파도가 되어 온 사방에서 나를 향해 달려들고 있었다. 그때, 물이 흥건한 바닥이 어눌하게 날뛰던 내 발바닥을 밀어뜨렸다. 경솔하게 다리를 놀리던 내 몸은 이내 타일 바닥 위에 요란하게 내동댕이쳐졌다. 내 다리에 걷어차인 대야가 요란한 소리를 내며 굴러간다. 그 소리는 타일 벽에 반사되어 온 목욕탕 안에 웅웅 울려 퍼진다. 바닥에 널브러진 허벅지와 팔꿈치가 화끈거렸다. 껍질이 벗겨진 무릎이 알싸한 통증을 전한다. 이내 사막 한가운데에 떨어진 듯한 절절한 소외감이 정수리 위에 내려앉았다. 견디기 힘든 좌절감이 엄습해온다.

"어머, 얘가 왜 이래! 저리 가!"

수증기를 가르는 날카로운 음성이 귀를 잡아당긴다. 뒤를 돌아보자, 나와 비슷한 길이의 머리를 길게 늘어뜨린 여자가 비명을 지르고 있었다. 그리고 그 여자의 옆에는 창백하게 질린 얼굴을 한 아이가 여자의 얼굴과 머리를 마구 더듬으며 냄새를 맡고 있다. 나는 눈가를 찌르는 통증을 느끼며, 동공을 열었다. 업연이었다.

산발을 한 아이는 마구잡이로 여자의 머리카락과 몸을 더듬으며 코를 갖다 대고 있었다. 아이의 오른손에는 누구의 것인지 알 수 없는 기다란 머리카락이 몇 가닥 쥐어져 있다. 하얗게 질린 볼을 여기저기 비비며 코를 갖다 대는 아이의 모습에 나는 온몸의 신경이 곤두서는것을 느꼈다. 그 모습은 마치 어미를 잃어버려 애타게 어미의 냄새를 찾아 헤매는 어린 짐승과도 같았다.

"아이, 얘가 정말 왜 이래!"

그때였다. 결국, 폭발한 여자의 짜증이 아이의 고사리 같은 손을 거세게 밀쳐내었다. 나는 시선을 급하게 돌렸다. 밀려나는 아이의 뒤에는 차가운 냉탕이 날카로운 아가리를 벌리고 있었다. 커다란 쇳덩이가 정수리 끝에서부터 발아래까지 쿵 떨어진다. 벌어진 입술 사이로 음성을 짜내기도 전에 아이의 가느다란 몸이 차가운 물속으로 빨려 들어갔다. 나는 튕겨 나가듯 아이를 향해 달려나갔다.

"업연아!"

나는 가시처럼 비명을 지르며 아이를 끌어올렸다. 흠뻑 젖은 아이가 해초처럼 딸려 올라왔다. 아이의 머리카락을 걷고 얼굴을 바라보았다. 얼음 같은 물을 흠뻑 뒤집어쓴 아이의 볼이 하얗게 질려있었다. 아이의 차게 굳은 팔다리에서 미미한 열이 번졌다. 나는 입술을 깨물며 단내가 나는 더운 숨을 토해내는 아이를 끌어안았다.

"업연아, 엄마야……. 엄마야, 이제 괜찮아."

뜨거움과 차가움이 공존하는 아이의 몸뚱이가 힘없이 늘어져 있다. 나는 아이의 얼굴에 내 볼을 비비며 낮게 떨었다. 어느 순간, 굽어진 등 근처에 아이의 자그마한 손의 움직임이 느껴졌다. 아이가 내 머리카락을 더듬어 냄새를 맡는 게 느껴진다.

나는 가둬 두었던 시야를 넓혔다. 머릿속에 가득 차 있던 얼음이 녹는 것 같았다. 순식간에 눈 사이가 뜨겁게 달아올랐다. 아이의 뜨거운 숨이 어깨를 간질였고, 나는 이내 온몸을 감싸오는 절절한 격정을 느꼈다.

아이의 약에 대한 끈질긴 거부는 나에 대한 저열한 저항도 치기 어린 불만의 표출도 아니었다. 아이는 그저 어미의 부재를 떠올리게 하는 약 가루가, 나에 대한 그리움을 부추기는 약 냄새가 싫었을 뿐이었다. 소름 끼치는 암흑만이 가득 찬 아이의 방에는 고열에 시달리며 견디기 힘든 고통과 싸우는 아이에게 약 봉투 하나만 던져놓고 나가버리는 어미에 대한 원망이, 또 그보다도 더 짙어만 갔을 어미에 대한 미망이 하루하루 쌓여만 갔을 것이다. 냉기가 흐르는 싸늘한 방에서 홀로 외로움과 싸워야 했던 아이에게 따뜻한 손길 한번 건네지 않았던 내 자신에 대한 분노가 새삼 치밀어 올랐다. 늘 곁에 있었으면서도 곁에 있지 않았던 나는 애정 결핍에 시들어가는 아이를 단지 약물 치료의 대상이라고만 생각하고 있었다. 어미의 따뜻한 젖내라고는 맡을 수 없는 방안에 갇혀, 쓰디쓴 약을 억지로 넘겨야했던 아이는 어떤 생각을 했을까, 감기에 걸린 아이에게 처방해야했던 약은 곰실린이나 콜민이 아닌 단 한번의 부드러운 입맞춤이었다는 것을 나는 여태껏 모르고 있었다.

내 떨림이 아이에게도 전해진 것일까. 아이의 자그마한 손가락의 움직임이 등 부근에 느껴졌다. 나는 아이의 정수리에 고개를 묻었다.

아이의 단아한 정수리에 뿔은 애초부터 없었다. 희미한 뿔의 흔적조차 없었던 아이의 정수리 어디에서 나는 뿔을 발견하려고 안달을 했던 걸까. 고통의 원인을 아이에게 떠넘기려 했던 내가 못 견디게 부끄러워졌다. 나는 아이를 더 세게 끌어안았다. 아이와 알몸으로 마주한 체온이 울음이 치받칠 정도로 감격스러웠다. 아이의 작은 심장과 맞닿은 심장이 거대하게 고동쳤다. 아이의 혈관과 나의 혈관이 하나로 연결되어 흐르고 있는 것만 같은 희열에 나는 머리끝부터 타고 내려오는 전율을 느꼈다. 그 전율이 명치를 두드렸을 때, 나는 묵히고 또 묵혀놓았던 오래된 오열을 토했다. 벽에 부딪히고 부딪혀 다시 돌아오는 쇠댄 울음소리가 나와 아이를 두드린다. 이내 아이가 나를 따라 울기 시작했다. 그 울음 마치 알려지지 않은 깊은 어둠의 숲 한가운데에서 어린 짐승이 토해내는 울음소리와도 같이 어리고 또 가냘팠다.

아직 차가운 늦겨울의 바람이 목욕탕을 나서는 아이와 나의 머리카락을 쓸고 지나갔다. 물기가 마르지 않은 머리카락이 오싹한 냉기를 전하자, 온몸 가득 들이찬 안온한 온기가 입술 사이로 스며 나왔다. 힐끗 뒤쪽을 바라보자, 앙상한 목련의 가지가 봄눈을 틔울 준비를 하고 있었다. 어느새 봄이 오고 있었다. 나는 아이의 자그마한 몸을 뜨겁게 끌어안으며, 눈 옆에 붙어있던 반창고를 조심스럽게 떼어냈다. 그리고 손가락 끝으로 눈가를 가만히 매만졌다. 아직 완전히 아물진 않은 상처 위에 딱지가 생겨 있었다. 시간이 더 흘러, 딱지가 떨어질 때쯤이 되면 상처는 완전히 아물게 될 것이다. 나는 아이의 머리카락에 코를 묻으며, 가슴 깊이 맺혀있던 더운 한숨을 내쉬었다. 그리고는 처음 걸음마를 시작하는 아이처럼 아주 신중하게 첫발을 내디뎠다. 내 정수리와 어깨를 줄곧 누르고 있던 거대한 중압감이 조금씩 공기 중에 흩어지는 것만 같았다. 나는 가만히 눈을 들어 정면을 바라보았다.

아이와 내 앞에는 새로 포장된 길이 초저녁의 햇빛을 반사하며 눈부시게 뻗어있었다.

당선

제1205호 2004년 10월 11일 월요일

2004 최명희청년문학상 : 대학부 시

빛의 중심부

· 이태상 (전북대 국문과 3학년) ·

조급한 마음에 계단을 뛰어오르다

헛디뎌 뒹군 날

시큰거리는 발목을 끌고

어두운 빈방에 형광등 스위치를 누른다

불을 켰는데도 어둡다

천장을 올려다보니

죽음의 그림자가 따갑게 내리쬔다

봉분처럼 둥그런 형광등 덮개 속에

어떻게 들어갔는지 날벌레가 죽어있다

형광등 덮개를 떼어내고

창밖으로 하얀색 수의에

검은 점으로 박힌 벌레들을 날려 보낸다

화장(火葬)을 한 뒤 뼛가루를 바람에 날리듯

날벌레들의 마지막 날갯짓이 하얗게 흩어진다

빛의 중심부로 가는 길은
때로는 관의 틈으로
칠흑 같은 절망으로 자신을 밀어 넣는 일이다

당선

제1205호 2004년 10월 11일 월요일
2004 최명희청년문학상 : 고등부 시

폐가는 피리를 분다

· 박성준 (안양예고 2학년) ·

기울어진 슬레이트 지붕 아래 반쯤 허물어진 집
녹슨 못이 부여잡은 뒤틀린 판자를 열면
폐가는 제 몸을 텅 비운 피리처럼
축축한 그늘 속에 바람을 품고 연주를 시작한다

내 어깨 위에 머물던 낯선 바람이
석 자도 채 되지 않는 낡은 장롱을 훑고 지나
제 속을 뒤집어 깐 비닐장판 위에 미끄러진다
드문드문 곰팡이꽃 피어난 벽지를 타고 돌아
깨진 거울 파편조각 위에 머물었다가
싱크대에 널브러진 녹슨 숟가락을 차갑게 식히며
테두리가 타버린 사진 속 떠난 사람들의 기억을 더듬는다
바람이 훑고 지나간 자리마다 기억만큼 찌그러진 세간들이
저마다 속에 품은 높고 낮은 음계들을 내뱉어
무너진 불록벽 더미 속에 붉게 외친

빛바랜 철거반대 플래카드처럼 구겨진다

뒤틀린 돌창 구석에 거미줄을 한 올, 한 올 풀어다가
오선지를 허공 위에 튕겨 놓고
바람이 새겨 넣은 음계들을 하나하나 매달아
폐가는 단조 가락의 악보를 그린다
못갖춘마디로 끝나는 악보. 거미줄 끝에서
진득이 사람 냄새가 밀려오고
기억을 촘촘히 채워나가던 햇볕은
어느덧 그리움 따라 산등성에 붉게 번진다

광명2동 산자락을 따라 지붕 맞댄 판잣집들 사이
반쯤 무너진 벽에 상처처럼 철거번호가 선명한 폐가는
오늘도, 여린 바람에도 쉬이 몸을 떤다
제 몸을 커다란 피리 삼아 슬픈 가락을 읊조린다

최명희
청년문학상

•

2001~2008

비난받아 마땅한 사람

· 허민희 (한신대 문예창작과 2학년) ·

1. 여자

당신은 부모가 되는 일에 대해 생각해본 적이 있습니까? 어찌 생각하면 그것만큼 불필요하고 소모적이며 무의미한 행위도 없지요. 정신적, 육체적 소모는 그렇다 치고 한 인간을 타락하지 않은 성인으로 키워낸다는 것은 얼마나 어려운 일입니까. 저와 당신의 부모가 실패했듯이 그것은 참으로 쉽지 않은 일입니다.

게다가 법적 책임감을 가진 나이가 되었다고 해서 모두가 성인이 되는 것은 아니지요. 인정하고 싶지 않은 세계와 부딪히다 보면 어느 순간부터 성장을 중지해버리는 인간형이 있으니까요. 누군가의 보호자가 되어 모든 것을 책임져야 한다는 것은 자살행위에 다름 아니라고 생각했지요.

마흔 하고도 둘에 만난 나의 어린 애인은 지금 열일곱 살입니다. 고등학교 1학년이지요. 그는 작지 않은 키에 윤택한 피부를 가졌습니다. 진한 눈썹에서는 순수함이 묻어나고, 높은 곳에서는 강한 자존심이 묻어나는데, 유난히 붉은 입술은 그저 천진하기만 하지요. 그는 생머리나 다름없는 곱슬머리를 가졌습니다. 손으로 쓸어내리면 머리끝에서 오는 약한 저항이 짜릿함을 주지요. 그러나 그의 손은 또래의 것보다는 늙었습니다. 그는 어린 나이에 노동을 알아야 했던 가여운 나의 애인입니다.

제가 그를 처음 만난 것은 작년 겨울 무렵이었습니다. 그는 길에서 고구마를 팔고 있었지요. 지금 생각해보니 그것은 아주 신파적이면서도 일반적인 만남이었군요. 털모자와 장갑으로 귀와 손을 가렸는데도 어찌나 추워 보이던지요. 손님이 거의 떨어져 가는 그 새벽에 그를 저의 집으로 초대했습니다. 남은 고구마를 배달해 달라는 어이없는 주문을 통해서였지요. 그렇지 않고서는 방법이 없지 않았겠습니까.

일본산 직수입 녹차의 어린잎에 다소간의 호기심을 보이는 그는 할머니와 단둘이 살고 있었습니다. 새해가 되면 졸업을 해야 하는 중학생이었지요. 그는 당연하게 고등학교에 진학해야만 했습니다만 그것이 당연하지 못한 환경 속에 살고 있었습니다. 그러나 그는 아무렇지도 않다는 듯이 공장에 들어가 돈을 많이 벌겠다고 말했습니다. 지금 일하는 것처럼 열심히 하면 십 년쯤 후에 집을 살 수 있을 거라고 말하더군요. 그러나 그의 위장은 아주 서투른 것이었습니다. 대학도 아니고 고등학교에도 못 간다는 사실은 중학생 소년의 열등감을 상당히 자극하는 것이었지요. 그러나 그를 안타깝게 만든 것은 그것만이 아니었습니다. 중학교를 졸업하고 들어간 공장에서 십 년간 일을 한다고 해서 집을 살 수 있는 게 아니라는 것을 말해 줄 수 없다는 사실이었지요.

저는 어린 녹차 잎을 씹으며 꿈이 있느냐고 물었습니다. 그는 돈을 많이 벌어서 할머니와 오래도록 함께 사는 것이 꿈이라고 대답했지요. 참 착한 소년입니다. 그렇지 않습니까? 저는 다시 물었습니다. 그것 말고, 자기 자신을 위해서 하고 싶은 것이 무엇이냐고요. 그 말이 떨어진 순간 저는 보았습니다. 그 맑은 두 개의 눈망울이 흔들이는 것을요. 그렇지요. 그에게 왜 꿈이 없었겠습니까. 모든 인간에게는 저마다 하나씩의 꿈이 있지 않겠습니까? 그러나 고난 속에서 있는 인간일수록 그 꿈은 이루기 어려운 법이지요. 그의 꿈은 화가였습니다. 그는 그림을 그리고 싶어 했지요. 캔버스에 유화로 그린 추상화를 그는 가장 좋아했습니다. 단지 대학에 가기 위해서라거나 부모의 욕심 때문이 아니라, 스스로의 의지로 순수 미술을 꿈꾸는 소년은 얼마나 감동적입니까? 순수하게 예술을 꿈꾸는 사람이 있다는 것은 이 시대의 축복입니다.

저는 그에게 예술 고등학교 시험을 권유했습니다. 그는 웃었지요. 그것은 아무런 욕심 없는 웃음이었습니다. 시험에는 이미 붙었다더군요. 그러나 말을 마친 그는 씁쓸하게 웃으며 고개 저었습니다. 실력을 알았으니 그것만으로도 만족한다더군요. 그 순간이었습니다. 저의 머릿속에 가증스러운 계획이 탄생한 것은. 왜 옳지 못하나 생각은 항상 그럴듯한 핑계를 획득하고 끝없이 이어지는 것일까요. 왜 그것들은 언제나 완벽이라는 이름의 유혹적 위장을 하는 것이지요?

저는 그에게 고등학교 합격증과 등록금 고지서를 가지고 오라고 말했습니다. 그러면 제가 그 돈을 내주겠다고도 말했습니다. 그러자 그는 고난에 찌든 눈을 깜빡이며 저를 쳐다보더군요. 단순한 의문으로 시작된 그 눈빛은 의심으로 변질되고 있었습니다. 참 마음 아픈 일이었지요.

그러나 그 의심은 들어맞고야 말았습니다. 저는 그를 탐내고 있었으니까요. 탐낸다는 표현은 참으로 적절한 것입니다. 그것은 욕심이지요. 욕심은 이기적인 마음입니다. 그러나 어쩌겠습니까. 저는 그에게 한눈에 반하고야 만 것을요. 그 야윈 모습을, 피폐해진 눈망울을, 추위를 이기기 위해 두 손으로 비비던 연약함을 아, 어떻게 잊을 수 있단 말인가요. 어떻게 안아주지 않을 수 있단 말인가요. 비록 그것이 그가 원하는 보살핌은 아니라고 하더라도 저는 그렇게 하지 않을 수 없었다는 말입니다.

그러자 제 말을 이해한 그가 조건을 물어왔습니다. 가여운 그는 세상의 이치를 너무 잘 알았지요. 슬프게도 저는 저의 조건을 이야기해야 했습니다. 저의 조건은 그의 몸이었지요. 날개를 달면 날아가 버릴 것만 같은 아름다운 몸이었습니다. 그는 어린 얼굴에 노여운 빛을 띠었지요. 분노에 힘입은 두 다리는 자리를 박차고 돌아섰습니다. 그러나 욕망은 쉬 사그라지지 않는 법이지요. 필요하다면 언제든지 찾아오라는 말을, 끝내 저는 그의 야윈 등에 내리꽂고야 말았습니다.

그리하여 그가 저를 찾아오기까지는 채 두 달도 걸리지 않았습니다. 할머니의 약값은 벌어서 댈 수 있었지만, 등록금까지는 그럴 수 없었던 거지요. 누구 하나 나서서 그에게 기초생활 수급권자 신청을 해주는 사람이 없었습니다. 그는 조금 더 야윈 모습으로 저의 집 문을 두드렸지요. 그 날은 그가 합격한 예술고등학교의 마지막 등록 가능일이었습니다.

그러나 돌이켜보건대 저는 단 한 번도 그에게 현금을 내어준 적은 없었습니다. 그가 조금이라도 비뚤어질까 봐 두려웠던 거지요. 네, 염치없다는 것 알고 있습니다. 그런 말을 할 자격이 없지요. 그러나 그것은 저의 진심입니다. 저는 그가 등록금 고지서를 가지고 오면 그것을 은행에 갔다 내주었고, 그가 병원에서 처방전을 가져오면 약국에 가서 그 약을 사다 주었습니다. 교복을 사야 했을 때는 같이 가서 맞춰주었고, 월세는 저의 통장에서 매달 자동이체 되었습니다. 일주일에 한 번, 시간을 내서 시장도 같이 보았지요. 학교에서 필요한 준비물도 그때 함께 구입했습니다. 우리는 인사동과 종로, 충무로를 함께 걸었지요. 다시 말하건대 저는 단 한 번도 그에게 현금을 준 일은 없었습니다. 현금이 없어도 그와 저의 관계는 유지되었고 그는 그 이상의 소모적인 사치품은 요구하지 않았습니다. 우리의 돈은 투명했고, 타인에게 대한 우리 관계도 그러했습니다.

그러나 우리의 계약은 실행되어야 했지요. 인간은 누구도 자기 삶의 흐름을 외면할 수는 없습니다. 그가 그의 능력으로 해결할 수 없었던 각종문제들을 해결해 준 밤으로 그는 저와 함께 있었습니다.

뽀얗게 샤워를 마치고 나온 그의 젖은 머리를 쓰다듬던 저는, 그를 끌어안고 침대에 누웠지요. 그때, 두근거리던 그의 심장 소리를 저는 아직도 잊지 못합니다. 그것은 설렘이 아니라 두려움이었지만 저의 가슴을 벅차오르게 하기는 충분했지요. 저는 그의 머리를 하염없이 쓰다듬다가 그의 등을 쓸어내렸습니다. 그리고 토닥거렸지요. 아주 오랜 시간을 그렇게 누워있었습니다. 그는 불안함에 잠들지 못했지요. 그러나 어느 순간, 저는 깊은 잠에 빠지고야 말았습니다. 다음날 눈을 떴을 때, 그는 자리에 없었지요. 대신 메모를 남겨두었더군요. 대가는 꼭 치르고 싶다는. 아마도 그는 제가 굶주린 야수처럼 그에게 덤벼들 것이라고 생각했던 모양입니다. 그러나 제가 그의 몸을 원했다고 해서 그와 저의 생각이 같은 것은 아니었지요.

그가 저의 집에 들르는 것은 한 달에 네 번이었습니다. 필요한 것이 있으면 수시로 우유 통에 메모와 고지서를 집어넣으면 되는 것이지만 그 일들을 해결하는 조건으로 그가 저와 함께 있어야 했던 날들이 한 달에 네 번이라는 것이지요. 저는 주 5일 근무를 하는 회사에 다니고 있습니다만, 평일에는 거의 잔업과 철야의 연속이었지요. 따라서 쉴 수 있는 날은 이틀밖에 되지않았습니다. 물론 그나마도 쉴 수 없는 때가 있었습니다만. 그렇다고 그를 만나지 않은 적은 없었습니다. 그는 제 삶의 오아시스였지요. 지금은 그것이 신기루가 되었다고 할지라도, 그것은 분명한 사실입니다.

알고 계시겠지만 저는 그를 좋아했습니다. 사랑이라는 단어는 차마 입에 올릴 수가 없군요. 그러나 제가 그를 좋아했다고 해서, 그의 몸을 좋아했다고 해서 그와의 관계를 가진 것은 아닙니다. 무슨 말이지 아시겠습니까? 직설적으로 말해서 끝까지 가지는 않았다는 말입니다. 네. 제가 그의 진한 눈썹을 만지작거리기는 했습니다. 그의 날렵한 콧날을 더듬기는 했습니다. 물론 그의 붉은 입술에 제 입술을 갖다 대기도 했습니다. 그것만은 해서 안 되는 일이었는데 그렇게 하고야 말았습니다. 그러나 그의 영혼을 빼앗을 짓은 결코 하지 않았다는 말입니다.

물론 저는 제가 그에게 지불한 것들에 대한 대가로 그의 동정까지 살 수 있었을지 모릅니다. 다수의 중년 남성들이 제 애인 또래의 소녀들에게 하는 것과 같이 말입니다. 그러나 저는 최소한의 양심은 지켰습니다. 때때로 저의 입맞춤에 겨운 그가 위로 올라올 때에도 저는 조용히 그를 제지했습니다. 제 위에서 헉헉거리던 모습을, 제가 없는 시간 동안 그가 떠올리며 괴로워할 것을 뻔히 알면서 모른 척할 수는 없었지요. 역겨우십니까? 그렇더라도 그것은 저의 진심이었습니다. 그렇지 않아도 자신의 꿈을 돈에 팔았다고 생각할 소년에게 타락할 비밀을 주어서야 되겠습니까. 순결은 여자에게만 있는 것이 아니고, 처음이 중요한 것도 여자에게만 해당되는 것은 아니지요. 돌이켜 생각해보니 그것 하나는 참 잘한 일이었군요.

흔히들 말하길, 여자에게 육감이라는 것이 있다고들 합니다. 그것은 어느 정도 맞는 말이지요. 그러나 대기업에서 부장까지 하는 독신녀가 사십을 넘어섰다면 육감을 넘어서 십감이 생깁니다. 우스갯소리지요. 눈치가 늘어난다는 말입니다. 저의 어린 애인에게도 그 또래의 애인이 생긴 것 같더군요. 질투를 했느냐고요? 물론입니다. 질투뿐이었겠습니까? 분노도 느꼈습니다. 저와 계약을 하던 당시, 그의 분수에 대하여 생각했지요. 자신의 주제를 망각한 그에 대한 분노로 온몸이 싸늘히 식어버리더군요. 그러나 진정 분수와 주제를 잊은 사람은 누구입니까? 그것은 저입니다. 양심 가진 사람으로 어찌 그것을 모를 수 있겠습니까. 사실을 깨닫자 분노는 침울함으로 대체되었고 그것은 울렁거림은 곧 잠잠해졌습니다.

저는 그의 소녀를 본 적이 있습니다. 그가 자는 사이 몰래 뒤적이던 그의 지갑에서 사진을 발견한 것이지요. 아, 정말 아름답더군요. 그것은 꼭 예쁘게 생겼다는 말은 아닙니다. 영화배우처럼 생겨야만 아름다운 것은 아니지요. 상상할 수 있으시겠습니까? 햇살을 받고서 부신 눈을 수줍게 뜬 교복 입은 소녀를요. 칼 같은 단발머리에 한두 개씩 늘어가는 새치를 가리려고 어두운 갈색으로 염색하며 남자 일색인 부하직원들에게 우습게 보이지 않으려고 바지정장을 입고 다니는 마흔셋의 독신녀는 이미 여자가 아니더군요. 그 소녀를 여자라고 한다면 저는 이미 여자 아니더란 말입니다. 분명 저에게도 그러한 시절이 있었을 것인데도 전혀 떠오르지 않았습니다. 마치 태어날 때부터 이 모양으로 날카로운 눈매에 처진 가슴을 달고 나온 것처럼. 조금도 떠오르지 않더군요.

그런 눈치를 채고부터 저는 그를 유심히 지켜보았습니다. 그는 이제 도덕적 이론과 본능의 본격적인 갈등 앞에 놓인 것이지요. 그는 혼돈 속에 있었습니다. 그러나 분노 없는 욕망과 질투에 사로잡힌 제가 어떤 행동을 했겠습니까? 저는 사회생활을 이십 년이나 한 사람입니다. 이십

년이면 칠천 하고도 삼백일이지요. 강산이 두 번 변한다는 시간입니다. 사리분별 확실하고 이득 계산 분명한 나이지요. 동정심에 눈멀어 제 앞에 놓인 것을 놓치는 나이가 이미 아니라는 얘깁니다. 잘 알고 계시겠지요. 따라서 저의 행위는 계속되었습니다. 저의 입술은 여드름이 난 그의 등을 더듬고, 진심과는 상관없이 부풀었다 줄어들기를 반복하는 그의 남성을 더듬었습니다. 정말이지 그것만큼 그를 괴롭게 하는 것이 또 있었겠습니까? 그는 분명 저를 사랑하지 않고 있었습니다만 그의 남성은 저의 입술이 닿으면 아름다운 검붉은 색으로 부풀어 오르고야 말았습니다. 그것이 저에게는 기쁨이었습니다만, 그에게는 그렇지 못했을 것입니다. 참 솔직하지요. 그 꽃은, 본능과 이성 사이에서 갈등하는 우리 인간의 모습과 똑 닮았습니다.

저는 그의 몸에 비해 어두운색을 지닌 그 꽃을 보며 그것이 그와 전혀 어울리지 않는다는 생각을 한 적이 있습니다. 그것은 손으로 뜯으면 고통 없이 똑 떼어질 것처럼 생겼지요. 그러나 그것을 떼어버리면 그는 정말 천사가 되어 날아갈지도 모른다는, 그런 두려운 생각을 저는 한 적이 있었습니다. 어쩌면 그것은 신이 남성에게 내린 형벌은 아니었을까요. 욕망과 충동의 생성 소인 그것은 사실 남성 괴로움의 시초가 아니었겠습니까? 그것은 무분별한 욕구와 충동이 없다면 남성은 얼마나 세상으로부터 투명해지겠습니까. 그러나 당신은 제 말을 이해하지 못하시겠지요. 당신에게 물욕 없는 세상의 평화로움보다는 배설의 해소에서 오는 싸구려 환희가 더욱 의미 있을 것입니다. 그것은 당신에게 남성으로의 상징이고 가장 강력한 존재의 의미겠지요. 그러나 생각해보십시오. 당신은 남성으로서 여성의 만족을 추구하며 과연 얼마나 행복했습니까?

때때로 저는 대범합니다. 소녀의 발견 후 얼마 뒤, 콘돔을 사다 두었지요. 이미 저에게서 육체의 기쁨을 어느 정도 발견한 그가 그의 소녀에게 사랑을 표현하게 될 때, 그것은 유용하게 쓰일 것입니다. 제가 아니라면 십대인 그는 어디에서도 그것을 구할 수 없었겠지요. 원치 않는 임신이란 꿈 많은 십 대에게 얼마나 큰 장애입니까? 아직 감당할 수 없는 책임을 그가 지지 않게 하기 위하여 저는 그런 배려를 했습니다. 모르는 척하며 그의 앞에서 서랍 속에 넣어두었지요. 한 달간 그것의 숫자는 변하지 않았습니다. 그러나 일주일에 한 개씩 줄어들던 숫자는 조금씩 늘어가더군요. 소녀는 나눌 수 있는 사랑의 기쁨을 알았겠지요. 비웃고 계십니까? 그렇더라도 할 수 없지요. 소년과 소녀는 상호적 쾌락에 몰입할 뿐입니다. 저는 그것을 마음 놓고 즐길 수 있게 해주었을 뿐이지요.

그러나 참 이상한 일이지요. 서랍장 속 물건의 숫자가 줄어갈수록, 그래서 또 새로운 것을 구입해야 할수록 그에 대한 저의 탐욕은 줄어들었습니다. 다른 사람을 사랑하는 사람을 거듭 사랑하기란 얼마나 어려운 일입니까. 그래도 다행입니다. 저의 탐욕이 꼭 그의 육체에만 기인한 것은 아니라서 말이지요. 그러니 그때부터는 그의 머리카락을 쓸어내리는 이외에는 그의 몸에 손을 대지 않았던 것 같습니다. 다행히도 그는 새로운 연인 생겼다고 해서 계약을 저버리는 철면피는 아니었지요. 그는 약속을 지켜주었습니다.

그런 식으로 실체를 외면한 만남이 계속되던 날들이 지나가던 올가을, 기어이 그의 할머니가 돌아가셨습니다. 기어이라는 표현은 참으로 적절합니다. 드디어 올 것이 온 것이지요. 할머니가 돌아가시자 관에서 사람이 나왔습니다. 그와 할머니가 힘겹게 살았던 시간 동안은 단 한 번도 나오지 않았던 사람이 나왔습니다. 그는 형식적으로 할머니의 죽음에 조의를 표하고 그를 추궁하기 시작했지요. 그것은 추궁이라는 표현이 적절한 행위입니다. 그리고 그동안 어떻게 생활을 영위했는지를 조사하기 시작했습니다.

자동이체 된 방값에서 시작된 의혹은 수입이 없는 그의 등록금과 각종 생활비, 할머니의 약값과 장례비용에서 저의 흔적을 찾아내었습니다. 변명할 여지가 없는 저는 아무 말도 하지 않았지요. 관에서 나온 사람과 경찰의 우악스러운 손에 이끌려 간 서에서 저는 그를 만날 수 있었습니다. 그림을 그리며 행복을 찾은 아름다운 그의 얼굴은 처음 만났을 때와 같이 불행해져 있더군요. 그 순간 당신들을 모조리 죽여 버리고 싶다는 생각이 들었다는 것을, 당신들은 알지 못하셨겠지요.

그와 그렇게 헤어지고, 저는 이곳에 있습니다. 이곳은 작은 창이 난 작은 방입니다. 겨울을 나는 것이 힘에 부치는군요. 그러나 저는 그를 잊지 않았습니다. 이곳에는 비록 절제되어 있을망정 전화 통화의 기회가 있지요. 편지를 나눌 수도 있습니다. 저는 이곳에서 변호사를 선임하고 육 개월에 한 번씩, 오백만 원의 돈을 그에게 내어주도록 하였습니다. 그것은 앞으로 그가 노동하지 않고도 고등학교를 졸업하는 데 도움을 줄 것입니다. 그리고 만일 그가 대학에 가게 된다면 그의 학비가 되겠지요. 나머지의 생활비는 그의 몫입니다. 그것까지 대우줄 능력이 없는 것은 아니지만, 저는 그의 독립심을 키워주고 싶군요. 앞서도 말했습니다만, 저는 그에게 타락의 빌미를 제공하고 싶지는 않습니다. 독립심이 없이 성인이 된다는 것은 얼마나 커다란 타락의 시작입니까.

그러나 잊지 않은 것은 저뿐만이 아니었던 모양입니다. 그와의 마지막 날이 지나고 이곳에 들어온 지 얼마 후, 그는 판사님께 편지를 보냈습니다. 그 편지에는 뜻밖에도 저를 옹호하는 내용이 쓰여 있었지요. 그는 왜 제게 잘못이 없다고 거짓말을 했을까요. 왜 그것은 그의 선택일

뿐이었다고 말했지요? 그동안 제게 받은 것에 대한 보답이었을까요? 아니면 그에게서 저를 떨어뜨려 놓기만 하고 아무런 원조도 주지 않는 당신들에 대한 원망 때문이었을까요. 이유가 무엇이었던, 그 후로 저의 형은 감해졌습니다.

그리고 그는 지금 청소년 보호소에 가 있지요. 당신이 직접 보내주었으니 더 말할 필요도 없겠군요. 돌이켜 생각해보니 그는 이따금 저의 옷 냄새를 맡았던 것 같습니다. 그런 기억이 회한의 되어 한 번도 아이 낳은 적 없는 저의 젖가슴을 퉁퉁 불게 하는군요. 날카로운 바람이 표피를 얼려 두 개의 어미가 산산이 부서질 듯한 겨울의 밤입니다. 뱃속은 온통 자궁인 듯 허전하기만 하군요. 애초에 불구로서 기능하지 못하던 그곳에 이제야 따뜻하게 피가 도는 느낌입니다. 어쩌면 그는 지금쯤 저의 손길을 그리워하고 있을지도 모릅니다. 머리카락을 쓸어 넘기도 등을 토닥이며 잠을 재워주던 손길을 말입니다. 그곳에는 다 자란 그에게 그런 행동을 해줄 누군가가 있습니까?

이제 와 무슨 할 말이 있겠습니까만, 단 한 가지 당신들에게 묻고 싶은 것이 있습니다. 당신들은 저만큼 그를 사랑해줄 수 있습니까? 당신들이 경멸하던 저의 돈이 아니라, 당신들의 그 아름답고 깨끗한 법으로 정말 그를 사랑해 줄 수 있습니까? 그러면 당신들의 법은, 저와 저의 돈이 그러했던 것처럼 그를 유린하지 않고 언제까지고 지켜줄 수 있습니까? 정말, 그럴 수 있는 것입니까?

2. 보호소, 소년

야, 너 이렇게 써갖고 어디 나가겠냐? 이런 식으로 쓰면 절대 못 나간다. 대체 학교 안 다니고 뭐했냐? 공부가 제일 쉬운 건데. 알았다. 알았어. 아무튼, 욱하기는. 새꺄, 니가 그러니까 여길 못 나가는 거야. 글씨는 또 그게 뭐냐? 그게 손으로 쓴 거냐? 명조체로 써야 할 거 아냐, 명조체. 아, 이 새끼 완전 가석방의 기본이 안 된 새끼네. 야. 너는 가석방 될 마음가짐이 안됐다. 1년간 조신하게 지내면서 진짜로 회개 좀하고 나가라. 너 그런 정신 상태로 나가봤자 또 금방 들어온다. 새끼, 인상 구기기는. 나 같이 말해주는 게 진짜 친구야 새꺄. 너 친구가 뭔지나 아냐? 영길이? 아, 새꺄. 같은 여자한테 빠굴 뜨는 게 우정이냐?

나? 나도 물론 처음부터 잘한 건 아니지. 근데 천천히 조금씩 노력하니까 되더라. 말 편하게 갖고 하니까. 피식. 물론 여기서 맘 편하게 갖기는 어렵겠지. 야. 그래도 노력은 좀 해줘야 하는 거 아니냐? 노력을 해. 노력을. 나도 처음에는 맞춤법도 모르고, 대충 소리 나는 대로 쓰고, 뭐 그냥 내 맘대로 그리다시피 쓰고 그랬는데, 배웠어. 그리고 노력했다. 뭐? 누구한테 배웠는지는 알아서 뭐할래? 너도 가서 배운다고? 새꺄, 여기 사람 아냐. 뭐? 너 진짜 바보냐? 우리 또래 중에 그런 걸 말해줄 만한 정신력이 있는 놈이 있다고 생각하냐? 나는 우리 엄마한테 배웠다.

……새기. 불쌍하게 쳐다보긴. 그래, 새꺄. 나 엄마 없다. 그냥 그런 사람이 있어. 엄마 같은 사람. 선생님? 야. 세상에는 좋은 선생하고 나쁜 선생, 요 두 종류가 있어. 너도 알지? 그래. 나쁜 선생은 그런 걸 말해 줄 생각이 없고, 좋은 선생은 그런 걸 말해줄 경황이 없다. 넌 그런 것도 모르냐? 엉겨 붙지 마. 새꺄. 암만 그래도 안 가르쳐 준다. 여자야. 거기까지만 알아둬라.

이 새끼. 죽을래? 그런 여자 아냐! 덩치는 산만한 게 놀라긴. 나갈 날이 코앞인데 내가 널 치겠냐? 아줌마야. 착한 아줌마. 얘기해달라고? 너 같은 새낀 우리 아줌마 이해 못 해, 새꺄. 뭐야. 우냐? 미친 새끼. 재수 없으니까 울지 마. 울지 말래니까. 이씨. 뭐? 너도 엄마 없어? 새끼. 그러니까 뭐야. 아까 쳐다본 게 불쌍해서 쳐다본 게 아니라 부러워서 쳐다본 거였구만. 새꺄, 엄마 없다고 우냐? 병신.

내가 너하고 우리 아줌마를 공유할 생각은 없는데, 불쌍하니까 얘기해 준다. 대신, 너무 자주 생각하진 마. 힘들 때나 흔들릴 때만 생각해야 한다. 왜긴 왜야 새꺄. 넌 니네 엄마랑 살 때 너 말고 다른 새끼 안아주면 좋디? 이 새낀 말하는 거 한 마디 한 마디가! 그리고 아무한테도 얘기하면 안 돼. 알았냐? 그래, 뭐 니가 그렇게 신뢰 가는 스타일은 아닌데, 내가 불쌍하니까 얘기해 주는 거다. 대신 정신 똑바로 차리고 살아. 나처럼.

내가 울 할머니 살았을 때 좀 불우했잖냐. 과거사가. 뭐? 니가 더 불우했다고? 이 새끼. 그래, 니가 더 불우했다 새꺄. 암튼, 불우했어. 아빤 죽고, 엄만 집 나가고, 할머닌 아프고, 그래서 고등학교도 못 갈 처지였다. 근데 우리 반에 딱 너 같은 새끼가 있었어. 근데 그 새끼가 호빠에 나갔거든. 어느 날 내가 교실에 앉아갖고 그림을 그리는데. 이 새끼, 웃기는. 새꺄. 나 그림 잘 그려. 이래 봬도 예고 재학중이잖냐. 이 형님이. 진짜라니까? 그래. 지금은 휴학 중이지. 아무튼, 그랬어. 중학교 때, 틈만 나면 그림을 그렸는데 그 새끼가 그걸 본 거야. 그래, 그 영길이스런 새끼가. 보더니 존나 잘 그린다면서 예고 가라고 그러는 거야. 미친 새끼. 누가 그걸 모르나? 나는 시험까지 다 봤는데. 그래서 내가 그냥 웃고 마니까. '왜, 갈 형편이 안 되냐?' 그러는 거야. 죽빵을 한 대 날리려다 참았지. 왜긴 왜야 새꺄. 그게 사실이니까 그렇지. 근데 그 새끼가 자기가 호빠 다니는데 아줌마들이랑 좀 자주고 그러면 아줌마들이 돈 열라 많이 준다는 거야. 몇 번 하면 학교 다니는 데 지장 없을 거라나? 근데 내가 누구냐? 난 그 영길스런 새끼보다 머리가 좋았거든. 그런 한탕주의로는 길게 못 갈 걸 알았지. 그래서 물주를 찾은 거야.

다시 생각하니 졸라 우울하다. 아무튼, 그래서 연기 좀 했지. 재능은 있는데 돈 없어서 학교 못가 는 불쌍한 고학생인 양. 뭐, 그게 사실이기도 하고. 아는 형한테 돈 주고 고구마 리어카까지 빌렸다. 아줌마 퇴근하는 길에 맨날 마주칠라고. 엄청 고생했어. 졸라, 맨날 마주쳤는데 땅바닥만 보고 걷느라고 일주일 동안 그냥 지나치더라. 하루는 심심해서 그림 그리고 앉아서 아줌마 퇴근하는지도 모르고 있었는데, 그때 우리 아줌마가 넘어온 거야. 나한테. 아, 씨. 울적하네. 뭐? 어떻게 연기 했냐고? 왜, 니도 하게? 푸하하. 넌 외모 땜에 글렀어 새꺄. 아무나 되냐? 야. 너 아줌마들이 배용준이 원빈이를 왜 좋아하는 거 같냐? 걔들이 너같이 생기면 아줌마들이 좋아하겠냐? 근데, 이 새끼. 너 내가 회개하랬지. 지금 신성하게 아줌마 얘기하는데 사기 치는 거나 교습 받을라고. 이런 씨.

아무튼, 그래서 아줌마가 나 학교로 보내주고 우리 할머니 약도 사주고 그랬다. 잤냐고? 새끼. 니가 그런 거나 궁금해할 줄 내가 알았지. 안 잤다 새꺄. 그래서 우리 아줌마가 위대한 거야. 물론 처음에 아줌마가 내 몸을 원한다고 하긴 했지. 그래서 내가 좀 쫄아 있는데, 병신 새끼. 내가 그때까지 아다였겠냐? 그냥, 아줌마니까 얼마나 테크닉이 뛰어날까 하고 쫄은거지. 솔직히 처음엔 변태인 줄 알았다. 근데 그냥 내 몸에 뽀뽀만 하고 안 했어. 처음엔 그게 더 무서웠지. 채찍 같은 거 들고 날뛸 줄 알았거든. 근데 계속 안 그랬어.

근데 그러니까 더 하고 싶더라? 처음에는 아줌마니까 몸도 늙었고 그래서 싫었거든? 근데 막 여기저기 뽀뽀해주고 막상 하지 않으니까 오기도 나고 짜증 나는 거야. 너도 새꺄, 흥분했는데 여자애가 안 해주니까 영길이랑 그런 거 아냐. 고개를 끄덕이긴. 새끼, 그렇다고 강간을 하냐? 니가 한 건 강간도 아니고 윤간이야 새꺄. 죄를 저질러도 그런 걸 저지르냐? 변명은. 너, 새꺄. 우리 아줌마가 그러는데 여자들은 그런 거 평생 기억하고 안 잊어버린대. 걸레였든 아니든 새꺄. 너는 그럼 태권도 좀 배웠다고 조폭들이 와서 '넌 태권도 배웠으니까 맞아도 안 아프지?' 그럼 새꺄. 너는 진짜로 맞아도 안 아프냐? 고개를 갸웃하긴 새끼. 지금 내 비유가 안 어울린다 이거야? 얘기 더 안 해준다? 아무튼, 앞으론 강간 그런 하지 마. 그냥 혼자 해. 싫으면 공을 들이던지, 이 새꺄!

아무튼, 아줌마가 몸에다가 뽀뽀를 막 해주니까 나중에는 지대 좋았어. 막 몸이 나른해지면서 발바닥에 전기가 짜릿짜릿하고, 되게 편했어. 치, 부러워하긴. 나도 그런 적 없었어. 누가 나한테 그렇게 뽀뽀해준 적. 어릴 때 울 엄마가 해줬는데 잘 기억 안 나. 울 엄마는 볼에다 해줬었지. 입에다가도 크. 근데 아줌마는 내 발에도 해줬어. 너 발에다 뽀뽀 받아봤냐? 받았을 리가 없지. 냄새나는 발에 누가 뽀뽀를 해주냐? 뭐? 거기? 이 새끼!

그래서 내가 지갑에다가 여자애 사진을 하나 넣어 놨다. 그때 내 여친이었는데, 별로 물 좋은 애는 아니었어. 있잖아, 여기저기…… 그런 애. 소풍 가 갖고 찍은 거로 내가 최대한 수수한 거로 달랬지. 최대한 수수한 걸로 달랬는데도 교복을 줄여갖고 상태가 별로였다. 왜 넣긴 왜 넣었겠냐. 우리 아줌마 열 좀 받으라고 그런 거지. 근데 그다음부터 아줌마가 달라졌어. 새끼, 상상하는 거 하곤. 그런 게 아니고 그나마 몸에 뽀뽀하는 것도 안 하더라고. 그냥 머리만 감겨주고, 말려주고, 면도만 해주고 그랬어. 부럽냐? 부러울 만하지. 야. 우리 아줌마는 그냥 비누도 안 사다 놔. 애프터 쉐이브라고 들어봤냐? 그래. 왜 텔레비전에서 부잣집 남자들만 면도할 때 쓰는 거 있잖아. 그거. 그거 발라주고 머리도 직접 말려준다. 그럼 잠이 솔솔 와. 머리 자를 때 졸리잖아. 그때보다 훨씬 좋아.

그러더니 시간이 지나니까 나한테 이것저것 가르쳐주기 시작하더라고, 밥 먹을 때 소리 안 내는 거랑 차 마실 때 소리 안 내는 거. 밥 안 남기는 거랑 옷 다리는 것도. 솔직히 처음엔 짜증 났는데 나중에 시간 지나니까 은근히 그게 좋더라. 있잖냐. 가끔 어른들이랑 밥 먹을 때. 그럴 때 좋아. 가정교육 잘 받았다고 칭찬도 받고. 영화도 같이 봤는데, 극장에서 거는 거 말고 이상한 영화들만 보여줬어. 프로젝션 텔레비전으로 봤는데 화질 진짜 죽음이더라. 처음에는 이해도 안 되고 어려웠는데 아줌마가 이것저것 설명해주면서 보여주니까 머리에도 쏙쏙 들어오고 좋았어. 나중에 생각해보니까 그게 다 미술이랑 관련된 영화들이더라. 그래, 입 벌릴 만하지. 우리 아줌마 멋지지?

근데 갑자기 우리 할머니가 돌아가신 거야. 할머니 돌아가시니까 시에서 사람이 나오더라. 참나, 나랑 할머니랑 힘들 때는 나오지도 않더니. 나와 갖고는 울 아줌마랑 나랑 그런 사인 거 다 안 거야. 나는 그때, 내가 돈 받았으니까 잤든 안 잤든 다 벌 받는 줄 알았다. 그래서 다 아줌마한테 엎어 씌웠어. 그래. 내가 졸라 비겁한 새끼다. 나도 알아, 그래도 어떡하냐. 감옥 가기 싫은데. 근데 울 아줌마 변명도 안 하고 나를 빤히 보더라. 화내는 표정도 아니고.. 어떻게 보면 기분 좋아 보이는 얼굴이었는데. 나는 아줌마가 미친 줄 알고 무서워서 더 막 소리를 질렀다. 거품 물고 지랄하니까 경찰들이 데리고 나가데. 그게 아줌마랑 마지막으로 본 거다.

비웃지 마 새꺄. 그래도 내가 아줌마 잘못한 거 없다고 판사한테 편지

써서 아줌마 형 줄어들었어. 그래, 난 들어오고 그래도 금방 나가잖냐. 그리고 무엇보다 마음이 편하니까 좋다. 그러니까 새꺄, 너도 반성 좀 하고 영길이 그 새끼랑 어울리지 마. 욕? 미친 새끼. 새끼도 욕이냐? 그래, 우리 아줌마가 보면 이것도 하지 말라고 그러겠지. 야, 근데 너무 깨끗한 척하고 살면 자기 자신한테 좀 창피하잖냐. 졸라, 지은 죄도 크면서 착한 인간인 척하면. 난 그렇게 살긴 싫다. 그리고 남들 앞에서 뭐 다 착할 필요 있냐? 난 이다음에 진짜 보헤미안이 돼 갖고 우리 아줌마 찾아갈 거다. 그리고 아줌마 앞에서만 착할 거야. 새끼, 너 보헤미안 이 뭐냐고 물어 보려고 그랬지. 사전 찾아봐라, 새꺄. 그게 더 오래 기억에 남는 법이니까.

근데 아줌마가 왜 좋냐고? 야! 다 말했잖아! 뭐? 안자면 다 좋냐고? 야, 그런 게 아니라. 난 솔직히 우리 엄마 그렇게 도망가고 우리 할머니도 몸만 멀쩡했으면 나 놓고 도망갔을 거로 생각했으니까. 같이 노는 애들도 보면 다 그렇고 그렇잖냐. 이 새끼한테 붙었다가 저 새끼한테 갔다가. 근데 아줌마는 안 그랬잖냐. 자고, 안자고. 그런 걸 떠나서. 애초에 내가 아줌마한테 그렇게 접근 안 하고 좀 좋게 만났으면 좋았을 텐데.

야, 그냥 입양 같은 거 말고 후원 같은 거 해주는 프로그램 있으면 좋을 것 같지 않냐? 그냥 일주일에 한 번 정도씩만 얼굴 보면서 후원해 주는 거야. 뭐, 그 사람이 돈이 많을 필요도 없고 그냥 외롭거나 쓸쓸하지 않게만. 에이, 모르겠다. 빌어먹을 세상. 사람들은 나를 보고 자꾸만 '사회가 책임이다, 사회가 저렇게 만들었다.' 그러는데, 그러면 문제가 사회한테 있다는 거냐? 근데 사회는 큰 집단이잖냐. 그러면 나는 누구한테 책임져달라고 그래야 하냐? 사회가 한 사람이면 좋을 텐데. 너무 많은 사람이잖냐. 에이, 너한테 이런 걸 묻는 내가 병신이지. 〈끝〉

당선

제1227호 2005년 10월 10일 월요일

2005 최명희청년문학상 : 고등부 소설

바퀴벌레

· 이분홍 (백신고 3학년) ·

'참 잘했어요. 90점'

'좀 더 노력하세요. 60점'

'처음부터 다시 푸세요. 20점'

각양각색의 점수 대들이 거실 바닥에 깔려있었다. 빨간 동그라미와 작대기가 빡빡하게 그려진 학습지는 불꽃놀이를 떠올리게 만들었다. 지친 듯 탁자에 쭉 뻗어버린 엄마의 모습을 보니 오늘도 엄마는 학습지와 한 판 붙은 모양이다. 뭉뚝한 빨간색 색연필을 꼭 쥐고는 엄마는 잠이 들어있었다. 그뿐인가 엄마는 울리는 핸드폰 소리도 못 알아듣고 잠에 빠져 있다.

나는 재빨리 핸드폰을 끄고 거실 바닥에 나동그라진 찻잔과 연필을 조용조용 치우기 시작했다. 스스로도 할머니가 되어 간다던 마흔 후반의 여자가 자는 모습은 이런 걸까 거친 숨소리와 헝클어진 파마머리 투박하게 그려진 눈썹과 입술 어디 그뿐인가? 팔과 넓적다리 배에는 세월의 훈장 같은 오동통한 비곗살을 잔뜩 끌어안고 그녀는 꿈속에 있었다.

"아 악 아빠!"

나는 그녀의 손때가 반질거리는 필통에 연필을 넣으려다 말고 그만 비명을 지르며 뒤로 넘어졌다. 엄마의 통통한 팔 옆으로 바퀴벌레 하나가 지나가고 있었다.

"뭐야 왜 그래?"

나의 비명에 화들짝 깬 그녀는 입가에 고여있는 침을 닦으며 놀란 눈으로 날 바라봤다.

"바‥바퀴벌레‥탁자 밑으로 기어가고 있어."

황급히 의자 위로 올라가서 탁자 밑을 가리키자 엄마는 재빠른 손놀림으로 바퀴벌레를 잡아냈다. 와그작와그작 바퀴벌레가 그녀의 손바닥 아래서 으깨어졌다.

"이게 뭐가 징그럽다고 이것들도 다 살자고 난리 피는 건데 사람 사는 거랑 뭐 틀리니?"

화장실 문밖으로 엄마의 목소리가 들려왔다. 쏟아지는 샤워기에 온몸을 맡기며 내가 생각한 것은 엄마 즉 그녀의 삶이었다. 남편이 없는 여자의 삶을 고스란히 떠안고 사는 그녀는, 일을 해서 먹을 걸 해결하는 집안의 가장이자 나 자신도 나를 추스르기 힘든 여고 3학년의 수험생을 둔 학부모였다. 순간 거울에 비친 내 모습이 갑자기 엄마의 모습처럼 추하게 늙어버렸다. 나는 얼른 비눗물을 뿌려 그 모습을 지웠다. 아빠 어디 있는 거야? 대답해 아빠 바퀴벌레는 항상 아빠가 잡았잖아. 응?

"시험은 잘 본 거야?"

마른 수건을 내미는 엄마의 칼칼한 목소리를 들으니 가슴 한구석이 더욱 깜깜하게 느껴졌다. 난 차마 나의 화려하다 못해 엉망진창인 시험 점수를 말해줄 수 없었다.

"몰라…. 채점 안 했어."

난 엄마의 시선을 피하고는 황급히 내 방으로 들어갔다. 방문을 잠그고는 가방에 있는 시험지를 꺼내 책상 위에 나란히 펼쳐놓았다. 문학 70점 수학 60점 쫙쫙 그어진 빨간 작대기를 보고 있자니 속이 쓰리다. 시험 첫날부터 이렇게 망치다니…! 더욱 절망적인 건, 내가 이렇게 망쳐버린 시험을 우리 반 아이들은 시험이 너무 쉬웠다고 떠들고 다닌다는 것이다. 오늘따라 피곤함에 지쳐 있는 엄마에게 이 시험지를 보여주는 날에는 이 빨간 작대기들이 비수가 되어 엄마의 가슴에 꽂혀 버릴 거 같단 생각이 들었다.

"방문은 왜 잠갔어?"

덜그럭덜그럭 문고리가 돌아가는 소리와 의심스럽다는 듯 내게 물어오는 엄마의 목소리가 방문을 통해 들려왔다. 난 황급히 책상 위에 펼쳐놓았던 시험지를 책상 서랍에 집어넣은 뒤 방문을 열었다. 팔짱을 낀 체 날카로운 눈초리로 날 바라보며 엄마가 물었다.

"채점은 왜 안 했어?"

"답이 안 나왔어."

옷을 갈아입으며 내가 시큰둥한 표정을 지으며 답했다.

"경은이 공부 잘한다며 경은이 꺼 맞춰보면 되잖아."

"경은이가 오늘 청소 당번이라 같이 답 맞출 시간 없었어."

"하여튼 이번 성적도 못 나오기만 해봐."

눈을 부릅뜨며 말하는 엄마의 모습에 내 등 뒤로 식은땀이 흘러내렸다. 이럴 때마다 그녀는 정말 여자가 아닌 것처럼 보였다. 으르렁거리는 표정을 짓는 그 순간만큼은 딸에게 얘기하는 엄마가 아니 어떤 괴물로 변한 듯이 보였다. 큰일이네. 이번에는 집으로 성적표 부친다고 했는데 빼돌릴 수도 없고…. 벌써 성적표 걱정에 불안감에 타들어 가는 속과는 반대로 겉으로는 태연한 표정을 지으며 난 하나하나 옷을 갈아입었다.

"오늘 시험 보느라 힘들었을 텐데. 오랜만에 갈비 뜯으러 갈까?"

팔짱을 낀 체 날 수상한 눈초리로 쳐다만 보던 그녀가 외식을 제안했다. 아마 아빠가 집을 나간 뒤 처음인 것 같다. 그러고 보니 아빠는 자기의 몸만 가출한 게 아니었다. 그는 그동안 우리가 먹지 못한 갈비와 과일들 그리고 밤늦게 술 취한 모습으로 주머니에서 풀어놓던 군밤까지 함께 가져간 것이다. 몸무게가 60kg에 가까워져 가고 있는 이 시점에 이런 유혹적인 제안 하다니.

"싫어. 나 살찐단 말이야."

"고3이 살찌는 건 누가 뭐라고 안 해. 너 시험 기간이라고 일부러 사는 거니까 군말 말어."

"시험 끝나고 이틀 후에 신체검사란 말이야."

"그래서 미스코리아에 내보낸다디? 그런 거 신경 쓸 시간에 공부나 해"

그녀는 험악하게 인상을 찌푸리며 두툼한 주먹으로 내 머리를 쥐어박았다. 내가 입술을 삐죽이며 구시렁대자 "빨리 옷 챙겨입어."란 말을 남긴 체 엄마는 내 방을 나갔다.

"아 글쎄 안 간다고!"

방문에 대고 빽 소리를 질렀지만 내 시선은 벌써 옷걸이에 걸려있는 초록색 잠바로 향해있었다. 내가 좋아하는 갈비로 유혹을 하다니! 통통하게 부어오른 뱃살을 바라보며 난 한숨을 쭉 내쉬었다.

어휴! 고3이라는 핑계로 밤마다 폭식 하다 보니 어느새 엄마랑 비등비등한 몸매가 돼버렸다. 이게 어디 여고생의 몸매라고 할 수 있겠어! 영락없는 돼지잖아! 잠바 속으로 늘어진 뱃살을 퉁퉁 퉁기며 난 퉁명스럽게 중얼거렸다.

진짜 40kg대로 진입하려면 정말 하늘이 노랗도록 쫄쫄 굶어도 모자랄 판이다. 하긴 난 엄마를 닮아서 굶는 건 절대 못 한다. 엄마는 먹을 거 없으면 지나가던 바퀴벌레라도 잡아먹어야 하는 사람이다. 사람이 생으로 굶는 걸 제일 바보짓이라고 말하는 사람이 그녀니까. 아 징그러! 손으로 바퀴벌레를 잡았던 엄마의 모습이 다시 떠올랐다. 난 몸서리를 치면서도 거울 앞에서 요리조리 옷맵시를 재고 있었다.

"돼지갈비 2인분이요."

엄마가 종업원에게 주문을 하는 동안 난 오랜만에 와보는 갈빗집 내부를 요리조리 바라보았다. 이 갈빗집은 아빠랑 자주 왔던 곳이다. 돼지갈비를 좋아하는 나 때문에 우리 가족은 적어도 한 달에 한 번은 이 갈빗집에 와서 돼지갈비를 먹었었다. 그러고 보니 아빠가 집을 나간 뒤로는 여태껏 갈빗집을 오질 않았던 거 같다. 두 부부 사이가 뭐 세상에 자랑할 잉꼬부부는 아니었지만 그렇다고 원수도 아니었다. 난 아직도 아빠가 집을 나간 정확한 이유를 모른다. 다만 엄마라는 그녀가 아빠가 받아온 월급봉투를 들고 눈썹같이 가볍다느니, 이걸로 어떻게 한 달을 버티냐느니 하며 아빠를 힘들게 하는 여자였다는 것밖에 모른다. 하지만 아빠가 집을 나간 뒤 얌전히 바가지만 긁던 엄마는 어쩔 수 없이 학습지 교사 일을 시작해야 했다. 그것으로 얼마는 버는지 모르지만, 우리 생활이 뭐 별로 나아졌다고 할 것은 없는 것 같다. 오늘처럼 돼지갈빗집도 일 년이 넘도록 오지 못했으니까. 하긴 꼭 돈이 없어서는 아닐지도 모른다. 나는 그동안 고3이 되어 야자다 학원이다 정신이 없었고, 그녀는 그녀대로 바퀴벌레도 맨손으로 꾹꾹 눌러 잡는 괴물이 되어야 했으니까.

멍하니 예전 생각에 잠겨있는데 고기를 올리던 그녀가 내게 말했다.

"너 이번 주 토요일에 시험 끝나지? 시가나 비워둬 토요일에 할머니 생신이어서 친척들끼리 다 모이기로 했으니까."

"나 그날 친구들이랑 노래방 가기로 했는데."

"안돼. 그 날은 무조건 시간 비워둬."

엄마가 내게 단호한 표정을 지어 보였다. 그녀가 또 으러렁거린다. 그런 말은 전에 아빠가 가끔 하던 말이었다. 그때는 그렇게 자기가 그런 말 싫다고 내가 뭐 당신 종이냐고 앙앙대던 엄마였는데. 지금은 툭하면 그 말을 나한테 한다. 싫다고 내가 입술을 삐죽거리고 있을 때 엄마 옆에 있던 검은 가죽 가방에서 핸드폰 벨소리가 울렸다.

손목시계를 힐끔 바라보며 의아한 표정을 짓던 엄마는 핸드폰을 꺼내 통화버튼을 눌렀다.

엄마의 목소리가 갑자기 구운 고기보다 더 부드러워졌다.

"5시에 학원보충 가야 한다고? 그럼 이번 주에 수경이 선생님이랑 또 못 만나는 거잖아…! 벌써 2주나 학원이다 친척 집이다 해서 빠졌잖아. 수경이 너 지금 집에서 통화하는 거지? 선생님이 지금 갈까?"

아뇨. 오지 마세요. 안 들어도 뻔했다. 학습지 하는 초등학생들은 대개가 버르장머리 꽝인 녀석들이 대부분이다. 모두가 지들 맘이라 그녀는 늘 초죽음이다. 그놈들은 엄마가 바퀴벌레를 맨손으로 때려잡고 나한테 폭군 노릇을 하는 엄마를 모른다. 나한테 하듯 한 번만 으르렁거리면 고양이 앞에 생쥐 꼴이 될 텐데. 밤톨만 한 놈들이!

하지만 어느새 엄마는 사정하듯이 아이에게 매달린다.

"친구들은 나중에 만나도 되잖아. 되도록 수업 빨리 끝내줄 테니까 선생님 갈 동안 밀린 교재 풀고 있어. 참 어머니한테 이번 달 회비 좀 챙겨 달라고 말하고."

저 아이는 아마도 엄마랑 수업을 하기 싫은 모양인가보다. 하긴 나도 저 나이 때 학습지 정말 하기 싫어했지….

통화를 마치고 엄마는 검은 가죽가방에서 차키를 꺼냈다.

"지금 가려고?"

"…"

"안 갈려는 사람 억지로 끌고 와서 이게 무슨 매너야!"

서운한 목소리로 내가 엄마에게 묻자, 엄마는 무뚝뚝한 표정을 지으며 내게 말했다.

"수경이가 2주 동안 수업을 빠져서 말이야…. 가봐야 할 거 같아. 가면서 엄마가 미리 계산할게. 너도 맛있게 먹어. 집에 가면 내일 시험 볼 꺼 공부도 열심히 하고."

"아 뭐야! 이럴 거면 처음부터 외식하자고 하지를 말던가. 궁상맞게 나 혼자 먹기 싫단 말이야!"

계속되는 내 투정에 엄마의 표정은 점점 험악하게 굳어졌다. 두툼한 손으로 갑자기 내 귀를 확 잡아당기더니 엄마는 낮은 목소리로 중얼거렸다.

"남은 갈비는 집으로 싸 와라!"

협박하듯 내 어깨를 두어 번 두드리고는 엄마는 빠른 걸음으로 식당을 빠져나갔다. 미끄러지듯 빠르게 도로로 빠져나가는 회색빛 엄마 차를 물끄러미 바라보고 있으니 종업원이 대신 조르르 달려와 불판 위에 갈비를 구웠다. 예전에 아빠랑 엄마랑 오면 아빠는 고기만 굽고 있고 엄마는 구워진 고기를 정신없이 집어 먹었었지…. 그런데 지금은, 고기 맛 떨어지게 이게 무슨 궁상이람!

난 마치 나쁜 기억을 떨어내 버리기라도 하듯 고개를 세차게 흔들고는 정신없이 갈비를 집어 먹었다. 아무리 먹성이 좋은 나라도 돼지 갈비 3인분을 혼자 해치우기엔 무리였다. 고기를 싸달라고 하기가 괜히 창피해서 어떻게든 3인분을 다 먹어치울 생각이었는데….

결국 나는 냄새나는 갈비를 들고 어슬렁어슬렁 집으로 향하고 있었다. 졸음이 밀려오는 그때 주머니에서 핸드폰 진동이 울렸다.

"여보세요?"

"나야 경은이! 내가 오늘 학교에서 저번에 빌린 니 영어 노트를 주려고 했는데 깜박 잊어버리고 너 못 줬어. 미안해서 어쩌지?"

사실 나는 빌려준 다음 날부터 까맣게 잊고 있었지만 대충 얼버무릴 수밖에 없었다. 어떻게 그런 기본적인 것을 까먹을 수 있을까 하는 자책보다 그런 생각을 하며 나를 한심하게 생각할 친구 모습이 더 끔찍했다.

"그래 나도 너한테 전화하려고 했었어… 그 공책이 지금 필요하거든…."

"재은아 지금 우리 집으로 영어 공책 가지러 올 수 있어? 내가 있다가 또 어딜 가야 해서…."

"지금?"

난 이상을 찌푸리며 내 왼손에 들려있는 갈비 봉지를 바라봤다.

"…알았어."

전화를 끊으며 내 머릿속에는 경은이네 이층집이 떠올랐다. 까무잡잡하고 왜소한 몸집과는 달리 경은이는 꽤 잘사는 부잣집 딸이었던 것이다. 경은이 아빠는 대기업 이사라고 했다.

윗사람에게 안 좋은 소리라도 들은 날에는 밤새 잠도 못 이루며 걱정하던 소심한 우리 아빠와는 레벨이 다른 사람이었다. 더구나 우리 아빠는 이사명함과는 비교도 안 되는 과장에다 이미 명퇴한 실직자고 가출까지 한 남자가 아닌가. 아니 더 화려한 현재의 경력은 지금 그가 어디에 있는지도 모른 채 행방불명 상태란 거다. 난 냄새나는 갈비 봉투를 보면 억척스러운 학습지 아줌마와 소심한 과장님이 떠오를 거 같단 생각에 나도 모르게 갈비 봉지를 쓰레기통에 처박아 버리고 말았다.

간신히 우울한 마음을 털고 지하철을 타러 가는데 계단 중간쯤에 장님이 하모니카를 불고 있는 모습이 보였다. 얼굴의 반 정도를 덮는 커다란 선글라스에 카키색 벙거지 모자, 입 주위에 지저분하게 난 덥수룩한 수염을 보고 난 왠지 눈을 뗄 수 없었다.

회사에서 잘리고 집을 나간 소심한 과장님이 지금쯤 저런 모습으로 지내고 있지 않을까? 몸도 약하고 젊음도 다 뺏겨버린 아빠가 나가서 생계를 유지하는 방법은 저 방법밖에는 없어 보였다. 새로운 일자리를 찾았다면 벌써 집에 들어왔겠지. 붕어빵이랑 땅콩 통닭 같은 걸 사 가지고 그저 조용조용 벨을 누르고 '우리 공주 공부 잘했지?' 하며 퇴근하듯 들어오셨을 것이다. 하지만 그는 지금 없다.

아저씨 앞에 놓인 바구니에는 100원짜리와 10원짜리 동전 몇 개밖에 없었다. 작고 꾀죄죄한 노란색 바구니가 더없이 초라해 보인다. 세상 참 각박하기도 하지. 저걸로 한 끼 식사나 제대로 할 수 있겠어? 마음 같아서는 주머니에 있는 이천 원을 꺼내 바구니에 내려놓고 싶었지만, 그 돈만은 경은이 집에 갈 차비였기 때문에 죄송스러운 맘을 뒤로하고는 남은 계단을 내려왔다.

경은이네 이층집은 아담하면서도 여유가 있어 보이는 집이었다. 따가운 여름 햇살을 받고 있는 하얀색 집은 활기차고 당당해 보였다. 집 앞에는 있는 작은 정원도, 높지도 낮지도 않은 담장도, 닭장 같은 우리 집과는 다른 분위기였다,

초인종을 누르자 경은이 엄마로 보이는 40대 중반의 아줌마 목소리가 인터폰을 통해 들려왔다.

"누구세요?"

"경은이 친구인데요. 경은이 만나러 왔는데."

내 말이 끝나기 무섭게 하얀색 정장 차림에 짙은 화장을 한 아줌마가 걸어 나와 대문을 열어줬다. 웃는 모습이 마치 내가 VIP 손님이라도 되는 것처럼 부드럽게 반겨 주었다.

"지금 경은이한테 뭐 좀 사 오라고 마트에 보냈는데. 경은이 금방 오니까 들어와서 잠깐 기다리렴."

아줌마는 살짝 미소를 지어 보이시며 친절하게 말씀하셨다. 그녀는 분명 우리 집의 엄마와는 완전히 품종이 다른 종족 같아 보였다. 파티드레스 같은 옷에 반짝이는 목걸이. 귀걸이를 단 모습은 진짜 귀족 부인이 바로 나라는 듯이 거만하고 당당했다.

"네."

난 고개를 꾸벅 숙이고는 아줌마를 따라 집 안으로 들어갔다. 후덥지근한 바깥과는 달리 시원한 에어컨 바람과 향기가 집안을 감쌌다. 현관에 들어가니 낯익은 구두 하나가 깔게 위에 놓여 있었다. 난 신발을 조심스럽게 벗고 집 안으로 들어갔다. 집안은 깔끔하게 정리되어 있었다. 아이들의 학습지와 옷가지들로 잔뜩 어질러진 우리 집과는 전혀 다른 모습이었다.

"화장실 옆에 있는 방이 경은이 방이야."

경은 방에 들어가니 책상 위에 내 영어 노트가 놓여 있었다. 그래도 경은이 얼굴은 보고 가야겠단 생각에 경은이 침대에 걸터앉아 있는데 열린 방문 사이로 경은이 아줌마의 목소리가 들려왔다.

"선생님 더운데 이것 좀 드시고 가세요."

"어머 뭐 이런걸…. 잘 먹을게요. 수경이 어머니."

나는 깜짝 놀랐다. 분명 엄마의 목소리가 들렸기 때문이다. 더구나 수경이는 아까 엄마가 식당에서 통화하던 학생 이름이었는데! 난 문틈 사이로 가까이 다가갔다. 거실에 있는 탁자 쪽에 앉아 주스를 들이켜고 있는 엄마의 모습이 보였다. 그때야 나는 현관의 그 낯익은 구두가 엄마의 신발이라는 것을 알았다. 엄마가 지금껏 경은이네 동생을 가르쳤단 말이야? 나는 순간 얼굴에 바퀴벌레가 까맣게 달라붙은 것 같은 징그러움과 공포감 속에서 몸서리쳤다. 충격 속에 떨리는 손톱을 물어뜯으며 초조하게 거실을 바라보고 있을 때

"오늘 정말 덥네. 에어컨을 아무리 낮춰도 시원하질 않아요."

경은이 엄마가 중얼거리며 거실을 휘둘러 보더니 갑자기 내 쪽을 쳐다봤다. 나는 재빨리 문을 닫고 경은이 침대에 엎드렸다. 몸이 떨리다 못해 커다란 얼음 상자처럼 차갑게 굳어졌다.

"얘 문 좀 열어줄래! 주스 가져 왔어."

나는 꽝꽝 얼어붙어 움직일 수 없었다. 창문으로라도 달아나고 싶은 심정 때문에 답답하고 숨이 막혔다. 그때 문이 열리며 쟁반에 주스를 들고 경은이 엄마가 들어 왔다.

"너도 더워서 짜증 나는 구나 거실 에어컨이 더 시원한데 나가서 기다릴래?"

"아뇨. 그냥 여기서 기다릴게요."

"그래? 기다리다 더우면 거실로 나와."

생긋 미소를 지으며 아줌마는 경은이 책상에 주스를 놓았다. 아줌마가 방문을 닫고 나가자 난 재빨리 문에 귀를 바짝 댔다.

"큰딸 친군데. 한사코 방에서 기다리겠다고 하네요. 불편해서 그런가."

"아 수경이 위에 딸이 또?"

"예. 고3이에요. 수경이랑 나이 차이가 좀 나요."

"어머 제 딸이랑 나이가 같네요. 어디 학교 다녀요?"

"제일 고등학교 다녀요."

"어머 학교도 같네. 몇 반이에…."

"저 선생님."

엄마의 말허리를 자르고 아줌마의 차분한 목소리가 들렸다.

"학습지 다음 달부터 끊을까 하는데."

아줌마의 말 이후로 침묵이 이어졌다. 나는 엄마가 곧 내 방문이라도 왈칵 밀어젖힐 것만 같은데 한동안 엄마의 말소리는 들리지 않았다. 한참이나 아무 소리도 없자 궁금해진 나는 참지 못하고 슬쩍 방문을 열었다. 문틈 사이로 본 거실에선 먹고 있던 주스를 탁자에 내려놓고 가라앉은 목소리로 이유를 묻는 엄마의 모습이 보였다.

"네? 갑자기 왜…."

"아무래도 학습지가 수경이에게 별 도움이 되지 않는 거 같아서요."

아줌마의 대답에 엄마는 답답한 듯 주스를 들이켜더니 말을 꺼냈다.

"그래도 1년 동안 잘하다가 갑자기 끊는 것…."

엄마의 끈질긴 질문에 경은이 아줌마는 한숨을 푹 내쉬더니 팔짱을 끼고는 못마땅한 말투로 말했다.

"수경이가 학습지 선생님이 바뀐 뒤로는 교제도 밀리고 진도도 예전처럼 안 나가기에 이유를 물어봤어요. 그랬더니 수경이가 선생님이 초등학교 5학년 문제도 제대로 풀어주지 못한다고 하더군요. 설명도 잘 이해가 가질 않는다고 하고."

경은이 아줌마의 말에 엄마는 기분이 상한 듯 얼굴빛이 어두워졌다. 그러나 다시 환하게 웃어 보이며 사근사근한 목소리로 말했다.

"그럴 리가요. 오늘도 수업했는데 수경이가 제 설명 듣고 교재도 잘 풀어놓던데요."

"이번 것은 복습 단원이어서 학교랑 학원에서 배워놓은 거라 잘 푸는 거겠죠. 그리고 1년 동안 해봤지만, 공부 능률도 별로 오르지 않는 거 같고 그래서 다른 과외를 한번 해 볼까 생각 중이에요."

"어머니 학교나 학원에서 학습한 내용을 학습지로 복습을 해줘야 공부한 내용을 잊어버리지 않고 잘할 수 있는 거예요. 그리고 수경이는 계산력이 부족해서 계속 많은 문제를 풀어줘야…."

"선생님 제가 약속이 있어서 지금 나가봐야 하거든요? 그동안 수고하셨어요."

더 이상 듣기 싫다는 듯이 아줌마는 엄마의 말을 잘랐다. 그러고는 낙담하는 엄마에게 회비 봉투를 건넨 뒤 안방으로 들어갔다. 엄마는 잠깐 빳빳한 나무토막처럼 서 있다가 한숨을 푹 내쉬고는 현관문을 열고 나갔다.

머리한 구석이 지끈지끈 아파져 오기 시작했다. 문틈으로 엄마의 초라한 모습을 본 사실이 날 혼돈 속으로 밀어 넣고 있었다. 나는 내 스스로를 어떻게 해야 할지 알 수가 없었다.

치욕과 분노 억울함 같은 것이 뒤섞여 뱃속에서 끓어 오르고 있었다. 끊겠다고 하면 그냥 알았다고 하고 끝내면 되잖아. 5학년짜리 문제도 제대로 풀어주지 못한다는 자존심 상하는 소리를 듣고도 구차하게 계속 학습지를 권유하다니. 그것도 내 친구 엄마한테. 실적이 그렇게 중요해? 저러면서까지 저 일을 꼭 해야 하는 거야?

아냐 어떻게 경은이 엄마가 우리 엄마에게 저렇게 매정하게 그럴 수 있어. 왜 경은이 엄마는 우리 엄마를 하인 대하듯 막 대하는 거야? 우린 왜 이렇게 비참하게 살아야 하는 거냐고?

순간 나를 만나기 위해 달려올 경은이 생각이 내 머리를 스쳤다. 나는 무서웠다. 나는 재빨리 경은이의 책상에서 영어 노트를 집어 들고 발소리가 나지 않게 조심조심 거실을 빠져나갔다. 현관에서 소리가 나지 않게 신발을 갈아 신고는 그대로 달렸다. 정원을 지나칠 때 대문을 열고 들어오는 경은이의 모습이 보였다··

"재은아!"

경은이가 날 보고는 반갑게 인사를 하며 내게 다가왔다.

"어···"

"나 기다리다 가는 거니 미안해 정말 여기까지 오게 하고."

경은이가 너무나 미안한 표정을 지으며 말했다.

"아냐 나 그럼 가 볼게."

억지로 미소를 지어 보인 나는 빠른 걸음으로 경은이의 집을 벗어났다.

집으로 돌아왔을 때 난 온몸에 힘이 빠져나가는 느낌이 들었다. 지하철 계단을 뛰고 신호등을 건너고 집에 오기까지 나는 아무런 기억을 할 수 없었다.

방에 들어가 차가운 방바닥에 엎드려 버렸다. 멍하게 방바닥을 바라보고 있는데 검은 바퀴벌레 한 마리가 장롱 밑으로 빠르게 지나갔다. 순간 온몸에 소름이 돋는 듯 분노가 치밀어 오른 나는 벌떡 일어나 바퀴벌레를 향해 손바닥을 힘껏 내리쳤다.

"탕 탕"

연이은 두 번의 손바닥 때리기에도 아랑곳하지 않고 바퀴벌레는 여유있게 장롱 밑으로 들어가 버렸다.

3억 5,000만 년 동안 지구 위를 기어 다니면서 생명을 이어오고 번식을 거듭했다는 바퀴벌레. 바퀴벌레는 지금까지도 수없이 많은 멸종의 위기를 넘기고 진화를 거듭해 왔다고 한다. 질긴 종족들-

그녀도 진화한 걸까? 비겁하고 초라하더라도 생존하기 위해? 이것은 어쩌면 엄마에 대한 실망감과 수치심을 감추기 위해 내 자신을 위안할 수 있는 유일한 변명일지 모른다.

토요일 오후, 난 마지막 시험을 보고 집으로 향했다. 옆에서 내 눈치를 보며 아무 말이 없던 경은이가 조심스럽게 내게 물었다.

"시험 망쳤니? 시험 기간 내내 기분이 안 좋아 보여."

"항상 망쳤는데 뭘."

내가 퉁명스럽게 말하자 경은이의 얼굴에는 당황한 빛이 역력했다. 내가 시험을 망친 것이 자기 때문은 아닌지 걱정하는 거 같았다··

"괜찮아 생각보다 나쁘진 않아 넌 저쪽 길로 가야 하지? 잘 가."

난 쓴웃음을 지으며 황급해 화제를 돌렸다. 경은이에게 작별인사를 한 뒤 느릿느릿하게 집으로 향했다. 경은이를 볼 때마다 며칠 전 엄마에게 단호한 목소리로 말하던 경은이 엄마의 모습이 떠올랐다. 경은이 아줌마도 아닌 그 귀족 부인도 바퀴벌레를 본다면 더럽다고, 징그럽다고 바퀴벌레에게 살충제를 뿌리겠지? 당연한 거다. 그래도 잔인하다. 살충제를 뿌려도 어차피 바퀴벌레를 다 죽일 수는 없다. 살충제를 견디고 끝없이 진화하는데 인간은 그걸 막지 못한다. 그게 무섭다. 자꾸 사람들에게 나에게 끔찍하게 보일 만큼 진화할까 봐 그게 두렵다.

집으로 돌아오니 엄마는 기다렸다는 듯 외출복으로 갈아입고 쇼파에 앉아 있다. 엄마가 날 바라보며 말했다.

"빨리 옷 갈아입어."

"차 타고 가면 30분밖에 안 걸리잖아. 지금 나가게?"

"토요일 오후라서 차 많이 막혀. 그냥 지하철 타고 갈 거야."

지하철? 난 문득 며칠 전 계단에서 보았던 장님 아저씨가 떠올랐다. 그때 돈을 못 넣어드려서 마음에 걸렸었는데…. 방으로 들어간 나는 지갑에서 만원을 꺼내 바지 주머니에 넣었다.

퇴근하는 사람들로 거리는 많이 붐볐다. 지하철 계단을 내려다보니 예전과 같은 위치에 앉아 있는 장님 아저씨가 보였다. 나는 천천히 계단을 내려가는 엄마를 뒤로하고는 빠르게 계단을 내려가 장님 아저씨 앞에 섰다. 노란색 바구니를 바라보니 오늘도 역시나 천 원짜리 한 장과 10원짜리 동전 몇 개가 놓여 있었다. 나는 주머니에서 만원을 꺼내서 바구니에 넣었다.

"뭐 하는 거야?"

어느새 엄마가 다가와 차가운 표정을 지으며 말했다.

"아저씨가 아파 보이잖아."

나는 엉겁결에 이상한 변명을 하고 말았다.

"이런 데 돈 쓰라고 내가 너 용돈 준 거니?"

"엄마 도대체 왜 그래? 불쌍한 사람한테 만 원 주는 게 그렇게 아까워?"

나는 그 돈을 도로 집으려는 엄마를 가로막고 따지듯 물었다.

"니가 무슨 자선사업가라도 돼? 엄마는 안 불쌍해 보여? 너 내가 그 돈을 어떻게 버는지 알기나 해?"

"아빠 같아 보였어. 우리 아빠 말야!"

내가 울컥 올라오는 눈물을 참으며 소리를 지르자, 엄마의 표정이 차갑게 굳어졌다.

"뭐?"

"돈 한 푼도 없이 집 나간 아빠가 지금 뭐 하고 있을 거 같아? 능력은 없고 나이는 많고 몸은 약해빠지고, 남한테 싫은 소리 한 번 못하는 소심한 아빠가 새로운 일자리를 구했겠어? 막노동을 하겠어?

"네 아빠가 눈이 멀었니? 죽을병이라도 걸렸어? 그런 식으로 말 하지 마!"

장님 아저씨는 만원을 두고 다투는 우리의 소리를 들었는지 바구니 속의 돈을 가져가지 않고 있었다. 나는 장님 아저씨가 그 돈을 얼른 집어가 주기를 바랐다. 그 기원이 통했는지 가만히 앉아만 있던 아저씨가 만원을 잡으려고 손을 내밀었다. 그 순간 엄마도 달려들어 그 돈을 빼앗으려 했고 돈은 엄마와 아저씨의 손에서 찢어질 듯 팽팽하게 당겨지고 있었다.

"아저씨! 이거 못 놔요?"

엄마가 소리를 지르며 강한 힘으로 만원을 잡아당기자 팽팽했던 만원은 순식간에 반쪽으로 쭉 찢어졌다.

"제발 그만해 엄마!"

찢어진 만원 반쪽을 꼭 쥐고 있는 엄마의 모습을 난 더 이상 바라볼 수 없었다.

"아까 나한테 엄마가 안 불쌍해 보이냐고 물었지? 엄마 불쌍해. 지금 엄마 모습 불쌍하고 비참해 보여. 나도 엄마가 초등학교 5학년짜리 수학 문제도 못 푼다는 소릴 들으면서 일하는 모습 알아! 그일 하지마, 내가 학교를 그만둬서라도 그 돈 벌 테니까 제발 그렇게 살지 말란 말이야! 그런 엄마의 모습을 바라본 내 기분은 생각해 봤어? 엄마가 창피해! 아니 더러워! 자존심도 팽개치고 사는 모습이 추하고 더럽단 말이야!"

내 말에 충격을 받은 듯 엄마는 그 자리에서 굳어버렸다. 손에 쥐어진 반쪽짜리 만 원이 힘없이 차가운 계단바닥으로 떨어졌다. 난 엄마에게 몸을 돌려 빠르게 계단을 올라갔다. 엄마가 초라하고 인정머리도 없는 매몰찬 사람으로 느껴졌다.

열쇠가 없는 나는 집 앞 놀이터로 향했다. 나는 혼자 시소에 앉았다. 혼자 올려주고 내려주고 하는 사이 어느샌가 아빠가 마주 앉아 있다. 우리 재은이 많이 컸다. 이젠 내가 가볍네 이 세상에 이렇게 예쁜 뚱보가 있을까! 아빠는 그렇게 말하고 있었다.

"아빠 왜 이렇게 가벼워졌어?'

아빠는 가벼워지지 않았어요. 우리 재은이 엉덩이가 빵빵하게 부픈 거지. 우리 재은이 시험 끝나면 다이어트 좀 해야겠다. 아빠랑 시소도 못 타겠으니 말이야. 우리 재은이에게 애인 생기고 또 시집가면 엄마는 누구랑 살지.

"아빠랑 살면 되잖아"

"…"

갑자기 주머니에 있는 핸드폰이 시끄럽게 울려댔다. 아마 엄마일 것이다. 난 인상을 찌푸리며 핸드폰 배터리를 빼서 놀이터 모랫바닥에 던져버렸다. 하늘에 어느새 밤 별들이 반짝이며 시끄러운 도시 하늘을 빛내고 있었다. 놀이터 그녀에 걸터앉아 고개를 푹 수그렸다. 가만히 고개를 숙이고 있는데 내게로 사람 그림자가 드리워졌다.

고개를 올려다보니 지하철 계단에 있던 장남아저씨가 핸드폰 배터리와 반으로 찢어진 만 원짜리 두 장을 들고 계셨다.

"아저씨는… 눈이 안 보이지 않나요? 어떻게 여길 오셨어요?"

내 물음에 장님 아저씨가 얼굴의 반을 덮고 있던 선글라스를 벗었다.

"현실이 저주스러워 눈이 멀기를 바라긴 했지만, 눈이 아주 멀지는 않았어."

내 옆에 있는 그네에 걸터앉으며 걸걸한 목소리로 아저씨가 말했다. 옆에서 풍기는 술 냄새에 난 인상을 찌푸리며 퉁명스럽게 물었다.

"만원에 눈이 떠진 건 아니니까 고마워하진 마세요."

"니 말대로 거리에는 구걸하는 실직자들이 많아. 그렇지만 너희 아빠는 나처럼 장님 행세를 하면 구걸을 하지는 않을 거야."

"아저씨가 어떻게 그걸 확신할 수 있죠? 저희 아빠를 본 적도 없잖아요."

"잠을 자려고 밤에 어떤 역을 들어갔을 때 여고에 다니는 자기 딸을 그리워하던 사람을 본 적이 있어."

"…"

"아주 많이 가족을 사랑한 모양이야. 술에 취해 있었는데 2시간 동안 자기 가족에 대한 이야기만 늘어놓더라고. 넌 아직 학생이라 모를 수도 있겠지만, 사람은 술을 먹었을 때 제일 솔직해지는 법이거든."

아저씨가 덥수룩한 수염을 만지작거리더니 씩 웃어 보였다.

"그 사람은 다시 가족에게 돌아가고 싶어 했어. 가족을 정말 사랑한다면 가족과 다시 행복하게 살고 싶은 마음이 있다면 열심히 새 일자리를 찾으려고 노력할 꺼야. 나처럼 하루 이틀 세상의 먼 구석에서 살다 아주 망각하는 사람도 있지만, 너희 아빠라면 아무리 나이가 많고 능력이 없고 소심하더라도 가족들에게 돌아 갈 거야."

"…"

"그리고…. 엄마한테 잘해드려 그래야 아빠가 돌아갈 가정이 있지 않겠니."

"아저씨도 보았잖아요. 저희 엄마는 불쌍한 사람한테 만 원 주는 것도 벌벌 떠는 사람이고, 거짓말도 밥 먹듯 해요. 공부 못하는 애들 점수 막 올려주고요. 못해도 잘한다고 다 거짓말 쳐요. 그렇게 엄마의 변해버린 모습을 보면 엄마가 꼭 생존을 위해 진화한 바퀴벌레로 보여요. 정말 엄마가 창피해요."

내가 질렸다는 표정을 지으며 말하자 아저씨가 빙그레 미소를 지으며 말했다.

"악착같이 버텨주는 엄마한테 고맙게 생각해야지. 딸인 너까지 엄마를 부끄럽다고 생각하면 너희 엄마는 세상의 무게를 견디지 못하고 쓰러져서 밟혀버릴지도 몰라."

아저씨는 반으로 찢어진 만원과 핸드폰 배터리를 쥐여주며 말했다.

"설교 끝. 이건 잘 붙여서 엄마한테 보여드리고 얼른 엄마한테 전화해 알았지."

난 배터리가 끼워진 핸드폰을 가만히 바라보았다. 핸드폰 화면에 불이 계속 깜박였다.

고독한 진화 때문에 지금쯤 지하철에서 울고 있을지도 모를 엄마를 저 혼자 호출이라도 하겠다는 건지 핸드폰은 계속 깜박이고 있었다.

〈끝〉

당선

제1227호 2005년 10월 10일 월요일

2005 최명희청년문학상 : 대학부 시

나무는 박동을 가지고 살아간다

· 이정민 (서강대 국문과 3학년) ·

나무를 안고 있으면
나무의 박동들이 들려온다
잠드신 어머니의 손목을 조용히 짚어보듯
가지의 어디라도 가만 잡고 있으면
푸른 맥이 살아 숨 쉰다
나무의 몸 어디쯤에선가 쿵쿵 뛰는
심장을 듣는 것이다
새들도 가지 위에 앉아 나무의 박동을 들으며
잠들고 꿈을 많이 꾸는 나무일수록
싱싱한 박동을 가지고 있다
나무가 촘촘한 꿈을 꾸면
꽃이 핀다는 사실은
숲에서 놀랄만한 일이 아니다
나무의 몸속에 살고 있는 푸른 어둠이
아주 먼 곳에 사는 생의 박동들을 불러오는 것이다

나이테 모양의 귀를 나무에 갖다 대면
꽃이 되려고 천천히 불고 있는
나무의 뜨거운 피들이며 진한 박동들이 느껴진다
나무꾼이 전기톱을 깊숙이 살 속에 갖다 댈 때마다
꽃이 되려 했던 이 나무의 박동들은
퍽퍽 밖으로 튀어 오른다
그러나 건강한 박동을 가진 나무의 예민한 힘이
부러진 가지의 길을 다시 만들고
살 속의 향기를 만들고 꽃을 다시 피운다
나무는 박동을 가지고 살아간다

당선

제1227호 2005년 10월 10일 월요일
2005 최명희청년문학상 : 고등부 시

그 선지국집

· 이혜미 (안양예고 3학년) ·

1.
죽은 피를 수혈받으러 간다.

2.
지나던 세월이 갇혀 있는
중앙시장 골목 어귀
녹슨 간판 내건 선짓국 집에 갔다

얼룩진 앞치마를 둘러매고
손님보다 먼저 취해버린 그 여자가 있다
여자의 사내가 술병을 부수며 피 묻은,
돈 쪼가리가 든 앞치마를 빼앗아 갔다

붉어진 얼굴로 여자가 선짓국을 내온다
알맞게 굳은 피는 말랑하다

상처를 울궈낸 비릿하고 어두운 맛
죽은 피가 다시
새 피를 만들고 살을 만드는 아득함,
한 그릇의 선짓국에서는
살 없이 피와 응엉리만 부대끼고 있다

여자의 앞치마는 늘 새것으로 바뀌지만
아무리 양념해도 사라지지 않는 피내음처럼
핏자국은 곧 다시 번진다
꼭 눈물 맛만큼 간해야 맛있다더라,
매일 아침 죽은 피를 응고시키며
눈물마저 함께 굳어버린, 그 여자
가끔은 세상보다 먼저 취해
마음의 깊은 생채기를 쓰다듬으며
선짓국에 때로 제 비린 삶을
섞어 내기도 하는 여자

3.
죽은 피가 산 몸으로 흘러드는 찰나,

최명희
청년문학상

•

2001~2008

대목

· 이승철 (안양예고 3학년) ·

"쯧쯧"

유상은 혀를 끌끌 차며 제 골격을 드러내고 있는 고가를 바라봤다. 도대체가 생각부터가 글러 먹었다. 문화재를 보호한다면서 재개발을 위해 조심스럽게 철거 작업을 하라니, 건드리지 않는 것이 최선 아닌가, 경기 어딘가로 그대로 복원한다고는 하지만 근 백여 년 동안 집을 떠받치고 있는 환경 그대로는 복원이 불가능할 것이었다. 70년을 한 환경에 적응해 온 집이 다른 곳으로 가면 어떻게 될지 불 보듯 뻔했다. 아무리 반대를 해도 돌아오는 대답은 '어찌할 수 없다' 였다. 문틀과 회벽을 다 걷어낸 집은 마치 해골을 보듯이 을씨년스러웠다. 어쩌자고 이런 번듯한 집을 옮길 생각을 하는 건지 알 수가 없었다. 아직 기울어짐도 없이 튼튼히 집을 바치고 있는 초석 하며 동란이 나기 전 강원도에서 공수해 온 잘 뻗은 강송까지, 아직까지 십년은 서까래 하나 어긋날 염려가 없을 만큼 잘 지어진 집이었다. 그런 집을 헐어 내라니, 이 땅에 제대로 지어진 집 한 채가 날아가는 순간이었다. 이렇게 잘 뻗고 건조가 잘 된 강송은 이제 대한민국 어디에서도 볼 수가 없었다. 동란이 일어나고 이십여

년, 쾌청한 가을날 강원도 두메산골에서 벌목하여 잘 말려 직접 서울로 공수되어 온 최고급 강송, 대들보 하나에 좌수가 한 자리라는 말은 이미 옛말이고 편백이나 미송이 그 자리를 차지한 지 오래였다. 가격은 강송에 비할 대가 없이 싸나 물이 많고 뒤틀림이 심해 웬만해선 쓰지 않았던 것들이 버젓이 표준으로 자리 잡고 있는 작금의 현실에 유상은 그저 서글픈 뿐이었다. 이 정도로 잘 지어진 집은 전국에서도 그 수가 얼마 되지 않을 것이다. 서까래 하나에조차 곰팡이는커녕 뒤틀림 하나 없는 나무들, 콩댐 이외에는 다른 칠은 하지도 않아서 갓 치목하여 지은 집인 듯 은은한 향기가 기둥 곳곳마다 스며 있었다. 밖에선 어디서 냄새를 맡고 왔는지 혹시 뒷문으로 슬쩍 나오는 고재 하나 없나 하고 구재상들이 눈에 불을 켜고 기다리고 있었다. 해체하며 나온 잡다한 목제들은 곧 팔려나갈 것이다. 누구라도 고개를 끄덕일 만한 최고급 목제기에 그만큼 노리는 자들이 많았다. 심사가 뒤틀린 유상은 시선을 딴 곳으로 돌렸다. 어제 기와를 들어냈고 오늘은 서까래와 대들보를 들어낼 것이다. 공사는 착착 진행되고 있었다. 오늘 지붕만 들어낸다면 나머지 공사는 3일 안에 끝날 것이다. 서까래들이 하나하나 조심스럽게 나오고 있었다. 휘거나 뒤틀린 것, 혹은 옹이가 있는 것은 하나도 발견되지 않았다. 서까래 정도야 그리 좋은 것을 치목하지 않아도 될 터인데 역시나 올곧은 강송이었다. 얼마나 공을 들여 만든 집인지 짐작이 갔다. 편수 정철에게 절로 고개가 숙어졌다. 한 시대를 풍미한 대목의 솜씨를 확인하게 된 것이 이번 작업의 소득이라면 소득이었다. 그리고 그 앞에서 한없이 작아지는 자신을 바라볼 수 있었다. 같은 대목이라도 이다지도 실력의 차이가 클 줄이야, 공사 시작부터 짐작은 했었지만 작은 아귀에서 조차도 빈틈이 없이 딱딱 맞아떨어졌다. 당대 최고 대목의 솜씨란 이런 것이었다. 같은 목제로 집을 지어 보라 해도 이렇게는 못 지을 터였다. 비슷하게 지을 자신도 없는 정철 최고의 작품이 자신 앞에서 해체되고 있었다. 누가 이 집이 쓰러질 것이라고 상상이나 했겠는가, 끝까지 반대를 못 한 자신이 원망스러울 뿐이었다. 이런저런 생각을 하며 멍하니 서 있던 유상에게 상량문을 들어낸다는 소목의 목소리가 들렸다.

"상량을 내리겠습니다."

어느새 서까래는 다 내려지고 대들보만이 기둥 위에 놓여 있었다. 이미 내려온 마루도리에서 상량문이 보였다. 대들보도 곧 기중기에 걸려 땅으로 내려왔다. 내려온 대들보와 마루도리를 기점으로 인부들이 둥글게 원을 만들었다. 대들보를 이리저리 쓸어본 유상은 감탄했다.

"과연 정철이다."

대들보는 완벽했다. 나무의 결이 생생하게 느껴지는 것이 대패공의 실력을 대변해 주고 있었다. 서까래들보다 색도 붉고 탄력도 좋았다. 압록강 홍송이었다. 남북이 갈린 지금 구할 수도 없는 압록강 홍송, 이렇게 곧고 탄탄하게 자랄 나무는 그것밖에 없었다. 부지런히 대들보의 상태를 점검하던 중에 같이 딸려 나온 마루도리에 가 닿았다. 丁未年六月九日申時立住上梁(정미년유월구일신시입주상량), 應天上之五光(응천상지오광), 備地上之五福(비지상지오복)

딱 칠십 년째였다. 익히 알고 있던 사실이라 대수롭지 않게 넘기는데 반대편 모서리에 또 다른 글귀가 있었다.

龍 海 鬼(용 해 귀) 大木 李勍元 築組(대목 김경원 축조) 반대편 모서리 끝쪽에 새겨진 아주 조그마한 글귀였다. 이게 무슨 말인가? 유상은 잠시 멍해졌다. 원래 목수의 이름이 잘 올라가지 않는 상량문에 축조인 이름을 기입한 것도 이상하거니와 당연히 정철이 지은 집 상량에 경

원이라는 이름이 나오다니 무슨 일인지 짐작이 가지 않았다. 게다가 대목이 아닌 다른 이름이 올라가 있는가? 목수 중 누가 장난을 친 것이 아닐까 하는 생각도 해 보았지만, 편수 앞에서 감히 일개 목수 따위가 장난을 치는 것은 절대 불가능한 일이었다. 유상이 상량문을 계속 쳐다보고 있으니 이상함을 느낀 목수들이 상량문을 쳐다보기 시작했다. 경원이란 사람은 누구이며 어째서 감히 편수의 상량문에 이런 짓을 할 수가 있었던 말인가, 일단 영철은 상량을 지고 일어섰다. 좋은 나무라도 일단 상량을 올릴 것이고 그러면 문화재청 창고에 넣어져 나올 일이 없는 상량을 먼저 가져가 며칠 본다고 해서 문제 될 것이 없었다. 어차피 작업도 끝날 시간이었고 유상은 상량을 지고 문화재청 서고로 발길을 재촉했다.

과연 서고의 인사기록명부에는 경원이라는 이름이 있었다. 경남 진주 출생 소목이란 것까지는 확인 했으나 다른 것은 알 길이 없었다. 재령 이씨 출생으로 정철의 제자로 있었던 것 외에는 전혀 정보가 남아 있지 않았다. 짐작하건대 대목을 못될 소목이 평생을 전전하다 사라진 듯했다. 그런 사람이 왜 상량문에 올라 있단 말인가 이미 죽은 사람을 붙잡고 물을 수도 없는 것이었다. 그렇게 맥없이 책장을 덮으려던 정철의 눈에 이상한 점이 보인 것은 그때였다. 접히는 책장의 행에 반복되어 쓰인 재령 이씨라는 글귀, 같은 장에 같은 성씨의 사람이 두 명, 드문 일이었다. 재빨리 다시 책장을 넘기던 유상의 눈에 원호라는 이름이 보였다. 재령 이씨 출생으로 경원의 제자라는 말의 설명에 호기심이 일었다. 역시나 그도 대목 명부에는 이름이 올라 있지 않았다. 출생 연도는 戊戌(무술)년 이니 경원보다는 배분이 한참 아래였던 소목이었다. 유상은 궁금했다. 그는 대목이었고 같은 대목이 지은 집 상량문에 전혀 다른 사람이 올라와 있었다. 대목의 고유 권한을 침범한 연유가 무엇인지 알고 싶어졌다. 그러기 위해서 최소한 경원이란 인물과 연관이 되는 사람이 필요했다. 그렇게 찾은 원호라는 인문, 그는 책장을 덮었다. 죽었든 살았든 간에 일단 찾아보고 볼 일이었다.

고속도로란 것이 완공되고 나니 상당히 편했다. 청에서 내어준 차를 타고 강송처럼 죽죽 뻗은 도로를 내달리니 불과 여섯 시간 만에 부산에 도착할 수 있었다. 아무리 빨리 가야 이틀은 걸리던 길을 여섯 시간 만에 가다니 기술의 발전이 새삼 느껴졌다. 그에 반해 한옥은 어떤가? 양옥과 슬래브 지붕에 묻혀 한옥은 설 자리를 잃어가고 있었다. 문화재청이라고 하나 있는 것은 양옥을 위해 한옥의 이동을 요구하고 있었고 건축이라 하면 이제 첩첩산중 절에서나 기와를 깔고 대들보를 올리는 작금의 현실이 유상은 서글펐다. 산중에 다닥다닥 붙은 집이나 평지에 지어진 집이나 기와는 보이지 않았다. 여기저기 붉고 푸른 양철지붕과 우중충한 슬래브 지붕, 진주까지 가는 길까지 그런 집들이 이어져 있었다. 한옥이었던 곳도 슬래브 지붕들이 자리를 꿰차고 기와를 밀어내고 있었다. 새마을 운동을 하며 초가집과 기와집은 몽땅 쓸려나가 버렸다. 더 이상 처마의 유려한 곡선은 볼 수 없었고 처마에서 떨어지는 물줄기도 볼 수 없었다. 마루 밑의 공간은 간데없고 비 피할 곳을 잃은 개들은 자꾸만 부엌으로 파고들어 주인의 눈총을 받았다. 길을 물어가며 찾아간 곳은 작은 시골마을이었다. 뒤로는 야트막한 뒷산이 자리하고 있고 앞으로는 남강 강물이 유유히 흘러가는 아늑한 마을이었다. 산자락으로 그늘이 져서 동네를 뒤덮고 있는 것이 퍽 시원해 보였다. 군데군데 기와

집이 보이는 것이 말할 수 없이 유상의 마음을 편안하게 했다. 동네 아귀 원두막에 피서하는 사람들에게 이름 물어물어 찾아간 곳은 산 중턱에 위치한 집이었다. 산 아래도 아니고 산 중턱에 이런 집이라니, 터를 잡는 데만 꽤나 고생했을 것이다. 상량을 매고 올라간 터라 상당히 힘이 들었다. 대숲 안에 평지가 있고 집이 보일 듯 말듯 대숲에 가려져 있는 것이 이상했다. 노을이 지며 해가 지려 하고 있었지만 여기까지 와서 돌아갈 순 없는 일, 유상은 담장 너머로 소리쳤다.

"계십니까"

담장이 꽤나 높았다. 축대 위에 지어진 집이라 그런지 담장에 가려 집은 잘 보이지도 않을 지경이었다. 몇 번 더 외쳐 보았지만, 안에선 대답이 없었다. 다시 한번 크게 외쳐보려는 찰나 문이 열리면서 한 노인이 고개를 내밀었다.

"누구요?"

"여기가 이원호 씨 댁 맞습니까?"

"맞긴 맞소만 형님은 오늘내일하는 상태라서 아무도 못 들이게 하는데 왜 찾아왔소?"

예상이 들어맞았다. 아직까지 살아 있는 것이다. 목숨이 오락가락할 상태면 상당히 위급할 터였다.

"서울에서 온 유상이라고 합니다. 어르신은 저를 모릅니다. 그런데 궁금한 것이 있어서 찾아왔습니다."

"형님 지금 몸이 말이 아닌데… 일단 말이나 건네 보는데 안 되면 할 수 없소"

상태가 심각한 모양이었다 하긴 무술년 출생이면 세수가 벌써 여든이 넘어가니 그럴 만도 했다. 이미 돌아가도 이상할 것이 없는 나이에다가

노환 한두 가지쯤이 겹치면 어지간한 사람이라도 오락가락할 수밖에 없는 상태였다.

"잠깐만요 말만 전하시면 어르신이 모르시고 내칠 수 있습니다. 제가 어르신께 보여 드리고 싶은 것이 있습니다."

말을 하며 정각은 마루도리를 싼 천을 꺼내 놓았다.

"이게 뭐요?"

"어르신께서 예전에 목수 일을 하지 않았습니까?"

"목수질이야 언제부터 했는데 일주일 전까지만 해도 치목한다고 지랄병을 떨더니 산비탈로 넉장거리해서 저렇게 자리보전하고 누워 있잖소 일단 한번 가기나 해 봅시다."

유상은 놀랐다 아직까지 일을 한다니 환갑을 넘으면 근력이 떨려서 일을 그만두는 것이 보통인데 이 노인은 아직까지 일을 하고 있던 모양이었다. 사십이 넘은 자신도 치목하려면 정신이 아득한데 팔십 노인이 치목을 하다니, 상당히 버거웠을 것이었다.

마당으로 발을 들여놓은 유상은 놀랐다. 생각보다 집은 넓었다. 산 중턱에 있길래 고만고만한 삼포집 정도 되나 했더니 스물 넉 자짜리 오포집 이었다. 위아래 균형도 잘 들어맞고 기둥과 지붕 크기도 적당한 것이 정철이 지은 집만큼은 못해도 상당히 잘 지은 집이었다.

"집을 제대로 지으셨습니다."

"형님이 집 하나는 잘 지어서 목수질로 연명하고 있지 않소"

하는 말에 유상은 다시 한번 놀랐다. 이건 소목의 솜씨가 아니었다. 기껏해야 치목이나 담당하고 대목 옆에서 장부 정리하고 인부들을 부리는 소목의 눈에서 이런 계산이 나올 리가 없었다. 그 생각을 정면으로 반박하며 서 있는 집에 유상은 할 말을 잃고 이리저리 눈썰미로 치수와

구조를 재보며 걸음을 옮겼다. 안방 앞에서 노인이 기별을 전하고 문을 열자 꼼짝없이 누워있는 한 노인이 눈에 들어왔다. 얼굴 여기저기에 생채기가 나 있다는 것이 사흘 전에 다쳤다는 것을 반증하고 있었다. 구르다가 잔가지에 긁힌 상처일 것이다. 평소와는 다른 인기척에 노인이 눈을 떠서 유상을 바라봤다. 그리고 유상을 죽 훑어보더니 끄응하고 몸을 일으켰다.

"목수가 여긴 무슨 볼일인가?"

유상은 뜨끔했다. 어째서 자신의 정체를 노인은 알아차렸을까?

"어르신 어떻게 제가 하는 일을 아십니까?"

"손만 봐도 알지 목수 손하고 평손 하고 어디 같나"

손을 보고 안 것이었다. 일반 사람들과는 확연히 틀린 자신의 손이었다. 수년간 목재를 관리하느라 굳은살이 안 박힌 곳이 없는 손, 일반 사람들 손과는 확연히 달랐다. 치목부터 손질까지 다 도맡아 해야 하던 시절이 있었으니 굳은살이 안 박히는 것이 오히려 이상했다. 유상은 일단 마루도리를 조심스레 방 안에 눕혔다. 그리고 천천히 천을 벗겼다. 노인의 눈에 정면으로 들어오는 상량 옆의 글귀

"벌써 대들보가 내려앉았나?"

노인은 뭔가를 알고 있었다. 상량만 보고도 대뜸 묻는 것이 상당히 자세한 일까지 알고 있는 듯했다.

"아닙니다. 해체하는 도중에 발견하여 혹 어르신이 아실까 해서 물어보러 왔습니다. 상량에 편수도 아니고 소목이 올라와 있는 이유를 말입니다."

"편수는 무슨, 잡부도 안 되는 사람이 편수라고 떡하니 상량을 올리는 배알이 꼬인 소목 아들이 이렇게 상량을 새겼지"

시대를 풍미했던 대목을 잡부도 안 된다고 표현하다니, 당장 축출당해도 마땅할 발언이었다. 그러나 그 자리에서 화보단 호기심이 더 동했다. 새로운 사실이었다. 경원이 판 것이 아니라 아들이 새겼다는 소리인데 그럼 무슨 이유로 아비를 제치고 아들이 상량을 몰래 팠단 말인가

"그럼 소목 김경원의 아들이…"

"날 세"

혹시 하고 물어본 말이 맞아떨어지자 궁금증은 오히려 커졌다. '왜?' 라는 의문이 유상의 머리를 가득 메웠다. 어느새 노인은 마루도리를 이리저리 쓰다듬어 보고 있었다.

"옛날과 다름 없구만, 역시 홍송이지"

"최고급 목제입니다. 당시로써도 구하기 힘든 목제였겠지요"

"알고 싶어서 왔나? 이제서라도 벌하기 위해 왔나?"

어떻게 할 것인지 묻는 노인의 말에 유상을 대답이 궁해졌다. 배분은 자신보다 낮았으나 나이가 자신보다 한참 많은 노인을 벌하고 자시고 할 처지는 되지 못했다.

"그저 알고 싶습니다. 어째서 소목의 이름이 상량에 올라갔는지 말입니다."

그 뒤로 한참을 입을 다물고 있었던 노인의 입이 떨어진 것은 한참이 지난 후였다.

"송 대감댁 집을 지을 때였지……."

아직까지 공기가 시원한 초여름이었다. 새벽부터 샛바람이 된통 불어 도배공들은 투덜대며 주막으로 가 버렸다. 마당 한쪽으로는 아직 도

배하지 못한 문들이 널려 있었다. 집으로써의 기본은 거의 완성 되었다. 상량을 올리기만 하면 되는 것이다. 과연 윤 대감네 세도는 대단했다. 스러져 가는 망국의 끄트머리에 지어진 이십포 대가, 누구도 환영하는 이 없었으나 윤 대감은 어마어마한 돈을 들여 끝내 집을 짓고 만 것이었다. 모든 물자와 금전은 일상(日商)이 독점한 가운데 돈 나올 곳이 어디에도 없었건만 어떻게 자금을 마련했는가는 떠도는 소문만 무성할 뿐 알 길이 없었다. 공사 총감독은 편수 정철이었다. 이미 완숙기에 접어들어 결정에 이른 그의 실력은 서울 바닥에서라면 모르는 사람이 없었다. 집을 짓고자 하는 세도가나 양반들의 물망에 제 일 순위로 오르락내리락하는 것이 정철이었으나 상상을 초월하는 몸값으로 인해 가장 먼저 선상에서 제외되는 인물 또한 정철이었다. 그러나 항상 집을 짓고자 하는 사람들은 은자를 바리바리 싸 들고 왔으며 정월이면 한해 모든 일이 결정 나 쉴 틈이 없을 만큼 고되게 일을 했다. 그중에서도 가장 큰 일감이 올해 윤 대감의 이십 포 집 공사였다. 첫 공사이자 가장 대규모의 공사 여러모로 정철은 신경이 쓰일 수밖에 없었다. 그러나 내심 정철은 마음을 놓고 있었다. 목수 일에 손을 댄 지 15년이 넘은 제자가 이제 고만고만한 일은 자신의 선에서 해결하곤 했기 때문에 삼일에 한 번꼴로 작업이 잘 진척되고 있는지 점검만 하면 될 뿐이었다. 게다가 요즘 자주 있는 일상들과의 야합 때문에 그는 몇 년간 집 짓는 일에서는 거의 손을 떼다시피 하고 있었다. 밀무역과 고리대에서 오는 어마어마하나 이익에 눈이 멀어 본업은 뒷전으로 밀려난 지 오래였다. 일상(日商)들이 지급하는 중계무역에 대한 은자란 막대해서 순식간에 정철을 돈방석에 올려놓았다. 윤 대감도 마찬가지였다. 몇 년 전 야합에서 우연히 보게 된 후 관계를 돈독히 해 오며 동업을 하다시피 해온 사이였다. 양반과 평민이라는 신분의 차이에 의해 상석은 항상 윤 대감이 차지했으나 돈은 자신이 더 챙겼다. 아둔한 대감이 그런 사정에 밝을 리는 없었다. 다만 원금에서 이익을 조금 떼어 주면 좋아서 어찌할 줄 모를 뿐이었다. 그런 대감이 정철을 불러 집을 지어 달라고 부탁한 것은 정월 초였다. 언제 돈을 모았는지 은자를 노새에 싣고 와서 턱 하니 내놓으며 집을 지어 달라는 것이 아닌가? 원래 집값을 훨씬 상회하는 금액이었기에 옳거니 하고 일사천리로 지어진 집이었다. 갈 곳 없는 천애 고아가 집 앞에 서서 자신을 받아달라고 사정할 때만 해도 그 녀석이 이렇게 훌륭한 목수가 될 줄은 상상도 못 했었다. 슬하에 자식도 없는 자신에게 아들 하나 양자로 들인 셈 치고받은 녀석이 어느새 자신의 몫을 훌륭하게 해 내는 것이다. 그러나 정철에게 고민이 있었다. 경원이 나이가 차 갈 때쯤 본처에서 아이가 태어난 것이다. 그토록 바라던 아이였건만 그로썬 참 복잡한 문제였다. 이미 자신의 후임을 바꿔야 하는 것이다. 아무리 처음부터 끝까지 자신의 솜씨를 전해 주었다곤 하나 혈육인 아들이 생기고 나자 그만 경원이 눈엣가시 같은 존재가 되고 말았다. 아이가 자라고 자라 목수 일을 조금씩 배우기 시작하자 경원이 더 마음에 걸렸다. 거기다 경원이 장가를 들어 아들까지 가지자 문제는 말할 수 없이 복잡해졌다. 경원에게만 집중하면 됐던 배분 문제가 경원의 아들도 선상에 올려야 할 만큼 커졌다. 거기다가 경원이 점차 이름이 알려지자 그가 함부로 대할 수도 없었다. 어쩔 수 없이 호랑이를 키우고 있는 꼴인 것이다. 솜씨가 없으면 함부로 내쳐도 되지만 이미 근 오 년을 쉬어온 편수 자신과 경원의 실력은 그 격차가 눈에 띄게 줄어 있었고 처마 반추 기울기만 보고도 오포집이나 칠포집을 너끈하게 지어내는 실력에 다다랐다. 경원의 자식도 놀고만 있는 것이 아니어서 아홉 살짜리가 벌써 소목이 되어 일을 배우고 있었다. 경원의 자식이 자신의 친자식과 거의 같은 나이인 것이다. 생각이 여기까지 미치자 그는 결심을 굳혔다. 경원을 내쳐야 자신의 아들이 사는 길이 열리는 것이다.

"경원아"

"예 아버지"

한구석에서 목수들을 채근하고 있던 경원이 얼른 달려와 정철 앞에 섰다. 정경원, 이것이 그의 이름이었다. 이미 자신의 본이름은 까마득히 잊어버렸고 성씨와 본관밖에는 도무지 기억이 나질 않았다. 어머니도 아버지도 알지 못하고 오직 정철만을 아버지로 모셔온 세월이 삼십 년을 갓 넘겼다. 요즘 들어 아들을 가진 어머니 정씨가 은근히 자신을 미워한다는 사실을 짐작하고 있었지만, 아버지는 그렇지 않았다. 언제나 똑같은 행동과 말이 그 생각을 뒷받침해 주고 있었다.

"원호는 일을 잘 배우느냐?"

"예 손자 녀석도 아버지를 닮아서 속도가 빠릅니다."

경원의 입에서 나온 손자란 말에 정철은 오한이 일었다. 경원은 벌써 편수라도 된 듯 행동하고 말하고 있었다.

"상량은 언제 할 예정인고?"

"다음 주 부 날 정도가 될 예정입니다."

집은 벌써 거의 다 지어져 자태를 드러내고 있었다. 기와를 깔고 문을 드리면 완벽한 이십 포 집이 완성되는 것이다. 한 치 실수도 없는 치밀한 솜씨였다. 문득 정철은 두려움이 일었다.

'언제 주인을 물지 모른다'

빼대가 완성되어 가는 집을 보니 경원의 실력은 이미 소목의 경지를 뛰어넘어 있었다. 편수인 자신 대신 모든 잡무를 도맡아 보고 가끔 자신의 일 까지 대행하며 쌓인 경험일 것이다. 이런 녀석을 편수로 키웠다간 재앙의 싹이 될 것이 정철의 눈앞에 그려졌다. 어떻게든 밟아 없애 버려야 할 싹이었다. 지난 삼십여 년 동안의 정은 이미 눈앞에서 사라진 지 오래였다. 보이는 것은 오직 친아들뿐, 아이를 위해 경원의 희생은 필수였다.

"그래 상량하는 날 나오너라 이제 너도 대목이 될 때가 되었다."

경원은 그 말을 듣고 자기 귀를 의심했다. 아버지가 돌아가시기 전까지는 결코 거머쥘 수 없었던 자리라고 생각했는데 이렇게 기회가 빨리 올 줄이야 누가 알았겠는가, 자신은 있었으나 차마 아버지 앞에 말씀을 올리기가 두려워 차마 꺼내지도 못하고 있던 말을 아버지가 해주신 것이다. 이렇게 기회가 빨리 올 줄은 몰랐던 경원은 잠시 멍하니 서 있었다.

"상량을 제 이름으로……."

"내 너를 유심히 지켜본 결과 대목의 실력에 다다랐으니 아무 소리 하지 말고 네 이름으로 상량을 올리자꾸나 너도 이제 독립해 나가야지"

같은 실력이라도 소목과 대목의 인지도는 하늘과 땅 차이였다. 소목에서 대목으로 갓 올라간 사람과 곧 대목이 될 사람의 실력 차이는 실로 커서 모든 이들이 임금이 배로 비싼 대목을 선택했다. 대목이 되면 우선 그 이름만으로도 무한한 자부심이 생긴다. 그리고 거기서 오는 책임감이란 실로 막중에서 절대 뒤처리에서 실수하는 법이 없다. 대목과 소목의 차이는 밥상에서부터 표시가 난다. 어느 때라도 절대 대목들과 겸상하지 못하고 일단 인부들과 겸상하여 같이 앉아 먹는 것이 소목의 처지였다. 따로 오첩반상을 받을 날도 얼마 남지 않은 것이다.

"아버지 감사합니다."

"녀석 흰소리하지 말고 치목이나 잘하여라 만약 집에 조그마한 흠이라도 있으면 내 경을 칠 것이다."

"최대한 좋은 목제를 공급받아 전력을 다해 만들고 있습니다. 결코, 아버지 이름에 먹칠을 하는 짓은 없을 것입니다."

"그래 상량하는 날 정갈한 복장으로 나오너라."

"살펴 가십시오"

정철은 문밖을 나서면서 쓴웃음을 지었다. 너무 쉽게 걸려들었다. 한 치의 의심도 없이, 그도 그럴 것이 아버지인 자신을 어찌 의심하겠는가 상량하는 날 알아봤자 이미 늦은 일이었다. 일주일 이내로 경원이란 이름은 서울 천지 어디에서도 들을 일이 없을 것이다. 정철은 집으로 가자마자 윤 대감을 찾았다. 모종의 협의는 자정을 넘어서 축시까지 계속되었다.

"그러니까 은자 백 냥 대신 서까래 하나를 썩은 나무로 채워 넣는다고?"

윤 대감이 의아한 목소리로 물었다. 아무리 비싼 목제라 해도 은 백냥은 넘지 않을 터인데 이 야심한 시간에 사랑에 쳐들어와 서까래 하나를 썩은 나무로 넣겠다니? 무슨 일인지 이해되지 않았다. 그러나 정철의 말을 듣고 나니 어느 정도 공감이 갔다. 어찌 피도 나누지 않은 자식에게 모든 가신을 넘기겠는가? 아무리 양자라고 해도 그건 조선 초기 양반들이나 하는 짓이었다. 지금 그런 짓을 해 봤자 가문에 해만 될 뿐이다.

"알겠네, 뒤처리는 자네가 깨끗이 하게나"

은자 꾸러미를 받아 챙기며 윤 대감이 말했다. 안 그래도 첩이 들어갈 새 방에 넣어줄 노리개 값이 부족했던 윤 대감에겐 좋은 거래였다. 다시 나무를 채워 넣는 조건이었으니 손해는 없는 셈이다. 호롱불에 비친 정철의 얼굴이 묘하게 일그러져 있는 것이 꼭 야차를 보는 것 같아 기분이 썩 좋지는 않았다. 그래도 삼강오륜을 내세우며 녹을 받아먹는 관리가 이래도 되겠는가 하는 생각이 잠시 스쳐 갔으나 곧 머리에서 밀어내 버렸다. 때는 조선 말기, 황제의 권위는 땅에 떨어지고 오로지 돈과 권력 찬탈을 위한 암투만이 세상을 휘젓고 다니는 시대였다.

그 시간 경원은 아들에게 한창 흥이 올라 낮의 일을 떠벌리고 있었다. 원호를 낳은 뒤로 바로 세상을 버린 아내에게도 그 말을 전했다. 술이 거나하게 취하자 이 세상엔 없는 아내가 바로 옆에서 제 얘기를 들어주는 것만 같았다.

"그래서 내가 드디어 대목이 된단 말이야 대목이……."

원호는 지겹다며 방으로 들어가 버렸으나 내심 기뻐하는 것이 틀림없었다. 유달리 감정 표현이 없는 아이였기에 조금이라도 미소가 번지면 대단히 기쁘다는 것쯤은 아비인 자신도 알고 있었다. 그런 원호가 오늘 웃었다. 아비의 반쪽 사랑밖에 받지 못한 불쌍한 원호가 웃었던 것이다. 대목이 되면 돈을 벌 것이다. 원호 좋아하는 당과도 사줄 수 있고 양고무신도 사 신길 수 있었다. 허구한 날 기우고 빨아 덕지덕지 조각난 적삼도 바꿀 수가 있었고 창극도 보러 갈 수 있다. 이십 세에 부인과 집을 나온 지 십 년 드디어 열매를 맺을 때가 왔다. 원호는 마루에 대자로 누웠다. 자신도 마침내 기라성 같은 대목들 틈에 끼일 수 있게 되었다. 자신의 이름으로 상량하는 집, 최초의 집이 그 유명한 윤 대감 집이라니 감개가 무량했다. 조금 있으면 자신은 한양에서 이름을 날리는 대목이 될 것이고 남부럽지 않은 삶을 살게 될 것이다. 자신을 버린 부모들은 어디서 이 별들을 바라보고 있을 것인가, 시원한 밤바람을 맞으며 그는 까무룩 잠이 들었다.

상량하는 날은 맑았다. 초여름인데도 불구하고 구름 한 점 없는 날씨가 경원의 가슴을 한껏 부풀게 만들었다. 전날 포목상에서 찾아온 옷을 입었다. 항상 까칠까칠한 삼베만 입고 있던 옷에 부드러운 비단이 와 닿는 느낌이 사뭇 어색했다. 원호도 마찬가지였는지 자꾸 여기저기를 건드리며 기껏 입혀놓은 복장을 망치고 있었다.

"녀석아 조금만 참아 사내 녀석이 참을성이 이렇게 없어서야"

그렇게 말하면서도 경원의 얼굴은 화나는 표정이 아니었다. 장난기가 가득 담긴 얼굴, 원호는 그런 아버지를 보며 웃었다. 그렇게 좋으실까? 대목이 그렇게 좋은 건가? 아버지의 표정을 보니 좋기는 되게 좋은 모양이었다. 새벽같이 일어나 목욕 재개하고 복식을 갖추는 모습이 어찌나 엄격한지 마치 딴 사람처럼 보였다. 그러나 그때뿐, 아버지는 평소와 다름없는 모습으로 돌아갔다. 대목이 되고도 아버지는 여전할 것이다. 집을 나서는 발걸음이 유달리 가벼운 날이었다. 이른 새벽이라 저자에는 사람도 별로 없었다. 길은 편했다. 대로를 따라 죽 걷다 보면 앞에 보이는 거대한 집, 윤 대감의 새집이었다. 어느새 제상이 차려져 있고 상량문이 준비되어 있었다. 향은 뭉실뭉실 타오르고 있었다. 대들보와 마루도리를 올리는 상량식, 집의 복원을 기원 하는 상량식이 막 거행되려 하고 있었다.

"오셨습니까 아버지"

"빨리 나왔구나."

원호는 할아버지가 두려웠다. 할아버지는 자신 앞에서 웃어 보인 적이 없었다, 원호는 할아버지의 눈에서 동네 아이들의 눈길을 느꼈다. 어미 없는 자식이라고 돌팔매질을 하고 도망가는 동네 아이들의 무서운 눈빛. 그 눈빛이 할아버지한테서도 느껴져 원호는 할아버지 앞에 서는 것이 두려웠다.

"녀석 많이 컸구나"

원호는 아버지 뒤로 얼른 숨었다. 말을 거는 것이 두려웠다. 오늘은 특히 그랬다. 평소보다 매서운 할아버지의 눈빛이 원호를 훑고 지나가자 원호는 무서웠다.

"얘가 아직 낯을 많이 가립니다."

얼버무리는 경원의 말에 정철은 언짢은 목소리로 답했다.

"벌써 소목씩이나 된 것이 사람을 가려서야 쓰겠느냐 너도 어서 개가를 해야지."

마음에도 없는 말이었으나 듣는 경원에게는 내심 아버지가 고마웠다.

"원호 이 녀석이 장성하고 나면 그리 하겠습니다."

"늦겠구나 얼른 들어가자"

부자는 말없이 안채로 발걸음을 옮겼다.

"오늘 밤에 윤 대감댁 새집 서까래 하나를 이걸로 바꿔 놓거라"

돌쇠는 이 이상한 말에 적잖이 당황했다.

갑자기 내려진 이상한 명령에 돌쇠는 궁금증이 일었다. 야밤에 대감마님이 부르시는 일도 드문데 간단한 심부름 이외에 뭘 시키시는 일은 극히 드문 터라 더 궁금했다. 그리고 윤 대감댁 새집 서까래를 이걸로 바꾸라니? 윤 대감님이 아시면 경을 칠 일이었다. 감히 새집에 이딴 장난을 치다니, 그러나 지엄하신 대감마님이 농을 할 리는 없고… 돌쇠의 머리는 복잡하게 돌아가기 시작했다.

"대감마님 이건 썩은 나무 아닙니까? 왜 이걸 윤 대감 님댁에…"

"하라면 할 것이지 무슨 말이 그리 많으냐?

서슬 퍼런 정철의 안광에 몸 둘 바를 모르던 돌쇠가 꼬리를 내리고 나무를 받아들었다.

"그리고 이걸로 주막에서 술이나 한잔하게나"

자신 앞으로 떨어진 동전 꾸러미에 돌쇠는 입이 벌어졌다. 얼마 만에 보는 돈인가? 새경 떨어지고도 한참 지났는데 오랜만에 보는 엽전에 회가 동했다.

"시키신 대로 하겠습니다요"

돈을 들고 바람처럼 사라지는 돌쇠의 보고 난 뒤에 정철은 옆에 누워 자는 아들을 쓰다듬었다.

"다 너 잘되라고 하는 짓이니라."

상량식 전날 밤 내려진 명이었다. 경원을 찍어 누르기 위한 정철의 방책은 생각에 생각을 거듭한 끝에 경원에게 누명을 씌우기로 결론지어졌다. 완벽한 소목의 솜씨가 아까웠지만, 그 소목이 대목이 되어 자신의 명성과 부를 등에 업고 활개 치는 것보단 아직 꽃을 틔우지 못했을 때 꺾어버려 자신의 아들에게 좀 더 좋은 환경을 조성하여 주는 것이 중요했다. 이미 각종 공방과 상회들에겐 상당량의 뇌물이 들어간 상태였다. 그들은 경원과 은자를 맞바꿨다. 자신의 처지를 알음알음으로 알고 있는 사람들에게 정철은 아낌없이 돈을 쏟아부었다. 은자로 인해 그들의 입은 봉해졌다. 그리고 절대 경원의 경자도 입 밖에 내지 않겠다고 다짐했다. 상량식 전날 밤이 그렇게 저물어 가고 있었다.

천천히 경원은 상량문을 쓰기 시작했다. 應天上之五光(응천상지오광), 備地上之五福(비지상지오복)을 차례대로 써넣고 龍 海 鬼를 썼다. 그리고 마루도리를 올리려는 찰나 들려오는 정철의 목소리에 경원은 흠칫했다.

“저 세 번째 서까래 색이 왜 검느냐?”

그 말을 들은 모든사람이 세 번째 서까래를 쳐다봤다. 다른 서까래와는 다르게 한 눈에도 색이 검은 것이 심상치가 않았다. 다른 나무들이 모두 올곧고 색이 황색인 반면 유독 그 서까래만 곧지 못하고 색이 검음에 사람들이 이상함을 느꼈다고 생각하자 정철은 곧 다음 마을 내뱉었다.

“가지고 내려와 봐라.”

서까래 하나 내려놓는 것은 일도 아닌 인부들이 재빨리 서까래를 가지고 왔다. 잠시 서까래를 들고 이리저리 바라보던 정철의 표정이 일그러졌다. 그리고 그 서까래를 들고 경원에게 냅다 던졌다. 워낙 갑자기 일어난 일이라 지켜보기만 하던 경원은 갑자기 날아온 서까래에 머리를 맞고 나동그라졌다. 주춤주춤 일어나며 서까래를 살피던 경원의 얼굴이 사색이 되었다.

“이게 뭐냐?”

정철의 물음에 경원은 선뜻 대답하지 못하고 주위를 둘러봤다. 말을 하지 않아도 주위 사람들은 모두 그게 무엇인지 알고 있었다. 나무가 썩었던 것이다. 그 상태로 지붕 기와가 올라갔으면 수년 내에 지붕이 무너졌을 것이었다. 나무는 다 물기를 한껏 머금어 축축해진 상태였고 옹이가 서너 군데 박혀 있었다. 초가삼간도 이런 나무로는 짓지 않는데 당대 최고의 세도가인 윤 대감의 집에서 이런 서까래가 발견되다니, 있을 수 없는 일이었다.

“분명히 모든 나무를 제 손으로 치목했지만 이런 나무는 있지도 않았습니다.”

경원이 변명했다. 그 자리에 있는 모든 사람이 그 사실을 알고 있었다. 그러나 사람들은 경원의 편이 아니었다. 곧이어 윤 대감의 노여운 목소리가 터져 나왔다.

"네 이놈! 감히 내 집에 이따위 서까래를 올리려 했더냐!"

"어르신 그게 아니옵고…"

짝!

볼기짝을 얻어맞고 경원은 주저앉았다. 고개를 올려 보니 정철이 노여운 표정으로 서 있었다.

"이게 무슨 짓이냐? 감히 이따위 목제를 써서 집을 지으려 했더냐?"

경원은 기가 막힐 노릇이었다. 분명히 모든 목제를 자신이 직접 고르고 치목한 그였기에 그런 목제가 있을 순 없었다. 그런데 현실은 그렇지 않았다. 경원의 앞에는 조금 전까지만 해도 대들보에 걸쳐 있던 썩은 서까래가 놓여 있었다. 정철이 발을 크게 굴려 서까래를 내려찍었다. 물에 젖어있던 데다가 썩어 있던 서까래는 우지끈하는 소리를 내며 부서졌다.

경원은 할 말을 잃었다. 있을 수 없는 일이었다. 어찌 그런 저질 목재가 서까래에 섞여 있었을까, 그런 나무는 치목하며 본 적이 없었다. 아니, 봤더라도 자신이 손수 내쳤을 그런 나무가 왜 자기 앞에 나타났는지, 어찌 오늘 발견되었는지 그는 알지 못했다. 그러나 경원이 몰랐다고 해서 해결될 일이 아니었다. 지금 아버지가 어째서 그렇게 화를 내는지 이해가 갔다. 애초부터 아버지가 맡기로 한 집이었다. 상량을 올리기 전까지는 아버지 책임인 것이다. 아버지의 명성에 해를 끼칠 수는 없었다. 경원은 윤 대감을 향해 무릎을 꿇었다.

"소인 공사비를 조금이나마 절감 하오자 이런 저질 나무를 썼사옵니다. 다시는 이런 일이 없도록 하겠사오니 부디 선처하여 주시옵소서 아버지와는 아무 관련이 없습니다. 오로지 제가 꾸민 일입니다."

그들은 당황했다. 반론하는데 열을 올려야 할 경원이 하지도 않은 실수를 했다고 순순히 인정하다니 의외의 상황이었다. 그러나 한번 마음먹은 것이 바뀔 리는 없었다.

"편수! 당장 저놈은 죽이게나 감히……,"

죽여도 할 말이 없었다. 어쨌거나 이것은 자신의 실수였다. 왜 전날 나와서 상태를 점검해보지 않았던가, 자신이 한없이 미워졌다.

"이봐라 이놈을 때려 끌어내라"

정철이 소리쳤다. 경원이 아버지를 올려다보았다. 서글픈 표정이었다. 자신이 한 짓이 아니라는 강력한 의사 표시, 정철은 그런 그를 외면했다.

"뭐 하고 있느냐 매우 쳐서 끌어내지 않고!"

퍽!

몽둥이가 그의 어깨를 강타했다. 경원은 그대로 쓰러졌다. 쓰러지면서 그는 아들 원호를 쳐다봤다. 울고 있었다. 원호가 울며 자신에게 달려오고 있었다.

"울지 마라……,"

경원은 마지막 의식의 끈을 놓았다.

"맹세코 그런 짓은 하지 않았습니다!"

경원이 악에 받친 목소리로 소리쳤다. 벌써 그의 몸에는 태형의 흔적이 가득했다. 여기저기 피멍이 들어 있었다. 소리를 높일 때마다 채찍이 그의 등을 누비고 지나갔다.

"윽!"

"네가 언젠간 이 애비를 배신할 줄 알았다만 그런 식으로 배신할 줄은 꿈에도 생각지 못했다!"

정철의 목소리가 쩌렁쩌렁 울렸다. 정말 불시에 이런 일을 당한 사람 같다고 돌쇠는 생각했다. 그러나 어떻게 도와줄 방법이 없었다. 도와주는 즉시 동조자로 판명되어 죽음을 금할 길이 없을 것이었다.

"아버지 제가 한 번이라도 그런 목재를 쓴 적이 있었습니까?"

경원의 물음에 정철은 대답이 궁해졌다. 경원이 그런 목재를 쓴 적은 한 번도 없었다. 항상 고르고 골라 최상의 목재만을 사용한 경원이었다 그건 바로 옆에서 경원이 치목하는 것을 봐 오던 정철 자신이 제일 잘 알았다.

"네놈이 그래도 반성을 안 하는구나 한 번의 실수가 모든 것을 망하게 한다는 것을 모르냐?"

그때 경원의 눈에 사랑방의 어머니가 들어왔다. 방문 사이로 고개를 빠끔 내밀고는 재밌다는 표정으로 구경하던 어머니의 시선과 경원의 시선이 마주치자 어머니는 흠칫 놀라더니 방문을 닫아버렸다. 같이 들어가 버리는 자신의 동생을 보자 경원은 모든 일의 전말을 어렴풋이 파악할 수 있었다. 아들에게로의 재산 상속, 아버지와 어머니의 속셈은 그런 것이었다. 어차피 자기는 아들이 아니었던 셈이다. 양자라곤 하나 친아들이 태어나서부턴 관심에서 밀려나는 것을 어렴풋이 느끼던 그였다. 그깟 재산 필요 없었다. 아버지에게 독립하여 살고 있는 나에게 도대체 원하는 것이 뭔가? 답은 바로 나왔다.

"평생 아버지 밑에서 살겠습니다. 재산은 노리지도 않겠습니다. 어디로 가라든지 간에 거기서 쥐 죽은 듯이 가만히 웅크리고 있겠습니다. 죽이지 마십시오. 원호라도 다 키우고 죽겠습니다!"

그러나 재앙을 하나 더 키우는 것이 뻔한 말이 정철의 귀에 들어올 리 없었다.

"시끄럽다 이놈! 끝까지 잘못을 인정하지 않는구나! 내 옛정이 있어 너를 죽이지는 않겠다. 여봐라 이놈을 죽을 때까지 쳐서 밖에다 내쳐라"

다시 곤장과 채찍이 춤을 추기 시작했다. 경원은 눈을 부릅뜨고 정철을 노려봤다. 삼십 년 동안 아버지로 모신 사람이 자기를 죽이려 하고 있었다. 내가 죽으면 원호는 어떡한단 말인가 한성 저자를 떠돌아다니며 빌어먹다 언제 어디서 죽을지 모를 것이 뻔했다. 죽으면 안 된다. 경원은 다짐했다. 그러나 그 다짐도 잠시, 쏟아지는 곤장과 채찍에 경원은 정신을 놓아 버렸다.

경원이 비척비척 집으로 기어들어 온 것은 축시 말이었다. 그때까지 잠도 자지 않고 아비를 기다리던 원호는 경원이 들어서자마자 그의 품에 안겨 울었다. 경원이 끌려간 후 이리저리 돌아다녔다. 경원이 어디에 있는지는 알았으나 들어갈 수가 없었다. 평소에 그렇게 잘 대해주던 아저씨들이 그 날만큼은 차가운 태도로 자신을 대했다. 하염없이 울며 원호는 집으로 돌아왔다. 경원이 들어왔어도 울음소리 같은 건 내지 않았다. 그저 눈물을 쏟으며 경원의 품속으로 들어올 뿐이었다. 소목이라 해도 아직 열 살도 채 되지 않은 아이를 놓고 어떻게 살아가야 하나 경원은 암담했다. 이제 아들과 자신은 집짓기는커녕 대패질도 못 할 신세였다. 스승이자 아버지인 사람이 자신을 내쳤으니 어떻게 해야 할 것인가, 앞이 깜깜했다. 아들의 부축을 받아 간신히 방에 들어간 경원은 이미 죽은 거나 마찬가지였다. 경원의 호흡이 가빠지기 시작했다. 몽둥이찜질을 당할 때 명치를 맞은 것이 컸다. 그는 자신의 죽음을 직감했다. 아들이 그 옆에서 울며 물수건으로 연신 얼굴을 닦아주고 있었다. 경원은 온힘을 쥐어짜 손을 들고 옷궤를 가리켰다.

"궤 안에… 은자… 진주로… 재령이씨 찾아가거라…컥!"

경원이 피를 토했다. 이러려고 악착같이 돈을 모았던가, 이러려고 열심히 일을 했었나? 의구심이 들었다. 왜 이렇게 되었을까, 왜, 까마득한 구렁텅이가 그를 기다리고 있었다. 그는 눈을 뜨고 마지막으로 원호를 바라봤다. 그리고 웃었다.

"아버지!"

원호의 비명이 집안을 가득 채웠다. 집 밖에 옹기종기 모여 있던 사람들은 뒤돌아섰다. 어쩔 수 없었다. 정철이 도와주지도 말라고 엄명을 놓았기 때문에 그리고 그 뒤에 풀린 은자 때문에라도 사람들은 등을 돌려야 했다.

한참을 울던 원호는 아비의 눈을 감겼다. 그리고는 일어서서 망치와 끌을 챙겼다. 원호는 일의 내막을 몰랐다. 그저 아버지가 대목이 되지 못했다는 것과 그 집은 아버지가 지은 집이란 것만 뇌리에서 떠나지 않고 남아 있었다. 원호는 조심스레 발걸음을 옮겼다. 사방은 조용했다. 사람이 죽었는데도 사람들은 동요하지 않았다. 돈이 주는 질서와 평안에 원호는 치를 떨었다. 이미 경원의 죽음은 알려져 사람들은 별다른 경비 같은 것은 하지 않았다. 그렇게 한참을 걷자 마침내 윤 대감 댁이 나타났다. 집을 지키는 사람은 잠에 빠져 있었다. 원호는 조심스레 안채 안으로 들어갔다. 끌과 망치가 맞닿아 덜그럭거리는 소리를 냈지만, 다행히 문지기는 깨지 않았다. 대청마루까지 들어가자 대들보가 나왔다. 원호는 이를 갈며 마루도리를 봤다. 다행히 마루도리 하단에만 적혀 있을 뿐 다른 곳은 깨끗했다. 원호는 조심스레 기둥을 기어 올라가기 시작했다. 대들보 쪽으로 기어 올라가 대들보를 탄 원호는 주위를 둘러봤다. 파수꾼들은 없었다. 원호는 조심스럽게 망치와 끌을 들었다. 그리고 마루도리 한 쪽에 조그맣게 아버지의 이름을 새기기 시작했다. 아버지는 이 집을 짓다가 억울하게 돌아갔다. 저도 아니고 할아버지도 아니고 윤대감도 아니었다. 바로 아버지가 이 집을 지은 것이다. 망치가 끌을 치는 소리가 은은하게 울려 퍼지기 시작했다. '大木 金勍元' 아버지가 그토록 갖고 싶어 하던 대목의 칭호를 원호가 새겨 넣고 있었다. 살아생전 가지지 못했던 대목의 칭호가 마침내 경원의 이름 앞에 새겨졌다. 원호는 끌을 다 잡아 마지막 석 자를 새겼다. 龍 海 鬼 귀신을 쫓기 위한 상량문의 글귀였다. 모든 작업을 다 마친 원호는 마침내 땅으로 내려섰다. 그리고는 곧장 집으로 향했다. 아버지가 누워 있었다. 그리고 그 옆엔 돌쇠 아저씨가 앉아 있었다. 돌쇠 아저씨도 아버지를 살리진 못했다. 원호가 돌쇠를 사납게 쏘아보았다.

"진주로 갈 거라는 거 안다."

"……"

"아버지가 말을 해 줬나 모르겠구나, 넌 정원호가 아니라 이원호다."

아까 전에 아버지가 말한 성씨였다.

"아버지는 할아버지의 자식이 아니다. 그래서 할아버지가 아버지를 죽인 거지"

"!"

충격이었다. 생각지도 못했던 사실 앞에 원호는 어찌할 바를 몰랐다. 아직까지 이해되지도 않고 이해하고 싶지도 않은 일이었다.

"진주로 가거라, 여기 노잣돈이 있으니, 내가 사람을 시켜서 연락해 놓으마, 보부상 아저씨가 진주까지 데려다줄 거다."

어느새 문 앞엔 매일 시장에서 보던 상인 아저씨가 서 있었다. 아버지랑 유독 친했는데 이 사람도 아버지를 살리지 못했다.

원호는 나귀에 올랐다. 그리고 집을 뒤 돌아봤다. 아버지는 어떻게 할 것인가? 원호가 물끄러미 집과 돌쇠를 번갈아 바라보자 돌쇠는 무슨 뜻인지 알아채고 말했다.

"걱정하지 마라 아버지는 양지바른 곳에 묻어 주마"

보부상의 채찍질에 나귀가 천천히 움직이기 시작했다. 원호는 계속 집을 바라보고 있었다. 집이 멀어져 보이지 않을 때까지, 이미 시야에서 집이 사라진 뒤에도 원호는 하염없이 집 쪽을 바라보며 나귀 등에 앉아 있었다.

"이 정도면 그 소년이 감히 소목을 상량에 올려놓은 이유가 되겠냐?"

노인이 메마른 목소리로 물었다. 유상은 말이 없었다. 이런 일이 있었다니……,

"아픈 기억을 들춰내서 죄송합니다. 어르신"

유상이 진심으로 사과했다.

"생각할수록 개탄할 노릇이지 그 뒤로도 보부상 할아범이 수차례 와서 나에게 사건의 전말을 말해줬지 생각할수록 설움이 사무치더군"

"그래도 어르신께서는 업을 포기하지 않으시고 여기서도 목수 일을 하시지 않습니까?"

"자네 같으면 그만둘 수 있겠냐? 나는 죽어도 그만두지 못할 걸세"

문득 시계를 보니 새벽 다섯 시를 넘기고 있었다. 대청으로 나간 유상은 한산도 한 까치를 빼물었다. 허공에 담배 연기가 흩어졌다. 돌아서 방 안을 보니 노인이 상량을 쓰다듬으며 살펴보고 있었다.

"칠십 년 만의 재회라……,"

노인은 웃었다. 순간 노인의 웃음이 죽을 때 웃음 짓던 경원의 모습이라 여겨졌다. 그리고 노인이 쓰러졌다.

복원식은 거하게 진행되었다. 각 지방의 저명인사들이 자리를 빛냈고 각종 폭죽이 하늘을 화려하게 수놓았다. 가공식을 하기 전 간단한 소개가 있었다.

"윤씨 고가는 서기 천구백구년 유월구일 상량된 집으로써 당대 최고의 세도가인 윤금경 대감의 새집으로 지어졌습니다. 그때 당시 총지휘를 했던 목수는 대목도, 도편소도 아닌 이경원이란 소목으로……"

칠십 년 전 상량을 할 때와 마찬가지로 하늘엔 구름 한 점 없었다.

〈끝〉

당선

제1252호 2006년 10월 16일 월요일

2006 최명희청년문학상 : 대학부 시

벽에 사는 물소

· 백상웅 (우석대 문예창작 1학년) ·

우리 집 벽에는 물소 한 마리가 산다
홀로 뿔을 세우고 벽을 뚫고 들어와
등허리에 앉은 파리를 꼬리로 탁탁 쫓으면서
물소는 연꽃무늬 벽지 위를 성큼성큼 거닐고 있다
처음에는 둥글게 말린 벽지의 습한 모서리로
몰래 숨어들어온 곰팡이인 줄 알았다
밤이면 검은 근육을 팽팽하게 부풀리고
짐승의 가죽처럼 걸린 작업복 뒤에서
캄캄하게 숨어서 우는 그것,
나는 물소라는 걸 확신했다
메마른 땅을 뒤로하고 무리 지어 달리다가
어느 날 맹수에 쫓겨 늪에 혼자 남았을 외로운 뿔,
나는 실업급여 통장의 잔고를 확인하고
중국산 전자계산기로 일없이 뺄셈을 하다가
물소의 뿔이 점점 길어지는 것을 보았다

물소는 색 바랜 분홍 연꽃을 밟고
푸른 잎을 뜯으며 돌아갈 날을 기다리는 것 같다
그것은 검고 깊은 벽화, 희번덕거리는 눈알과 마주치면
나도 뜨거운 김을 내뿜는 한 마리 물소가 되고 싶었다.

돌칼 움켜쥐고 벽 쪽으로 고개를 돌려 누울 때마다
우리 집 벽에서 우는 물소여,
수렵 나갔다가 다리 부러져 돌아온 구석기인이
동굴에 갇혀 벽을 멍하니 바라보았을 때도
희망처럼 물소가 찾아왔을 테지?

당선

제1252호 2006년 10월 16일 월요일

2006 최명희청년문학상 : 고등부 시

닭발

· 김재현 (달성고 3학년) ·

삶아서 몰캉몰캉해진 닭발 하나를 뜯는다
평생동안 맨발로 땅을 밟아왔으면서도
거짓말처럼 지워져 있는 흙내음
날카롭게 혀를 쏘는 매운 양념뿐 아니라
딱딱하던 뼈를 잃어버려 흐물거리는 저 촉감까지도
죽음에 의해 거짓으로 쓰여진 한 일생의 맛이다
아마 닭의 생이 고소하거나 매콤하지는 않았을 것이다
제가 싼 똥을 묻힌 채 돌아다니는 그 맨발을 핥으면
혀가 오그라드는, 짜고 쓰리고 구린 맛
죽음을 향한 기억이란 늘 그런 식이다
내가 닭발 속에서 닭의 냄새를 전혀 추측해낼 수 없듯이
소실된 것을 다시 이어나가려는 순간
이전의 기억들은 대개 왜곡되기 시작한다
오체분시 된 채 여기까지 실려 와
이미 오래전에 죽은 것이라는, 그 사실조차

생각하지 못하게 만드는
아마, 억센 손에 붙잡혀 목 비틀어졌을 닭의 최후가
나에게 와선 마치 조리과정의 하나처럼 느껴지듯이
때때로 떠올려보는 몇몇 사자(死者)들 또한
내 기억 속에서 반쯤은 틀어져 있을 것이다
우리가 죽음을 슬퍼하는 것도 그 때문인지 모른다
사랑했던 이의 生前을 온전히 기억할 수 없음에
숙명적인 망각의 습관으로 기억들은 조각나고
떠올릴 때는 늘 누더기처럼 너덜너덜해져 빈 구멍은
닭발 속에 깊게 배어 흙냄새를 지워버린 양념들처럼
내 그리움의 양념들로 채워져 버리는 것이다

최 명 희
청년문학상

•

2001~2008

당선

제1274호 2007년 10월 15일 월요일

2007 최명희청년문학상 : 대학부 소설

모범택시를 타는 순간

· 김학찬 (고려대 국어교육 3학년) ·

-신장(腎臟)을 팔면 얼마나 받을 수 있다고?

-적게는 이삼 천만 원에서 많게는 오천만 원도 더 받을 수 있다더라.

-오천만 원이라. 대학교 사 년 다니기엔 조금 부족하네.

대학교에 복학하려면 등록금부터 내야 한다. 군 복무를 마치는 이 년 동안 등록금은 오십만 원이 넘게 올랐다. 처음 입학했을 때가 이백육십이만 원이었고 그다음해 등록금은 이백팔십 오만 원이었다. 일학년을 마친 뒤 군대에 갔다 오니 등록금은 삼백삼십만 원이 되어 있었다. 이백팔십오만 원일 때 등록금을 미리 내고 군대에 갈 걸, 후회가 들었다. 이 년 전 대출을 해서라도 등록금을 내고 군대에 가는 게 좋은가 아닌가에 관해 이야기 할 때 동기 C가 말했다. 매년 최소 팔 퍼센트 이상씩 꾸준히 수익을 내는 건 학교밖에 없다. 역시 대출 이자보다 학교의 수익률이 높았다.

학교 주변 방값도 등록금과 같이 올라 있었다. 누우면 발끝에 벽이 느껴지는 고시원 방, 그것도 반지하 방이 한 달에 이십오만 원이었고 하숙

집 합방은 가장 싼 곳이 삼십삼만 원이었다. 하숙 독방은 물어볼 엄두도 나지 않았다. 학교 주변에서 멀리 떨어진 곳은 가격이 좀 더 쌌지만 그만큼 버스비가 들기 때문에 별 차이가 없었다. 겨우 구한 싸구려 하숙집의 밥맛은 오히려 군대 짬밥만도 못했다.

두 학기 등록금을 합치면 일 년에 등록금만 육백육십만 원이고 그나마 내년에는 또 얼마가 오를지 모른다. 팔 퍼센트만 올라도 삼백오십육만 원인데 대학교에 입학한 후 팔 퍼센트 아래로 등록금이 오르는 것은 보지 못했다. 어쨌든 일 년 등록금이 육백육십만 원, 하숙비가 사백만 원, 한 달 최소 이십만 원으로 점심과 책값을 감당한다 해도 일 년에 용돈이 이백사십만 원이다. 사립대학교 공부 일 년에 천삼백만 원이 그냥 사라진다. 물가가 오르지 않는다고 가정해도 사 년이면 오천이백만 원이었고 그나마 최소한으로 산다고 가정했을 때 그렇다. 만약 의대나 공대처럼 등록금이 더 비싼 경우라면 일 년에 이삼 백만 원은 더 든다.

취직을 위해 영어 학원이라도 다니고 어학연수라도 짧게 다녀오려면 저기서 다시 끝도 없는 돈이 더 필요하니, 도무지 앞이 보이지 않았다. 훈련소를 퇴소하고 자대 배치를 받았을 때 고참이 꽉 쥔 주먹을 내 눈앞에 대고 물었다. 이 주먹 사이에 뭐가 보이냐, 아무것도 안 보입니다! 이게 앞으로 니 군 생활이다. 전역해도 마찬가지였다.

학자금 대출을 받았다. 등록금은 일단 이것으로 해결되었다. 하숙비는 부모님께서 어떻게든 보내주신다고 했지만 기대도 되지 않았다.

가장 손쉬운 아르바이트는 과외다. 아무 연고도 없는 서울에서 인맥으로 과외를 구하는 것은 불가능해서 학교 주변에 붙어있는 과외 알선업체를 찾아갔다. 동기 C의 말로는 수수료가 높기는 하지만 그만큼 잘 구해준다고 했다. 성실한 과외 선생님을 찾습니다. 참교육 과외 알선소. 성실하고 책임 있게 가르칠 과외 선생님을 모집합니다. 원하는 조건에 맞는 과외 수업을 연결해 드립니다. 초중고 선택 모든 과목 가능. 희망지역, 집 근처 연결, 재학생, 휴학생, 졸업생 환영. ??역 3번 출구 △△빌딩 2층. 문의 전화 XX-XXX-XXXX. 방문 시 학생증 또는 졸업증명서(신분증 지참) 필수.

깨끗한 건물이었다. 투명한 유리문을 열고 들어가자 곳곳에서 전화통화 소리가 들려왔다. 보통 사무실처럼 칸막이가 있는 책상들이 있었고 책상마다 아주머니가 하나씩 앉아서 전화를 받고 있었다. 중앙에는 둥근 탁자가, 벽에는 커다란 서울시 지도와 이 구(區)의 지도가 커다랗게 붙어 있었다.

아직 군대에 가지 않고 학교에 다니고 있던 C는 과외 경험이 많았다. C는 그동안 과외로 많은 돈을 벌었다고 했다. C가 말하기를 첫째, 웃으면서 당당하게 들어가야 좋은 인상을 주어서 알선소에서 먼저 과외 자리를 준다, 두 번째로 과외 경험은 무조건 많다고 하고 학원 강사 경험도 있다고 해야 한다, 과외 경험은 최소 이 년 이상 학원 강사 경험도 반 년은 있다고 해라, 내가 대학교 다닌 지가 일 년 반밖에 안 되는데? 괜찮아 알선소에서 그런 것까지 계산하진 않아. 뭣하면 대학교 합격하고 입학 전부터 과외 했다고 하면 돼, 마지막으로 고등학교 때 경시대회나 수상 경력부터 토익점수까지 자기 소개란을 빽빽하게 채우면 오케이야, 고맙다 첫 과외비 타면 밥 한 번 살게. C에게 전수받은 비법대로 웃으면서 입을 열었다.

-안녕하세요. 저 신, 아니 과외 구하려고 왔는데요.

순간 나도 모르게 신장(腎臟)이라고 할 뻔했다. 보라색 원피스를 입은 아주머니가 말했다.

-저기로 가서 앉아요.

시키는 대로 둥근 탁자에 가서 앉았다. 탁자 위에는 회원 가입신청서가 두툼하게 있었다.

-거기 신청서 앞에 있는 약관 읽어보고 뒷장에 내용 기재하세요.

빽빽한 약관이야 읽어보나마 나지만 꼼꼼하게 읽는 척했다. 말도 안 되는 내용이 있는 게 아닌 이상 동의할 수밖에 없는 약관이다. 마음에 들지 않는 조항이 있다고 해서 고쳐 달라고 할 수도 없다. 수수료는 첫 달 과외비의 절반이다. 가입비는 이만 원이다. 가입 후 한 달 안에 과외 연결이 안 될 경우 가입비 환불을 요구할 수 있다. 특별히 이상한 내용은 없었다. 가입비까지 합하면 알선소 내야 하는 돈이 상당하지만 어쩔 수 없다. 그래도 학교에 다니면서 할만한 아르바이트는 과외 만한 게 없다. 뒷장에 빽빽하게 내용을 채웠다. 아무래도 경력을 너무 부풀리기는 찝찝해서 과외 경험 육 개월 이라고 사실대로 쓰고 대신 다른 내용으로 빈칸을 채웠다. 고등학교 때 우수상밖에 못 받았지만, 국어 경시대회에 나간 경력, 대학교에서 주는 문학상을 받은 경력…. 다 쓰고 나자 보라색 원피스가 와서 녹차 한 잔을 주고 신청서를 가져갔다.

-어디 봐요. 군대도 다녀왔으니 책임감은 좀 있겠고…. 근데 과외 경험이 좀 적네. 육 개월이면 조금 곤란한데. 요즘 학부모님들은 경험 많은 사람을 원하거든. 법대나 의대도 아니고…. 아니 영어 과외는 못 해요?

-영어는 아무래도 좀, 전역한 지 얼마 안 되다 보니까요.

-수학이나 영어가 제일 자리가 많은데. 아깝네요. 중학생도 못해요? 발음은 어때요?

-중학생요? 중학생은 할 수 있는데 회화는 거의 해 본 적이 없어서….

-그럼 곤란한데. 요즘은 초등학생도 영어 과외하려면 회화가 가능해야 되거든. 어쨌든 알았어요. 학생증 줘요. 가입비 이만원은 선급인 거 알죠?

-예 여기. 제가 집안 형편이 좀 어려워서요. 빨리 좀 부탁드립니다.

-염려 마요. 여기 와서 과외 못 구한 학생은 없어. 곧 연락 줄 테니 성사되면 수업시간 잘 지키구요. 과외비는 일주일에 두 번, 한 번에 두 시간 기준으로 중학생은 이십오만 원에서 삼십만 원 정도고 고등학생은 삼십만 원에서 사십만 원 사이로 받아줘요. 참, 연결되고 면접 볼 때 학생증 꼭 확인시켜 드리는 거 잊지 말구요.

알선소를 나서면서 시계를 보니 들어간 지 십오 분 정도밖에 지나지 않았다. 멍하기도 하고 어지럽기도 했다. 무슨 놀림이라도 당한 것 같아 괜히 화도 났다. 그냥 연락을 기다리는 수밖에.

가만히 앉아서 연락만 기다릴 수는 없었다. 다시 생각해보니 보라색 원피스에게 나는 얼뜨기로만 보였을 것 같고 조금 더 당당할 걸, 경력을 좀 더 부풀릴 걸 하는 후회만 들었다. 그렇다고 다시 가서 경력을 고칠 수도 없는 것이고 다른 알선소에 또 등록하자니 가입비를 무시할 수 없었다.

인터넷에 있는 과외 알선소 사이트에 내 정보를 올리기 시작했다. 인터넷에 있는 과외 알선소는 과외를 구하기도 어렵고 과외비가 쌌다. 아무래도 과외비가 쉽게 비교되다 보니 그런 것 같았다. 학부모와 학생들은 마우스 클릭 몇 번으로 수백 명의 교사를 자신의 입맛대로 고를 수 있는 시스템이었다. 학교별, 지역별, 남녀 등 여러 가지 조건으로 수십 명의 교사가 검색되었다. 교사들의 프로필에 있는 사진은 모두 웃는 사진이었고 연예인 같은 외모의 사진도 많았다.

수수료는 첫 달 과외비의 삼십 퍼센트 정도로 참교육 과외 알선소보다 더 쌌고 대부분의 사이트에서 가입비는 없었다. 수수료가 더 싸고 가입비가 없기는 하지만 과외비 자체가 낮게 형성되어 있는 편이라 참교육 알선소 같은 오프라인 업체와 비교해서 딱히 장점은 없었다. 오히려 장기적으로 과외를 할 경우에는 손해였다. 어쨌든 정보를 올려서 나쁠 건 없었기에 여러 사이트에 나를 등록시켰다.

스파르타식으로 확실하게 학생을 지도합니다. 학생의 공부 습관부터 확실하게 바로 잡아 드립니다. 어떤 사이트에는 강한 남자 선생님의 모습을 강조해서 올렸고, 제 동생이라는 생각으로 형이나 오빠처럼 자상하게 학생들을 지도합니다. 믿고 연락주세요^^ 라며 이모티콘까지 써가며 부드러운 모습을 강조해서 올리기도 했다. 강한 모습, 부드러운 모습, 둘 다 적당히 섞은 모습, 냉철하고 전문적인 모습, 있지도 않은 실적을 꾸민 모습, 어떨 때는 내신에 가장 적합한 선생님의 모습이었다가 다른 곳에서는 수능이야말로 가장 자신 있는 분야라고도 썼다. 이런 내용을 계속해서 올리다 보니 나중에는 나 자신조차 헷갈리기 시작했다. 이미 등록한 사이트에 다시 내 정보를 올리려고 한 적도 있었다. 거짓말이 아닌 것은 내가 다니는 대학교 이름과 학과, 이름, 이메일 주소, 휴대전화 번호가 전부였다.

-교육비는 얼마를 드리면 되죠?

인터넷 과외 알선소는 사실 별다른 기대도 하지 않았는데 하루도 지나지 않아서 갑작스럽게 연락이 왔다. 너무 빨리 연락이 왔고 어느 사이트에서 올린 것을 보고 연락이 왔는지 몰라서 당황스러웠다. 받아 적은 주소는 아파트가 아니라 주택이라서 찾기 어렵겠다고 생각했지만, 동네 입구부터 경비원이 있는 곳이었다. 머리가 희끗희끗한 경비원이 아니라 젊은 보디가드 같은 경비원이었다. 동네 입구부터 신분증을 요구받아서 불쾌했지만, 학생 어머니와 통화가 되자 경비원은 그 집까지 나를 데려다주었다.

과외비라는 말 대신 교육비를 우아하게 말을 하는 어머니, 아니 그녀는 젊어 보였다. 진하지 않은 화장과 날씬한 몸매는 삼십 대 초반처럼 보였다. 학생이 고삼이라고 하지 않았으면 정말 삼십 대 초반으로 생각했을 것이다. 과외비, 아니 교육비를 얼마나 불러야 할지, 보통 잘 사는 집이 아닌데 조금 더 세게 불러도 괜찮을 성싶었다.

-고삼 국어니까 사십오만원 정도입니다.

-사십오만 원? 팔십만 원 드리죠. 대신 그만큼 열심히 잘 가르쳐주셔야 해요.

스스로 사십오만 원을 불러놓고도 조금 불안했던 참인데 오히려 두 배에 가까운 팔십만 원을 주겠다고 했다. 순간 잘못 들었나 했지만 오, 륙, 칠, 팔 모두 잘못 들을 수가 없는 발음이다.

책임지고 열심히 가르쳐 달라는 뜻이라며, 자기에게는 하나뿐인 소중한 아이라고 꼭 좋은 대학교에 가야 한다고, 그녀가 말했다. 이런 동네에서 하는 과외는 다 이런가 싶었다. 그 정도는 돈 축에도 끼지 못하는지 오히려 과외비를 높여 부르는 자신감…. 동네부터 시작해서 커다란 집과 정원, 가격과 용도가 짐작조차 안가는 가구들까지, 이곳은 나와는 사는 세계가 달랐다.

사는 세계는 달랐지만, 과외 학생의 얼굴은 나와 놀랍게도 비슷했다.

처음 그 아이를 보는 순간 왜 같은 얼굴이 조금 다른지, 묘한 이질감이 느껴질 정도였다. 고등학교 때 내 얼굴 같기도 했다. 일란성 쌍둥이? 자신과 똑같은 대상이라는 도플갱어? 도플갱어는 죽음의 징조라던데. 내가 학생보다 오히려 키가 조금 작은 것을 빼면 그 아이는 나와 아주 많이 닮아 있었다. 의외로 아이는 놀라지 않고 나만 놀랐다. 표정에 생기가 조금 없고 무기력하게 보이기는 얼굴이었지만 고삼 생활이 힘들어서 그런 것 같았다. 웃으면서 너와 내가 생긴 게 많이 닮은 것 같다고, 이거 누가 손해지? 하면서 농담을 걸었지만 아이는 그러네요, 하면서 혼잣말하듯 대답했다.

아이의 성적은 중하위권이었지만 수업은 힘들지 않았다. 아이의 이해력은 열을 가르치면 여섯은 알아듣는 정도로 보통 중상위권 아이들과 비슷했다. 어려운 문제는 쉽게 이해하지 못했지만 쉬운 문제는 수월하게 풀어냈다. 가르치는 재미를 느낄 정도는 아니었으나 이 정도 머리로 꾸준하게만 공부한다면 성적은 반드시 오를 타입이었다. 실제로 느리기는 했지만, 아이의 실력이 올라가는 것이 보였다. 틀리면 안 되는 문제와 틀려도 되는 문제를 구분하기 시작했다. 문제를 보는 눈이 어느 정도 잡힌 것이다. 이 정도면 명문대는 어려워도 서울에 있는 중위권 대학교 정도는 노려볼 만했다. 나를 믿고 따라오는 아이에게 고마움도 느꼈다. 성적이 떨어졌다면 과외 자리가 잘릴 테니까.

나도 행복한 대학교 생활을 할 수 있었다. 팔십만 원은 하숙비를 내고 용돈을 쓰고도 이십만 원 이상 남았다. 일 년 동안 잘리지 않고 버틴다면 대출받은 돈의 절반 이상을 모을 수 있었다. 오가는 시간까지 합쳐서 일주일에 겨우 여섯 시간만 쓰면 많은 것이 해결되었다. 학과 공부도 의욕적으로 할 수 있었고 중간고사 성적도 괜찮게 받았다. 전역하면서 생각했던 것과 달리 황금빛 생활이 있었고 매사가 순조로웠다. 세상은 여전히 살만하다고 생각했다.

아이의 어머니는 좋은 분이었다. 중간고사가 끝나고 스승의 날이 되자 선생님 맛있는 저녁 사드시라며 돈 봉투를 주셨다. 봉투 안에는 짧은 메모와 함께 빳빳한 십만원 권 수표가 두 장이나 들어 있었다. 메모에는 꼭 선생님이 다니는 학교에 아이가 갔으면 좋겠다며 잘 부탁드린다고 했다. 평소 수업시간에 나오는 간식도 화려했다. 주스로만 알고 있던 망고부터 시작해서 개당 만 원이 넘는다는 애플 망고, 처음에 어떻게 먹어야 하는지도 몰랐던 리치, 람부탄 같은 과일들이 나오는가 하면 음료수로는 몬테스 탄산수니 플로세 워터니 하는 것들이 나왔다. 가끔은 몸에 좋다는 것까지 나왔는데 이름도 모르는 것이 대부분이었다. 그냥 주는 대로 마셨다.

친구들에게 자랑삼아 과외 집 이야기를 하면 모두 부러워했다. 보통의 두 배가 넘는 과외비와 보너스, 맛있는 간식과 호화로운 집. 나도 그 집에 과외 가는 날을 기다릴 정도였다. 동네는 깨끗했고 아름다웠다. 경비원은 나를 알아보고 인사까지 했다. 마치 내가 그곳의 주민인 양 기분이 좋았다. 아름다운 정원과 편안한 책상과 의자까지 모두 영화 속에 나오는 것 같았다.

네가 어떻게 그런 자리를 얻었냐고, 뭘 보고 뽑혔냐고 반쯤 빈정거리며 묻는 애들도 있었다. 평소에 착하게 산 덕이라고 농담으로 받으면서도 나도 그 이유를 알 수 없었다. 왜 하필 나인가? 그런 집은 대부분 석사 학위 이상 받은 전문 과외 선생님을 고용하기 마련이라고, 실제로 아이의 이야기를 들어보면 수학이나 영어 선생님은 나보다 훨씬 나이가 많은 것 같았다. 그렇다고 아이나 아이의 어머니께 왜 나를 뽑았는지 물어볼 수는 없는 일이었다.

의문은 곧 풀렸다. 과외를 시작한 지 넉 달쯤 되었을 때, 수업을 마치고 나오는 나를 그녀가 불렀다. 처음 면접을 봤던 응접실로 자리를 옮겼다. 그녀는 아이에게 방 안에 들어가서 있으라고 하고 가정부까지 자리를 비켜달라고 했다. 괜히 이상한 생각이 들었다. 비싼 집에 있는 아름다운 부인과 함께 자리를 한다…. 누가 봐도 삼십 대 초반으로밖에 보이지 않는 얼굴과 몸매…. 내가 고용된 것은 사실 다른 이유가 있는 게 아닐까. 심장이 뛰었다. 그녀는 아이의 성적 이야기 등 이런저런 이야기로 조금 뜸을 들이다가 마침내 본론으로 입을 열었다.

-선생님 글을 꽤 잘 쓰신다면서요?

그녀는 나에 대해 많은 것을 알고 있었다. 일학년 때 대학교에서 받은 문학상부터 시작해서 심지어 군대에서 국방부에서 실시한 공모전에 입상해서 포상휴가를 받은 것까지도, 어느 문학 계간지에 응모하나 소설이 본심에 올라갔던 것도, 어느 신문 신춘문예에서도 역시 본심까지만 올라갔던 일도 그녀는 다 알고 있었다. 납득하기 어렵지만, 그녀는 나보다 나를 더 잘 알고 있는지도 모른다.

-물론 쉬운 일이 아니란 거, 잘 알아요.

대학교 입학전형 중에서는 문학특기자전형이 있다. 중고등학생을 대상으로 실시하는 문학 공모에 입상하면 된다. 대학교에 따라 다르지만 넓게는 삼 등 안에만 들면 문학특기자전형으로 인문학부에 지원할 자격을 준다. 말이 지원 자격이지 사실상 삼 등 안에 들면 합격이나 마찬가지다.

 -우선 예선을 통과해야 해요. 예선을 통과하면 오백만 원을 드리죠.

글 한 편에 오백만 원이면 섭섭하진 않을 거예요. 예선은 미리 써서 내기만 하면 돼요.

일간지 신춘문예에서 당선되면 상금이 삼백에서 오백만 원 정도다. 그런데 예선만 통과해도 오백만 원. 신춘문예 당선보다 낫다. 예선에서 뽑는 인원 역시 대학교마다 다른지만 삼십 명에서 오륙십 명 정도라고 한다.

-공모전을 실시하는 대학교 중 우리 애가 가고 싶어 하고 대리 응시를 할 수 있는 학교는 두 군데예요. 그중에서 선생님 다니는 K대학교가 가장 먼저 실시하고 또 가장 명문대예요. 아마도 선생님 학과 교수님들이 심사를 하겠죠. 매년 그래왔으니까요.

우리 학과 교수님 중에서 문법을 담당하는 교수님, 고전을 담당하는 교수님, 구비문학을 담당하는 교수님, 시를 담당하는 교수님을 빼고 나면 실제 소설 심사를 할 교수님은 많아 봐야 세 분 정도다. 그중 한 분은 이 년 전 내가 받은 문학상의 심사를 하신 분이다. 나는 그 교수님과 다른 교수님들의 성향을 안다. 설사 다른 곳에서 심사 위원을 초빙해도 나에게 특별히 불리할 것은 없다.

-선생님도 아시겠지만, 선생님과 우리 애의 외모는 누가 보면 형제로 알만큼 비슷해요. 선생님이 우리 애와 비슷하게 바르고 두꺼운 깔창을 넣은 신발을 신으면 완전히 흡사해요. 본선에서는 신분증을 확인하지만, 워낙 닮아서 들키지 않을 거예요. 시험 치기 전에는 모자를 쓰고 조용히 있으면 되고, 주변 학생들은 자신의 생각에 골몰해서 주변 사람들에게는 신경도 안 써요. 소설이나 산문 부문이니까 자기 글쓰기도 바쁠 테구요.

모든 의문이 풀렸다. 왜 내가 이 집에 뽑혔는지.

-잘 생각해보세요.

잘 가꾸어진 정원을 지나 대문 가까이 가는데 문밖에 어떤 사람이 있었다. 그 사람은 인터폰을 누르고 말했다. 국어 선생님입니다. 삼십 대 초반으로 보이는 자신만만한 얼굴에 깨끗한 가죽가방을 손에 들고 있었다. 문이 열리고 나는 나가고 그 사람은 들어갔다. 내가 나간 문을 통해 그 사람은 익숙하게 정원을 지나갔다. 아이의 국어 선생님은 나 혼자가 아니었다. 아니 내가 아니었다.

그녀는 오천만 원을 제시했다. 내가 다니는 K대학에서 입상한다면 사례금 오천만 원과 백 퍼센트의 보너스를 주겠다고 했다. 다른 D대학은 사례금만 동일하다고 했다. 집에 와서 인터넷으로 찾아보니 두 학교 외에는 대리시험이 통할 만한 학교가 없었다. 어떤 대학교는 이박삼일 동안 문학 캠프를 실시하기 때문에 대리시험이 불가능했고 다른 대학교는 그녀나 아이가 가고 싶어 하는 대학이 아니었다. D대학도 명문대이기는 했지만 K대학에 비하면 평판이 조금 떨어졌다. 백 퍼센트의 보너스까지 내건, 그녀의 욕심은 우리 대학교였다.

나올 때 그녀가 차비로 하라고 준 돈은 십만 원짜리 수표였다. 혼란스러운 기분으로 북적대는 지하철을 환승 해가며 타기는 싫었다. 이 동네 주변에는 모범택시밖에 없었다. 에라, 모르겠다 싶어서 그냥 올라탔다. 일반 택시도 타 볼 일이 없는데 모범택시를 타는 것은 처음이었다. 편안한 승차감, 부드러운 운전, 몸에 밴 기사 아저씨의 친절은 여전히 과외집에 있는 느낌이었다.

그녀의 제의를 받아들이면 이런 것을 누릴 수 있다. 오천만 원이면 남은 삼 년을 아르바이트 한 번 하지 않고 다닐 수 있다. 만약 K대학에서 입상한다면 일억 원, 남은 삼 년은 물론이고 원하는 대학원 공부까지도 석사쯤은 어렵지 않게 마칠 수 있다. 그러고도 돈이 남는다. 그 전에 담뱃갑만 한 방과 군대 짬밥만큼 맛없는 하숙집을 떠나 괜찮은 원룸에 전세로 들어갈 수 있다. 부모님도 부담이 훨씬 줄어든다. 경제적으로 전혀 부모님께 폐를 끼치지 않으니 효도하는 것이다….

창밖을 보니 택시는 강을 건너고 있었다. 택시 창문에 생각에 빠진 내 얼굴이 비쳤다. 나 외에 다른 국어 선생님이 있다는 사실은 이제 관심도 없었다. 아이의 성적이 오른 것은 내가 잘 가르쳤기 때문이 아니었다. 아이는 가끔 내 필적이나 봐두었을 것이다. 완벽한 그녀가 이런 것쯤 계산에 넣지 않았을 리가 없다. 어쩌면 오늘 다른 진짜 국어 선생님과 마주친 것도 그녀의 계산일지도 모른다. 만약 내가 그녀의 제의를 거절한다면? 바로 과외 자리에서 잘릴 것이다. 그리고 다시 과외를 구해야 한다. 이번 과외는 수수료도 내지 않았다. 그녀가 알아서 먼저 과외 알선 사이트에 전화해서 나를 고용하지 않겠다고 거짓말을 해줬고 나는 수수료 이십사만 원을 아낄 수 있었다. 다시 과외를 구해도 이런 조건의 과외 자리는 결코 없을 것이다. 그나마 편한 아르바이트가 과외라지만 두세 개씩 과외를 하면서 학과 공부에 충실하기는 어렵다. 아니, 그전에 학기 중에는 과외를 구하기도 힘들다. 다시 알선소에 얼굴을 들이밀기는 싫다. 어차피 품팔이하는 것이지만 알선소에서 내 가치는 엉망이 되었다. 껌을 짝짝 씹는 아주머니들의 간지러진 전화 소리를 들으며 약관에 동의하고 오만 원 단위로 몸값이 올라갔다 내려간다. 군대에서 욕을 먹어가며 일을 할 때는 오히려 느껴보지 못했던 종류의 굴욕감이었다. 그것을 다시 반복해야 한다.

부정, 부재. 이번 일은 분명한 부정이고 확실한 부패다. 발각될 경우

퇴학은 물론이고 형사처분까지 받을 수 있다. 그러나 설마 발각될까? 아이와 나는 너무 닮았다. 훈련소에서 경험한 바이지만 머리를 짧게 자르고 똑같은 옷을 입혀 놓고 안경까지 씌워 놓으면 같은 체형의 남자들은 거기서 거기다. 그녀 같은 사람이 발각될 위험이 큰 일을 권할 리가 없다. 나뿐만 아니라 아이마저도 끝장나니까. 금도끼 은도끼는 아무나 받을 수 있는 것이 아니다. 어차피 아이에게 들어가는 과외비만 해도 일년에 수천만 원을 쓰는 집이다. 오천만원이라면 그쪽에서도 비싸게 먹히는 건 아니다.

-도착했습니다. 손님. 오천만 원입니다.

-네? 오천만 원요?

-하하 손님 오천만 원이라니요. 삼만 원입니다.

귀에 들리는 모든 숫자가 오천만 원으로 들렸고 눈에 보이는 모든 숫자도 오천만 원이었다. 오천만 원 오천만 원 오천만 원 오천만 원 오천만 원 오천만 원…. 내 양심의 가격은 오천만 원. 아니 일억 원일지도 모르는 오천만 원. 누구에게 고민을 털어놓을 수도 없는 문제였다. 말이 많으면 안 된다. 이 일은 부모님도 모르셔야 한다.

예선은 무난하게 통화했다. 예전에 써둔 글 중에서 가장 적당한 글을 골라 열심히 다듬었다. 예선에서 떨어지면 오천만 원은 기회조차 오지 않는다. 예선 마감일을 앞두고 그녀는 일주일 동안 휴가를 주었다. 두 번의 과외는 한 것으로 계산해 주겠다고 했다. 예선은 자유주제였기 때문에 어렵지 않았다. 예선 발표가 난 날 그녀는 나를 데리러 차를 보냈다. 처음 타보는 비엠더블유였다. 아니 비엠베였다. 비엠베는 모범택시와도 비할 바가 아니었다. 눈을 반쯤 감고 있는 나에게 기사가 웃으면서 비엠베도 모두 같은 비엠베가 아니라고, 이 비엠베는 대통령의 의전 차

량과 같은 거라고 했다.

비엠베를 타고 간 곳은 그녀의 집이 아니라 어떤 레스토랑 같은 곳이었다. 레스토랑이라고 말해도 되는지 모르겠다. 어딘지도 모르는 곳이었고 넓은 마당에는 비싼 외제 승용차들만 있었다. 테이블과 테이블의 거리는 까마득했고 조명은 어두웠다. 밝은 곳은 홀의 중심 부분 뿐이었는데, 거기서는 음악에 무지한 나도 알고 있는 유명한 바이올리니스트가 혼자 조용히 연주하고 있었다. 테이블은 성인 두 사람도 누울 만큼 컸다. 그 위에 나로서는 도저히 알 수 없는 음식들이 쌓여가고 치워졌다. 그녀는 살짝 젖가슴이 보이는 이브닝드레스를 입고 익숙하게 음식을 맛보았다. 이것 한 조각, 저것 한 조각, 어떤 것은 아예 손도 대지 않았다. 이름도 외울 수 없는 와인을 청해서 살짝 향기만 맡아보고는 손을 내젓기가 여러 번이었다.

식사가 끝나고 그녀가 내민 봉투를 내밀었다. 조용히 가방에 넣으려는 그녀는 지금 확인해보라고 했다. 실례하겠습니다, 하면서 봉투를 열어보니 수표가 두 장 들어 있었다.

오백만 원짜리 수표를 보는 것은 처음이었다. 내가 본 가장 수표는 십만 원짜리 밖에 없었다. 백만 원도 아니고 오백만 원, 이 종이 한 장의 가치는 오백만 원이었다. 그리고 봉투에는 이 종이가 두 장 들어 있었다.

-보너스예요. 약속된 것은 아니지만. 나는 언제나 약속 그 이상을 줘요.

봉투와 그녀의 한마디 말에 그동안의 고민은 끝이 났다. 그래도 양심을 지켜야 하는가 하는 문제는 더 이상 문제가 아니었다. 예선까지만 치를까 하는 생각도 있었다. 예선만 통과하고 본선은 포기한다면 누구도 피해를 보지 않는다. 아이 대신 뽑혀야 하는 학생이 떨어지는 것도 아니고 예선 정도를 통과하지 못할 학생이었다면 어차피 본선에도 가망이 없다. 그리고 나는 오백만 원을 벌 수 있다. 오백만 원이면 반 년 치 과외비에 해당하는 돈이다. 그것만 해도 다른 과외가 들어 올 때까지 넉넉히 버틸 수 있는 돈이며 과외 집에서 나를 가지고 논 것을 생각하면 예선까지만 치르는 것도 나름대로 자존심과 양심을 지킬 수 있는 방법이다. 그러나 그녀의 봉투 앞에서 고민은 끝이 났다. 무슨 일이 있더라도 본선에서 입상해야 한다. 입상했을 때 보너스는 백 퍼센트 이상일지도 모른다. 아니 분명히 백 퍼센트를 훨씬 넘을 것 같다.

-본선에서는 어떤 주제가 나올지 몰라요. 여기 몇 가지 예상 주제가 있어요. 아직 확실하지는 않지만 제가 알아본 바에 따르면 이번 본선은 다른 곳에서 심사위원이 초빙되는 일은 없을 거라고 하더군요. 아주 가끔 의외로 자유주제가 나오기도 한다지만 어차피 그렇다면 선생님이 자신 있는 것으로 하면 될 것이고 예상 주제에 대해 미리 연습을 해보는 게 좋겠지요. 이건 예전 당선작을 모은 거예요. 읽어 보면 알겠지만 만만치 않을 거예요. 참, 혹시 필요한 책이 있으시다면 말씀하세요. 바로 구해드리죠.

어차피 시작된 걸음이다. 이제 갈등 따위는 없다.

본선까지는 삼 주가 남았다. 하숙방에 돌아와서 프린트를 읽어 보니 정말 만만치가 않았다. 우리 학교는 당선과 차선에 대해서만 문학특기자전형을 지원 자격을 준다. 예선에 통과된 학생은 모두 오십 명이라고 했다. 확률은 사 퍼센트다.

먼저 심사위원의 성향 파악이 중요했다. 외부에서 심사위원이 초빙되지 않는다고 해서 모두 우리 과 교수님들이 심사하리라는 보장은 없다. 일단 불문과에도 소설 유명한 교수님이 계시니까. 예전 내가 문학상에 당선되었을 때 심사를 하신 교수님은 빠질 확률이 낮아 보였다. 좁게는 두 분, 넓게는 네 분 정도가 심사위원으로 유력했다. 일단 이 교수님들의 서적과 논문을 모조리 구해달라고 했다.

역시 그녀는 능력이 있었다. 절판된 책까지 어떻게 구했는지 모두 구해서, 종이가 누렇게 변해서 알아보기 힘든 책은 깨끗하게 새로 제본까지 해왔다. 교수님들이 예전에 관여한 심사의 심사평이나 당선작도 가능한 모두 구했다. 일주일 동안 죄다 읽어 보니 어느 정도 윤곽이 잡혔다.

가벼운 글은 탈락이었다. 문장은 만연체라도 상관이 없었고 어휘에 신경을 써야 했다. 생소한 순우리말 어휘나 어려운 한자 어휘를 넣으면 좋았다. 어설픈 한자 어휘는 오히려 감점 대상인 게 분명해 보였다. 주제는 고등학생의 관심사보다 조금 더 거시적으로 잡을 필요가 있었다. 역시 예상대로 첫 문장이 중요했다. 백일장 분위기에 들떠 쓸데없이 관념적이거나 튀는 묘사에 치중하면 안 된다. 첫 문자, 첫 문단은 깔끔하게 써야 한다. 처음부터 비문이 나오면 뒷부분은 읽어 보지도 않는다. 날카롭게 치고 나가야 했다.

본선 전날 그녀는 내 머리를 직접 자신의 아이와 똑같이 잘랐다. 그녀는 머리도 잘 다듬는 듯했다. 가위가 귀를 스칠 때 차가운 감촉에서 오히려 편안함을 느꼈다. 머리를 감고 나자 디자인이 있는지 없는지 모를 평범한 옷을 나에게 건넸다. 다른 똑같은 옷 한 벌은 그녀의 아이 몫일 것이다. 도수 없는 안경도 준비되어 있었다. 안경까지 갖춰 쓰고 거울을 보자 거울 속에는 내가 아니라 그 아이가 있었다. 그러고 보니 아이를 마지막으로 본 것은 처음 그녀의 제의를 받던 날로, 아이를 본 적이 까마득했다. 머리를 자를 때도 아이를 보지 못했다.

모든 준비는 끝났다. 좋은 꿈만 꾸는 일이 남았다.

매일 가는 학교에서 치는 시험이라 긴장은 느껴지지 않았다. 모자를 푹 눌러쓰고 시험장에 들어갔다. 시험장은 공교롭게도 고삼 때 논술시험을 친 바로 그곳이었다.

나 외에는 딱 한 명이 더 모자를 눌러쓰고 있었다. 담배 생각이 간절했지만, 화장실에서 담배를 피우고 오면 주변 고등학생들에게 어떤 인상을 남길 위험이 있다. 세 시간만 더 참으면 되는 일이다. 실수란 없다.

주제는 세 가지였다. 정수기, 세면대, 맥주. 공통점은 모두 물과 관련된 것이란 것이었기 때문에 물 이야기를 써서는 안 된다는 생각이 들었다. 평범하지 않은 주제들이지만 공통점이 있는 것은 오히려 함정일 것이다. 그런데 왜 고등학생을 대상을 한 대회인데 왜 맥주가 주제에 나왔을까. 맥주를 선택하는 것은 함정일까? 아니면 그 반대를 노린 것일까? 고등학생이라고 맥주 한잔하지 말라는 법은 없다. 괜히 의심이 들었다. 세면대는 어느 집에나 있지만, 정수기는 아니다. 평범하게 세면대로 갈까. 고민 끝에 세면대로 정했다. 평범한 주제에서 오히려 빛이 나는 법이다.

시험장을 빠져나오자마자 화장실에 들어가 담배를 빼 물었다. 뻐끔, 뻐끔, 오래 담배를 참았는데 담배 맛이 깔끔하지 않았다. 이제 내가 할 일은 끝났다. 발표는 오후 다섯 시에 대강당에서 있다. 그때는 나 대신 아이가 들어가 대기 할 것이다. 그동안 점심을 먹고 집에 가서 옷을 갈아입고 쉬면 된다. 다섯 시에 슬쩍 대강당 뒤편에서 심사 발표를 들으면 그것으로 끝이다. 담배를 끄고 나오는데 옆 칸의 문이 열렸다. 나 외에 유일하게 모자를 썼던 학생, 어디서 본 얼굴이다. 동기 C였다.

우리는 잠시 멈칫했을 뿐, 아무렇지도 않게 제 갈 길을 갔다. C보다는 내가 글을 잘 쓴다. 교내 문학상을 받을 때도 C는 심사평에 이름조차 없었다. 걱정할 것은 없다. C 역시 본선까지 나온 이상 떨어진다고 해서 나를 폭로할 자격은 없다. 여전히 모든 것은 순조로웠다.

-잘 되었겠죠?

-염려 마세요. 남은 일은 약속만 지켜주시면 됩니다. 백일장 요약문을 메일로 곧 보낼 테니 잘 읽어 두라고 전해주세요.

-끝까지 침묵을 지켜줘요. 이따가 대강당에서 나는 앞쪽에 있을 거예요. 선생님은 뒤쪽에 있어요. 우연히라도 같은 곳에 있으면 곤란하니까. 발표를 확인하고 당선되면 오늘 밤에 뵙죠.

다섯 시에 대강당에 들어가니 생각보다 많은 사람이 들어와 있었다. 시 부문과 소설 부문 각기 오십 명씩 백 명의 고등학생들과 학부모들이 모두 저마다 시끌거리고 있었다. 앞쪽에는 그녀와 아이가 보였고 뒤편에 서 있는 C도 보였다. 예상대로 심사위원석에는 우리 과 교수님 두 분과 낯선 교수님 한 분이 앉아 있었다. 사회자가 앞에 나와서 소란을 정리하고 발표가 있겠다고 했다. 조용한 가운데 내 소설을 뽑았던 교수님이 앞으로 나왔다.

-많은 학생 여러분, 그리고 학부모 여러분 수고 많으셨습니다. 우리 K 대학교가 배출한 훌륭한 시인이자 소설가인 ▲▲▲을 기리기 위한 이번 백일장에서…. 시 부문 당선자부터 시상 하겠습니다. 올해 시 부문은 당선은 없고 차선만 있습니다. 차선에 △△△, 축하합니다.

말이 길어 초조했다. 단발머리 여학생이 앞으로 나가 상을 받았다. 여학생은 울면서 상을 받았다. 이제 소설 부문, 아니 이제 오천만 원이 발표된다.

-다음으로 소설 부문 당선자를 발표하겠습니다. 올해 소설 부문은 당선은 ㅁㅁㅁ학생, 축하합니다.

당선에 아이의 이름이 없을 때 무릎에 힘이 빠졌다. 차선에도 아이의 이름은 없었다. 아이의 이름은 내가 낸 원고지 외에는 없었다. 사람들이 박수를 치고 감격에 우는 아이들과 떨어져서 우는 아이들이 속에 나는 고개를 꺾었다. 내 눈에도 눈물이 조용히 흘렀다. 머리를 들어 앞쪽을 보자 그녀가 고개를 돌려 나를 보고 있었다. 그녀의 얼굴에는 아무런 변화가 없었다. 다음 기회는 없을 것이다.

수상식을 뒤로하고 강당을 나섰다. 소설 부문 당선과 차선도 여학생이었으니 C 역시 실패했다. 계속 눈물이 났다. 오천만 원은 생각나지도 않았는데 내가 우는 까닭은 무엇 때문일까. 〈끝〉

당선

제1274호 2007년 10월 15일 월요일

2007 최명희청년문학상 : 고등부 소설

개미

· 박정은 (서울경기여고 3학년) ·

바닥에는 흰 애벌레 같은 가루약들이 어지럽게 흩어져 있다. 그 위로 유리컵에서 쏟아진 물이 흥건하다. 가루약은 물에 섞여 흰 죽처럼 바닥에 엉겨 붙어 있다. 나는 물끄러미 발밑을 내려다본다. 식후에 한 번도 거르면 안 된다고 단호하게 말하던 의사의 얇은 입술이 떠오른다. 나는 희미하게 웃는다.

- 아침에 먹었던 약 기운은 언제까지 지속될까. 한 시간? 두 시간?

째깍째깍 초침이 빠르게 지나간다. 내 심장 박동 수도 점점 빠르게 달리고 있다. 몸은 뻣뻣해지고, 혀끝은 말라간다. 흰 벽지로 둘러싼 벽면들이 천천히 내게로 다가온다. 무늬 없는 하얀 벽지인 줄 만 알았었는데 눈앞에 다가올수록 어지럽게 수 놓인 체크무늬다. 나는 무늬 사이의 얇은 칸 속으로 빠질 것만 같다. 머리 위 형광등 불빛이 파르르 떨린다. 허공으로 흩어지는 빛의 입자들-

어지럽다, 숨이 막혀온다, 구토가 치민다. 위액과 섞인 으깨진 음식물들이 바닥으로 쏟아진다. 역한 냄새가 난다. 얼굴이 뜨겁게 달아오르며, 두 눈에선 눈물이 찔끔 나온다. 아직도 입안에는 시큼한 음식물 찌꺼기가 남아있다. 입가에 고인 침을 소매로 쓱 닦고 나는 그대로 침대에 몸을 던졌다.

발가락 끝에서부터 벌레가 스멀스멀 올라오는 것 같다. 등골에 소름이 확 돋고, 팔에 있는 털이 삐쭉 솟아오른다. 하지만 이것도 곧 사라진다. 내 몸의 신경은 점점 무뎌지게 될 것이다. 방을 둘러쌓고 있는 사방이 벽면이 나를 향해 다가오고 있으니까. 결국, 나는 보이지 않는 누군가에 의해 숨이 끊기고 말 테니까. 벌써 나는 더위에 지친 개처럼 혀를 내밀고 힘겹게 숨을 쉬고 있다. 눈꺼풀이 무겁다. 점점 내 시야에는 새하얀 점들로 가득 찬다. 더 이상 역한 냄새도 나지 않는다. 창밖에선 늙은 은행나무가 나를 엿보고 있다.

내 머리맡에 놓인 개미집에서 불개미들은 부지런히 움직이고 있다. 깊은 땅굴을 들락날락 하며 꽁지 부분을 동그랗게 세운 불개미들이 개미집에서 나와 내 머리 위로 슬금슬금 내려온다. 5mm인 암적 황색의 작은 몸으로 줄지어 내려오는 불개미에게 난 아무런 저항도 할 수 없다. 1cm도 안 되는 아주 작은 몸뚱이지만, 그들이 힘을 모으면 침대에 축 늘어진 나를 공격하는 것쯤은 아무것도 아니기 때문이다. 그들은 무서운 힘을 가지고 있다. 조그마한 체구에서 뿜어 나오는 힘은 30배에서 50배 정도의 능력을 발휘하고, 그렇기 때문에 그들이 한 번 휩쓸고 지나간 자리에는 어떠한 생명도 다시 살아남을 수 없다. 몇십 년 된 나무도. 꽃들도. 그리고 사람들도. 하물며 17년을 산 나는 어떻게 그들의 공격을 이겨낼 수 있을까. 다시 온몸이 빳빳하게 경직된다. 손가락 마디마디가 한 토막씩 분리되어 가는 것 같다. 오른쪽 엄지발가락에서부터 불개미의 부슬부슬하나 누런 털의 느낌이 나는 것 같다. 천천히, 슬금슬금 나의 몸을 오르는 불개미들.

- 애초부터 사는 것이 아니었는데.

나의 머릿속에서 동생의 목소리가 들린다. 초등학교에 갓 입학한 여동생은 학교 숙제라며 개미집을 사달라고 조른다. 나는 동생 손을 잡고 아파트 화단에 나가 개미를 구경하자고 하지만 동생은 방바닥에 주저앉아 발버둥을 치며 울음을 터뜨린다. 까만 눈동자에서 굵은 눈물이 볼을 타고 흘러내리자 난 동생을 달래고는 내 방으로 간다. 서랍 깊숙이 시뻘게진 두 눈을 손등으로 훔치고는 금세 자리에서 일어나 나의 허리를 감싼다. 까르르 웃는 동생의 웃음소리. 나의 숨통은 그때부터 서서히 조여오기 시작한다.

앤트쿠아리움을 살 때 함께 넣어준 처녀 왕개미가 어제 알을 낳았다. 수십, 수백 개 일을 난 처녀 왕개미는 자신의 몸무게보다 더 많이 알을 낳은 것이다. 젤리처럼 말랑말랑해 보이는 미색의 타원형 모양의 알들은 다른 일개미가 파놓은 알 기르는 방에 놓여있다. 일개미들은 더듬이를 곧추세우고 부지런히 알 주위를 맴돈다.

- 언니 왜 그래?

개미집을 보고 있는 나를 올려다보며 동생은 내 옷자락을 힘껏 쥐었다 편다. 내 내장 속에도 무엇인가 꿈틀꿈틀 기어 다니는 느낌이 든다. 나는 손으로 입을 막는다. 헛구역질이 나오고 두 눈앞은 하얀 현기증으로 시야가 뿌옇게 흐려진다.

- 언니, 언니.

동생의 목소리가 촉촉이 젖어 들자, 나는 그때야 동생의 까만 눈망울을 내려다본다.

- 괜찮아. 난. 근데 아빠 개미는 어디에 있을까?

- 아빠 개미들은 짝짓기를 하자마자 몇 시간 내에 죽는데. 선생님이 그랬어.

뒤꿈치를 살짝 들어 개미집을 톡톡 건드리는 동생은 개미들이 아무 반응이 없자 지루한 표정으로 방을 쏙 들어가 버린다. 나는 나의 아버지를 떠올려본다. 그도 저 불개미 같았으면 좋겠다는 생각을 했다. 지상에서 연기처럼 훌훌 사라져버리는. 하지만 그는 저 어딘가에 살고 있다. 그리고 아주 가끔, 정말 가끔, 그는 내게 온다. 짙은 담배 냄새와 술 냄새를 풍기며, 계단 너머로 그의 무거운 발소리가 들리기 시작할 때면 저절로 내 몸은 굼벵이처럼 움츠러든다.

- 밀폐 공포증입니다. 닫혀있는 장소에 가두어지는 것에 대한 병적 공포증입니다. 혹시 어렸을 때 압박감이라거나, 성적인 상처가 있었나요? 보통 그런 것들이 변질하여 형성되는 공포증입니다. 치료에는 주로 약물과 최면, 상담을 병행하고 있습니다.

딱딱한 그의 목소리가 내 귓속으로 파고들었다. 나는 아무 말 없이 그의 말을 묵묵히 듣는다. 컴퓨터 화면에 알 수 없는 영어로 내 병증을 자세하게 기록하고 있는 그는 가끔 희끗희끗한 흰머리가 간간이 보이는 머리카락을 넘기고, 콧등에 주저앉은 금테 안경을 손가락으로 밀어 올리곤 한다.

- 우선 일주일 치 약을 지어드리겠습니다. 차차 증세를 보고 상담이나 최면치료를 하도록 합시다.

그제야 컴퓨터 화면에서 시선을 뗀 그는 날 물끄러미 쳐다본다. 끝났습니다, 어서 나가세요, 그의 눈은 나에게 말한다. 나는 자리에서 일어나 꾸벅 그에게 고개를 숙인다. 밀폐 공포증. 익숙한 단어. 나는 길거리를 걸으며 내내 그 단어를 입속에서 질겅질겅 씹는다.

- 약을 먹자마자 바로 효과가 나타는 것은 아닙니다, 그러니까 병증세가 나타나면 밀폐된 공간 보다는 개방적인 공간에 있는 것이 좋습니다.

나는 걷고, 또 걷는다. 이곳에서 지하철을 타고 30분 정도 되는 거리를 나는 무작정 걷기로 한다. 앙상하게 메마른 나뭇가지들이 날카롭게 하늘을 찌르고 있고, 빨갛게 달아오른 손을 호호거리며 종종종 걸어가는 사람들의 뒷모습에선 차가운 바람이 뒤따른다. 나는 주머니에 손을 넣고 그들과 똑같이 걸어간다. 파란 하늘 위로 옅은 구름이 은빛 얼음으로 꽁꽁 얼어있는 아스팔트 길을 따라 지나간다. 회색빛 눈길 위로 내 발자국이 동그랗게 찍힌다.

- 네 신발 모양하고, 내 신발 모양하고 똑같나 봐.

발걸음을 하나씩 옮길 때마다 누군가가 나에게 말을 걸어온다. 같은 반 친구 유은미. 그녀는 나에게 그렇게 말한다. 점심시간 운동장을 걸을 때도, 신발을 갈아 신을 때도, 오늘처럼 눈이 많이 오는 날 발자국 모양으로 땅이 움푹 팰 때도. 그녀는 한쪽 손으로 수줍게 입을 가리면서 말한다. 나는 내 발을 내려다본다. 주름이 깊게 팬, 운동화 비닐이 다 벗겨진 초라한 내 신발 모양을. 하지만 은미의 신발은 언제나 깔끔하고 단정했다.

- 난 너만큼 많이 안 걷잖아.

부끄러운 내 발로 얼굴이 달아오를 때면 은미는 나의 손을 잡으며 말한다.

「언제 학교 올 거니.」 핸드폰에 은미의 문자가 도착했다. 그녀는 매일 아침, 내가 학교에 가지 않자 문자를 보낸다. 하지만 나는 어떠한 답장도 할 수 없다. 그리고 오늘도 난 학교에 가지 않는다.

나는 창문 밖을 바라본다. 흰 눈이 소복이 쌓여있는 나뭇가지. 그 위로 바람이 스쳐 지나간다. 고요하게 앉아있던 눈송이들은 잠시 허공 위로 붕 튀어 오르고, 그것은 따스한 햇볕에 반사되어 이내 사라진다. 마치 내 손에 닿으면 촉촉한 물로 사라지는 것처럼. 항상 모든 것의 변화하는 한순간이다.

- 이윤아 일어나!

앙칼진 목소리가 내 귓가에 울린다. 창문을 바라보고 있는 나를 은미가 연필로 팔을 쿡쿡 찌른다. 나는 그제야 자리에서 일어나 칠판 앞에서 바늘같이 쏘아보고 있는 선생님의 날카로운 시선과 부딪친다.

- 6번 문제 풀어봐.

아이들의 시선이 일제히 나에게 집중된다. 따가운 눈빛에 손에서 땀이 배어 나왔지만 난 칠판에 쓰인 숫자들이 하나도 보이지 않는다. 아무리 실눈을 뜨고 자세히 보려고 해도 바람에 흩날리는 하얀 눈송이들밖에 보이지 않는다. 다시 귓가에 초침이 돌아가는 소리가 들린다. 숨이 차오르고, 하얀 분필 글씨가 작은 점으로 흩어져 공중 위로 날아오른다. 심장이 쿵쿵 뛰기 시작하고, 두 다리가 바들바들 떨린다. 책상 위를 톡톡 두들기는 내 손가락은 멈출 줄 모른다. 빨간 립스틱을 짙게 바른 선생님의 얇은 입술이 동그랗게 오물거리며 내 이름을 부르는 것 같지만, 난 아무 소리도 들을 수 없다. 그날이었을까. 내가 그렇게 허겁지겁 학교를 빠져나온 날이, 그날 이후로 나는 한 번도 학교에 가지 않는다. 아프다는 핑계만 댈 뿐, 숨이 차오르는 그곳에 한 발자국도 디딜 수가 없기 때문이다.

깊은 땅속도 아닌, 나무 기둥 속도 아닌 곳에서 불개미들은 어떻게 하루하루를 이곳에서 살아가고 있는 것일까. 미국 캘리포니아 바위 밑, 잔디 덩굴 속에서 살았다는 이들은 좁은 앤티쿠아리움이 답답하지도 않은 걸까. 투명한 파란색 젤리 속에 갇힌 불개미들은 자신이 살고 있는 이곳을 잊은 것 같다. 그리고 그들은 예전과 똑같이 굴을 파고, 알을 낳고, 밥을 먹고, 잠을 잔다. 벌써 알 기르는 방에는 수백 개의 알들이 쌓여 있고, 200마리의 일개미들은 새로운 개미들이 태어나길 기다리고 있다. 처녀 여왕개미가 알을 낳은 후, 삼 주가 지나가지만, 그들의 모습은 아직도 완전한 개미의 형태를 이루지 않았다. 유충으로만 변했을 뿐, 그들은 혼자서 할 수 있는 게 아무것도 없다. 다른 애벌레와 비슷한 모습인 그들은 머리와 몸통만 존재하는 진화가 덜 된 모습이기 때문이다. 그래서 그들 옆엔 늘 일개미가 붙어 있다. 안절부절못하는 일개미들은 그들 옆에서 먹이를 먹여주고, 피부를 핥아 세균으로부터 감염을 방지해 준다. 알은 처녀 여왕개미가 낳았지만, 그들을 돌봐주는 것은 갓 태어난 일개미다. 처녀 여왕개미는 보이지 않는다. 나는 어쩌면 정말로 진정한 엄마는 처녀 여왕개미가 아닌 일개미라고 생각한다. 다른 종종 개미들이 공격해 와도 제 몸보다 무거운 유충을 들고 피신하는 것은 일개미들뿐이니까.

- 우리 엄마도 그랬을까. 바다 저 끝으로 천천히 사라지던 날, 그때 나와 동생의 생각은 한 번쯤이라도 해봤을까.

나는 앤티쿠아리움 속에 갇힌 불개미 위에 수건을 덮어 두고는 다시 집에서 나온다. 구불구불하게 꼬인 불개미 집 속에 나도 갇힌 것 같아 숨이 턱까지 차올랐기 때문이다.

바깥바람은 쌀쌀하다. 구부러진 가로등 불빛 아래, 덩그러니 혼자 남겨진 나는 또다시 천천히 걷기 시작한다. 다음 주부터 상담 검사와 최면 검사를 하자는 의사 선생님의 말씀에 나는 괜찮다고 말했다. 이렇게 걷고 있으면 조금 괜찮다고. 하지만 나의 마음속, 깊은 곳에 또 다른 무언가가 존재해 나를 무겁게 짓누르고 있다는 생각이 든다. 그래서 마음의 병도 얻은 것이고.

한번은 지하철 속에서 그대로 주저앉아 울었던 적도 있었다. 검은 터널과 밝은 지하철 불빛이 두려워, 무표정하게 줄지어 앉아 있는 사람들이 섬뜩해서. 나는 그만 지하철 속, 고요한 정적을 깨뜨리고 노랗게 변한 지하철 천장을 바라보며 얼음장같이 차가운 비명을 마구 질러댔다. 하나 둘 씩 사람들은 내 주위로 몰려와 나를 흔들며 다급하게 소리쳤다. 나는 얼굴이 시뻘겋게 달아오른 사람들의 표정을 보며 출입문 위쪽 벽면에 붙어 있는 넓은 바닷물이 그려진 광고지로 눈길을 돌렸다. 그때, 희미한 물결 속을 사뿐히 걸어가는 엄마의 모습이 얼핏 보였다.

엄마는 불개미들처럼 앤티쿠아리움 속에 갇혀 살았다. 하지만 엄마는 자신이 삶을 미처 알지 못했다. 사방이 가로막히고, 앞이 어둡다는 것을. 그래도 엄마는 모든지 잘 참았다. 사업 실패로 아빠가 술에 취해 한밤중에 문을 쾅쾅 두들길 때도, 초록빛 소주병을 휘두르며 모두 죽자고 난동을 부릴 때도, 아빠의 두꺼운 손바닥이 엄마의 뺨을 세차게 스쳐 지나갈 때도, 머리카락이 빠지고, 엄마의 두 눈빛은 점점 빛을 잃어갔다. 매일 벽을 멀거니 바라보던 엄마는 아빠가 또다시 집을 나간 뒤, 한 달만에 입을 열었다. 저 벽이 가까이 다가와 내 목을 조르고 있다고. 천장이 내려앉아 나를 짓눌러 숨이 쉬어지지 않는다고. 엄마의 검은 눈동자는 초점을 잃었고, 자신의 목을 잡고 바닥을 굴렀다. 푸른 힘줄이 곧게

선 엄마의 손을 나는 힘껏 쥐어 잡고 엄마를 안아보려고 노력했지만 그럴수록 엄마의 몸은 더욱 빳빳하게 굳어가고 있었다.

한 달 동안 엄마는 아무것도 먹지 못했다. 물을 숟가락으로 넘겨줘도 엄마는 바로 토해버리고 말았다. 바닥에 희멀건 액체가 쏟아질 때마다 엄마는 머리를 쥐어 잡고는 집에서 나가려고 안간힘을 썼다. 그러던 어느 날, 엄마가 나를 부르는 소리가 들렸다. 한 번 만 밖에 나가자는 엄마의 말에 나는 어쩔 수 없이 엄마를 일으켰다. 뾰족하게 튀어나온 엄마의 어깨뼈가 흰 티 위로 앙상하게 드러났다. 버스를 타고 집 근처 바다에 도착하자 엄마의 얼굴에 희미한 미소가 띠었다. 엄마는 두 팔을 벌리며 천천히 바다 가까이 걸어가기 시작했다. 엄마, 나는 저 멀리서 엄마를 불렀지만, 엄마는 한쪽 손만 휘휘 흔들었다. 엄마는 점점 바다와 가까워지고 있었다. 차가운 물이 무릎까지 차올랐지만, 엄마는 전혀 나올 생각이 없었다. 두 손으로 허공 위로 흔드는 엄마는, 바람 위에 새처럼 날고 있었다.

- 엄마, 엄마……

엄마의 다리는 보이지 않았다. 엄마의 마른 등도. 바닷물이 엄마의 잘록한 허리를 휘감았고, 엄마는 바닷물을 손으로 헤치며 자신의 등과, 목덜미도 내어주고 있었다. 물이 차올라 미역 줄거리 같은 엄마의 젖은 머리칼밖에 보이지 않았다. 나는 목이 터질 정도로 엄마를 불렀다. 차가운 바닷물로 사라지는 엄마의 뒷모습은 초라했지만, 왠지 엄마가 웃고 있는 것 같았다. 처음으로 듣는 엄마의 행복한 웃음소리. 엄마의 웃음소리는 저랬구나. 난 떠나가는 엄마를 붙잡지 못했다. 바닷물은 그렇게 엄마를 집어삼켜 버렸다. 바다 끝까지 걸어간 엄마를. 엄마는 아직도 바다 깊숙한 곳에서 걷고 있을까.

아빠는 갑자기 사라진 엄마를 찾지 않았다. 마치 몰랐던 사람처럼. 그리고 아빤 엄마 대신 나를 때리기 시작했다. 어두운 장롱에 갇힌 나는 며칠 밤을 새워가며 울었다. 그때부터였을까. 나에게도 벽이 말을 걸어왔다. 벽 속에서 고약한 냄새를 풍기는 나무 막대기가 불쑥 튀어나왔다. 나도 엄마처럼 숨쉬기가 어려웠다. 밀폐 공포증. 그때부터 나는 엄마와 똑 닮아 가고 있었다.

앤트쿠아리움 속에 살고 있는 불개미들에게 난 먹이를 준 적이 한 번도 없는데도 그들은 아주 잘살고 있었다. 특히, 이 불개미들은 오래전부터 야생에서 살아서 사냥에 능숙해 먹이도 잘 구한다. 하지만 우리 집으로 이사 온 날, 이 앤트쿠아리움 속에서 살기 시작한 날부터 불개미들은 사냥도 할 수 없고, 먹이를 구할 만한 데도 없다. 그들은 그저 깊숙이 굴만 파고 알만 낳고, 보이지 않는 무언가를 위해 끊임없이 일한다. 나는 처음으로 앤트쿠아리움 설명서를 편다. 유리관 수조 속에 투명한 파란색 젤리로 가득한 개미집. 내가 어렸을 때는 정말로 흙을 다 만들어 주었는데. 설명서에는 그들에게 먹이는 필요 없다고 한다. 파란색 젤리 같은 것이 그들이 먹이라고. 그들은 그것을 갈아먹으며 살아간다고. 그래서 먹이 저장소에 먹이가 텅 비어있었던 거구나. 얼마나 편할까. 자신이 살고 있는 집 자체가 전부 먹이인 것을. 둥지 정찰하는 하는 일개미들은 다른 종족 개미가 없기 때문에 정찰하지 않아도 된다. 그들은 그저 앉아서 150일이 지나면 서서히 죽어가는 일개미들을 위해 울어주기만 하면 되고, 새로 태어날 일개미들을 돌보기만 하면 된다.

이런 생각을 하고 있을 때, 나는 문득 슬퍼진다. 그들은 자신이 갇혀있다는 것을 알까. 평생 야생에서 살면서 사냥에도 능숙한 불개미들이

이 비좁은 수조에 갇혀 살고 있다는 것을. 숨은 잘 쉴 수 있을까. 양옆의 투명한 유리관이 말을 걸어오지 않을까. 앤티쿠아리움만 나가면 끝없이 펼쳐진, 한없이 깊고 깊은 땅속 굴이 있다는 것을 그들은 과연 알까. 만약 알고 나면 어떤 기분이 들까.

엄마와 나와 닮은 불개미들. 그들도 밀폐 공포증에 걸린 것은 아닐까.

나는 식탁 위에 놓인 흰 약 봉투를 집는다. 줄줄이 서로의 팔을 붙들고 늘어선 약 봉투가 입을 벌리고 있다. 나는 점선을 따라 그것을 하나 뜯는다. 투명한 유리컵에 물을 따르고 봉투의 입을 벌려 손바닥 위로 약을 쏟아낸다. 손톱만 한 알약들이 색색마다 다섯 알이 있고, 그 위에 작은 영어 알파벳이 찍혀있다. 나는 입속으로 한꺼번에 그것들을 집어넣는다. 혀끝에서 쓴맛이 느껴지지만, 재빨리 물로 약을 목구멍 뒤로 넘겨버린다. 식도를 따라 들어간 작은 알맹이들은 위에서 서서히 녹으면서 핏줄을 따라, 작은 가루들을 혈관으로 넘겨줄 것이다. 그러면 나의 몸은 반응한다. 막혔던 숨통이 살짝 트이기 시작하고, 심장 박동 수도 점점 줄어든다. 눈앞에 흐르는 무수히 작은 점들도 더 이상 보이지 않고, 어두운 현기증 속에서 벗어나 잠시라도 평온한 잠에 빠져든다.

침대 위에 누운 나는 공중에 붕 떠 하늘 위로 날아오른다. 구름을 타고, 바람을 건너간 그곳은 지하철 출입문에 붙어 있던 광고지처럼 푸른 바다가 넓게 펼쳐진 곳이다. 그리고 그 위에 나와 똑같이 생긴 한 여자가 바다 위를 사뿐히 걷고 있다. 하늘하늘한 흰 치마를 입은 그녀는 바람이 불 때마다 가느다란 생머리가 흩날리고, 그녀의 머리카락 사이로 꽃향기가 풍긴다. 그녀가 한쪽 손으로 흩날리는 머리를 쓸어 넘기고 고개를 돌린다. 살며시 미소 짓는 그녀 얼굴에 나도 따라서 웃는다.

엄마는 오늘도 바다를 걷고 있다. 그녀의 발끝이 바닷물에 촉촉이 젖어있다. 엄마는 계속 걷는다. 몇 년 전, 내가 그때 엄마를 보았던 것처럼. 불러도 뒤를 돌아보지 않고 엄마는 또다시 걷는다.

저 끝엔 무엇이 있을까. 평생 어두운 방 안에서 갇혀 지냈던 엄마는 무엇을 봤기에 그렇게 달려갔을까. 나는 아무것도 보이지 않아 아직 모르겠다. 바다 끝으로 보이는 저 수평선 위로 아름다운 무지개가 떠 있을까? 뭉게뭉게 보드라운 구름이 바다와 이어져 있을까? 난 아직도 갇혀 있다. 앤티쿠아리움 속에 살고 잇는 불개미처럼. 어쩌면 내가 살고 있는 이 세상도 앤티쿠아리움처럼 무언가에 갇혀 있는 것은 아닐까. 누군가 투명한 유리관 속에 있는 이 세상을 몰래 바라보고 있는 것은 아닐까.

나도 그곳으로 가고 싶다.

약 기운이 가시자, 난 다시 눈을 뜬다. 오후의 햇볕이 따스하게 창문을 통해 들어온다. 오늘도 눈이 와 세상은 모두 꽁꽁 얼었지만, 하늘만큼은 아직도 따뜻한 빛을 간직하고 있다. 그리고 그 빛은 땅속 깊은 곳까지 얼었던 얼음을, 상처를 살며시 매만져 준다.

현관 쪽에서 인기척이 들린다. 누군가가 열쇠로 문을 열고 있다. 아마 여동생일 것이다. 지금쯤이면 학교에서 돌아올 시간이니까. 여동생은 오늘도 학교에서 오자마자 가방을 내려놓고 관찰 일기를 쓴다. 앤티쿠아리움 속에 살고 있는 불개미를 보면서 그림도 그리고, 이야기도 쓰고. 난 아직도 동생의 일기를 한 번도 본 적이 없어 갇힌 불개미에 대해 뭐라고 썼는지 모르지만, 나는 굳은 결심을 한다. 오늘 불개미들은 다시 돌아가야만 한다고, 푸른 젤리 속이 아닌, 깊고 어두운 땅굴 속으로. 겨울 햇살이 살며시 비치는 그 땅속으로.

동생은 관찰 일기를 다 쓰자, 빵을 입에 물고 내 방문을 빠끔히 열어 학원 갔다 올게, 라며 말한다. 현관문이 저절로 닫히는 소리가 들리자 나는 천천히 자리에서 일어난다. 우글우글 모여 있는 불개미들. 아직도 알 기르는 방에는 수많은 유충이 꼼지락거리고 수백 마리의 일개미들이 분주하게 움직이지만 나는 망설임 없이 앤티쿠아리움을 힘차게 들어 올린다. 내가 이것을 던져버린다면 공격성이 강한 불개미들은 나를 한꺼번에 공격할 것이다. 미국에서 한 남자가 50만 마리의 불개미의 공격에 죽었다는 기사가 문득 머릿속으로 스쳐 지나간다. 하지만 그들도 이대로 두다간, 앤티쿠아리움 속에서 밀폐 공포증에 시달려 시름시름 죽어갈 것이다.

나는 아파트 현관 마당으로 나가 앤티쿠아리움을 집어 던진다. 바닥에 부딪힌 유리관은 날카로운 소리를 내며 산산조각으로 부서진다. 무수히 얇은 유리 조각들이 아스팔트 길바닥을 갈기갈기 찢어놓는다. 뾰족한 유리관 속으로 비집고 흘러나온 푸른색 젤리 덩어리. 그 위로 구슬알맹이 같은 배가 엉켜있는 불개미들. 그들은 서로의 몸을 뒤집으며 아파트 계단 주변에 시커멓게 모여든다. 윙윙거리며 제집을 찾고 있는 불개미들. 그들은 그들 앞에 우뚝 서 있는 내 발을 발견했는지 내 쪽으로 재빠르게 달려온다. 앞 더듬이를 바짝 세우고 갈색 꽁지를 불쑥 들고는, 절름발이 걸음으로 먹잇감이 돼 버린 나를 향해 돌진한다.

나는 발걸음을 옮기기 시작한다. 벌써 몇 마리의 불개미가 나의 발목에 달라붙어 나의 살을 물어뜯지만 나는 괜찮다. 나는 걷는다. 매서운 겨울바람이 나의 코끝을 스치며 지나갔지만 내 어깨 위로 비치는 따스

한 겨울 햇볕을 느끼며 나는 또다시 걷는다. 휴대폰 문자 진동이 울린다.

「오늘 오전 10시에 상담치료와 최면치료가 있습니다.」

앙상한 나뭇가지 사이로 병원이 보이기 시작한다. 나는 오늘 내 아픔을 겨울 햇살에 살며시 떨어뜨리고 발걸음을 옮긴다.

-끝-

당선

제1274호 2007년 10월 15일 월요일

2007 최명희청년문학상 : 대학부 시

어머니가 기와를 먹는다

· 조윤희 (우석대 문예창작과 1학년) ·

모서리가 깨진 기와 한 장, 마당에 버려져 있다
한때는 하늘을 받쳐 들고 처마 밑에 제비도 키우던 검은 기와, 누가 모서릴 베어 먹었을까
햇빛을 갉아먹던 등이 검게 굽었다
나는 어금니에 금이 간 어머니를 의심했다

국수 같은 장대비가 지붕을 두드리던 날, 어머니는 부엌에서 자글자글 기와를 구웠다
어머니의 기와에는 이끼가 가득 끼어 있었다
또 김부각이야? 내 목소리는 비 오기 전 제비처럼 꽁지를 내리고 밥상 위를 낮게 날아다녔다

한 장 한 장, 접시 위에 기와집이 지어졌다
나는 젓가락으로 김부각의 모서리를 부서뜨리며 빗물에 내려앉는 천장을 걱정했다

지붕의 기와가 금이 갈수록 어머니는 어금니가 아프다 했다
나는 월세가 밀린 어머니 품속에서 새끼제비처럼 입을 내밀고 묵었다

어머니는 아직도 빛나는 김부각을 고독고독 씹어 먹는다
뱃속에 고래 등 같은 기와집을 짓고 계시는 것일까
어머니가 어머니를 먹는다

당선

제1274호 2007년 10월 15일 월요일

2007 최명희청년문학상 : 고등부 시

들깻잎

· 한지영 (서울 송림고 2학년) ·

서로 덮여 한 계절을 곰삭아 가는 것들입니다
아버지의 짭짤한 귀가가
온 집안을 잘 절이고
이것저것 뒤집어 놓지 말거라
주름진 어머니의 잔소리가
내 한 시절의 청각을 잘 양념 들게 하는
얇고 푸른 추억이 그사이에 알싸하게 잠기듯

맨손으로 한 잎 떼어
한 숟갈 하얀 날들 위에 척척 덮여가던
푸른 식사(食事)의 날들
가끔 구멍 난 기억쯤은 버려지기도 했으며
달그락거리는 소리 속으로
서로의 따뜻한 식욕이 섞이기도 했고요
말하지 않아도 양념은 사이사이 잘 스며 들었지요

살다 보면 서로 한 상에 둘러앉지 못할 때가 있다고
부모는 빚덩이와 겸상을 하고
동생과 나는 자취라는 상을 마련했지요

빈 자취방에 몇 개의 반찬 통이 문을 열어주는 날이 있지요
반가움에 짭짤한 들깻잎을 덥석 집어먹는데
심장을 닮은 그 푸른 잎에서 눈물 맛이 났지요
서로의 숟가락에 덮혀
한 시절 이불이 되는 들깻잎
꼭꼭 눌러 반찬 통에 담겨온 그것은
한 시절 우리 가족의 맛이었습니다

최 명 희

청년문학상

•

2001~2008

당선

제1296호 2008년 10월 13일 월요일

2008 최명희문학상 : 고등부 소설

코다리가 말라가는 동안

· 전여원 (김해장유고 2학년) ·

코다리 두 마리가 햇빛에 몸을 말린다. 둘은 포개져 은근슬쩍 열락의 시간을 꿈꾸며 문드러져 간다. 살갗은 수분을 날리며 생채기 난 곳마다 청록색 곰팡이를 피워 올린다. 움푹 꺼진 검은 눈알은 햇빛에 조각조각 금이 갔다.

그러나 한 두릅에 꿰여 빼끔, 똑같이 아가미를 벌리고 있는 모습은 서로 닮았다. 어쩌면 둘은 투망으로 들어 올려지던 순간에도 미련하게 지느러미와 등가죽을 맞대고 마지막으로 한 번만 더, 눈부시게 파닥거렸을 것 같다.

어쩌면 둘은 심해에서부터 뿌연 서로의 분비물 속을 같이 부유하기도 했던 오래된 코다리 한 쌍이었는지도 모른다.

햇빛이 일렁일렁 코다리의 뱃가죽을 간질이다 물러난다. 햇빛은 코다리의 늙고 추레한 몸통을 타고 주르르 미끄러져 내리기도 한다. 그러나 썩을 일 밖에 남아 있지 않은 코다리는 햇빛의 뻔한 장난쯤은 개의치도 않는다.

껍질이 켜켜이 서캐 같이 묻혀 있는 소금기는 적당히 노곤하고 알맞게 비릿하다.

남자는 식칼을 들고 코다리의 정수리를 관통한 노끈을 끊는다.

툭, 코다리는 묵중하게 바닥으로 떨어져 내린다. 남자는 투박한 손으로 쓰윽, 코다리의 몸통을 훑는다. 그리고 눈짐작으로 미루어 코다리를 토막 치다가, 듬성듬성 무를 썰다가, 남자는 욕실로 급하게 달려간다.

꺼억 꺽. 남자는 헛구역질을 끌어 올린다.

남자가 입술에 묻은 물기를 닦으며 부엌으로 들어선다. 아직 입속에 남아 있는 시큼한 냄새에 욕지기가 날 법도 하련만, 남자는 냄비 속에 코다리와 무를 쏟아붓는다.

남자는 냄비에 물을 받고 고추장을 풀어 가스레인지 위에 올린다. 파란 불꽃이 점화되며 냄비를 달군다.

뻐끔뻐끔, 코다리의 퀭한 눈알에서 거품이 뿜어 나온다. 코다리의 시커먼 아가미 속으로 벌건 고춧물이 출렁거린다. 코다리는 무를 깔고 누워 달짝지근한 꿈을 꾼다. 비릿한 냄새를 풍기며 아직 다 삭히지 못한 먼바다의 꿈을 졸인다. 꿈과 욕망이 뒤엉켜 끓어가는 냄비는 금방이라도 넘칠 듯 위험해 보인다.

남자는 김이 끓어오르는 냄비 옆에 비스듬히 서 있다. 남자의 오른쪽 뺨에 모락모락 김이 어린다. 그러나 남자의 뺨에는 조금도 뜨거운 기척이 올라오지 않는다.

남자의 오른쪽 뺨에는 다리미 바닥만 한 흉터가 꿈틀꿈틀 남자의 입 근육을 따라 씰룩거린다.

냉장고 문을 열고 남자는 생수를 병째 들이킨다. 쿨렁쿨렁, 목울대를 적시는 물에서는 어둡고 낮은 울음소리가 난다. 남자의 몸속에 숨어 있던 울음소리와 물의 졸졸거림이 뒤섞여 남자의 깊은 내장 속까지 흘러내려 간다.

남자는 냉동실 문을 열고 꽁꽁 얼린 밥 한 덩이를 꺼내 전자레인지에 넣었다. 어두컴컴한 곳에 도깨비불 같은 빛이 돌아가며 밥을 녹인다.

"땡." 전자레인지는 부드러운 경고음을 울리며 멎었다.

남자는 밥상을 차린다. 밥 한 공기와 수저 한 벌, 코다리를 조린 냄비, 그리고 물병을 올려놓는다. 남자는 밥상을 차리며 전화기를 든다.

"처형, 오늘 시간 됩니까?......."

남자는 밥상을 들고 방으로 들어선다. 징그럽게 큰 목련 송이가 뭉텅뭉텅 그려진 커튼이 햇빛을 막아서고 있다. 남자는 누워 있는 아내의 옆구리, 조금 떨어진 곳에 밥상을 내려놓는다.

"일찍 올게."

아내는 대꾸하지 않는다. 아내는 반대편으로 돌아누우려 한다. 그러나 그것 또한 쉽지 않다. 먼저 오른팔로 왼팔로 끌고 와 자신의 배 위에 두른다. 그다음엔 오른발을 왼쪽 다리 아래에 지렛대처럼 받치고 올려서 마침내 "끙"하고 돌아눕는다.

"미안해. 양씨 아버지 상갓집에 갔었어."

"양씨 아버지 초상은 이번이 두 번째거든. 같은 사람이 두 번 죽어? 벼엉신."

병신, 이라고 말할 때 아내의 입술이 일그러진다.

"오늘부터 일 나가야 돼. 처형 불렀어. 일찍 올게."

"내 팔찌하고 반지 끼워주고 가."

남자는 엉거주춤 기어가 문갑 속에 들어있던 상자를 꺼냈다. 그리고 두꺼운 금팔찌와 터무니없이 알이 굵은 반지 한 개를 꺼내 아내의 오른손에 끼웠다. 이건 결혼할 때 무어든 표 내기 좋아하는 어머니가 무리해서 며느리에게 해 준 예물이었다.

금은 스스로 제빛을 잃고 거무스름하다. 언젠가 아내는 처형에게 "언니야, 나 죽고 나면 이거 언니 해라."라고 말하는 걸 들은 기억이 난다.

남자가 일어나 방문을 향해 걸어갈 때, 아내는 머리맡의 크리넥스 통을 들어 남자의 뒤통수를 향해 던졌다.

크리넥스 통은 얼마를 날아가지 못하고 힘없이 떨어져 내렸다.

남자는 쓰레기봉투를 들고 계단을 내려간다. 아내의 기저귀가 대부분인 쓰레기봉투는 욕조에 담근 담요만큼 무겁다.

"안사람은 차도가 좀 있소?"

점점 더 고양이를 닮아가는 2층 노파가 계단을 올라오다 말을 걸었다.

"아, 예."

남자는 바쁜 시늉을 하며 재빨리 그 자리를 피한다. 첫날, 이 임대아파트로 이사 오던 날, 남자는 아내를 업고 계단을 오르다 노파와 마주쳤다. 노파는 남자의 얼굴과 아내의 늘어진 팔다리를 번갈아 쳐다보며 끌끌 혀를 찼다. 노파는 지팡이를 짚고 절뚝거리며 5층까지 따라올라 와 새로 이사 온 집의 살림살이를 구경했다. 아내가 싫은 표정을 감추지 않았지만, 남자는 굳이 더 이상 감출 것도 자랑할 것도 없는 살림이었다.

남자는 출발 전, 차의 엔진에 물부터 부었다. 차는 달리면 부글부글 끓어오르며 녹색 물을 토했다. 언제나 물을 부어 엔진을 식혀 주어야 했다. 물 두 통을 다 붓고 나서 남자는 시동을 걸었다. 다다닥, 추락하는 헬기 소리를 내며 차는 시동이 걸렸다.

남자는 내리막길을 천천히 달린다.

이 임대 아파트는 산을 갈아엎어 지었다. 밤에 멀리서 바라보면 산 꼭대기 위엔 아파트 불빛이 떼로 몰린 짐승의 눈알처럼 허기져 보였다. 아무리 배가 고파도 밖에서 저녁을 사 먹지 않는 남자의 허기 때문인지도 몰랐다.

교차로에서 남자는 잠시 기지개를 켰다.

오늘 돌아야 할 구역은 〈진하〉, 바닷가 마을이다. 병들기 전, 아내가 가장 좋아했던 곳이었다. 아내는 바닷가 소나무밭 그늘에 차를 세워두고 책을 읽었다. 시립 도서관에서 대출한 책 두 권을 앉은 자리에서 다 읽어 치우기도 했었다. 일을 마치고 집으로 돌아갈 때, 아내는 읽은 책을 반납하고 다시 새 책을 빌리기도 했다. 공부를 잘했지만 상고를 간 아내는 책을 읽는 것으로, 자신의 인생의 균형을 맞추려 했다.

아내는 유명 인사들의 강연회는 무슨 일이 있어도 참석했다. 형편에 무리가 가는 난초 화분을 사 들고 가는 것도 주저하지 않았다.

'싸구려 정체성' 운운하며 아내와 큰 다툼이 있었던 날, 남자는 비로소 아내의 아픈 데를 찔렀다는 것을 깨달았다. 아내의 생애에는 어떠한 알리바이도 없다는 것을, 그리고 그렇게 된 데에는 남자도 한몫했음을 뒤늦게 알아차렸기 때문이었다.

고아나 다름없었던 아내, 모두 서울로 가버린 친구들, 상수도 사업 본부에서 자신의 책상을 갖고 사무를 보는 줄 알았던 남편은 일용직 수도 검침원이었다.

아내는 자신의 처지가 자신의 잘못이 아님을 끊임없이 확인하고 싶어 했다. 아내는 늘 또 다른 '자아'를 꿈꾸며 그것이 '진짜' 자기 자신이라고 우기며 살았다.

언제부턴가 아내가 쓰는 단어는 어렵고 불편하고 현란했다. 남자는 입속 가득 고여 오는 씁쓸함에 자주 침을, 할 말을, 삼켰다. '그런다고 그 사람들이 당신을 끼워줄 줄 알아?' 혹은 '그 사람들이 대체 당신을 알기는 해?' 하는 말을 삼키는 것은 대단한 인내를 필요로 했다. 실제로 아내는 신문 칼럼에 자주 등장하는 어느 문인을 스토킹해서 경찰서에 가서 각서까지 쓰기도 했다. 또한, 모순적이게도 아내는, 육체 노동자들을 무조건 편애했다. 그러나 정작 여자의 남편인 남자를 편애하지는 않았다. 문제의 '밥'을 벌어오는 것이 남자고, 문제의 '화분값'을 지급하는 것도 남자라는 것을 아내는 천연덕스럽게 끝까지 모른 체했다.

남자에게 진하, 이곳은 사나운 동네 개들과의 싸움터였다. 아내가 차 안에서 책을 읽는 동안, 남자는 끝없이 동네 개들과 기 싸움을 벌여야 했다. 바닷가의 낡고 쇠락한 집에는 혼자서 집을 지키는 개가 많았고 덩치 큰 개는 잡아먹을 듯 위협적인 소리를 가했다. 가끔 줄을 묶어 놓지 않은 개는 남자를 물어뜯을 듯 덤벼서 남자는 개를 피해 미친 듯이 나무를 타고 올라가기도 했다. 그러나 남자는 한 번도 아내에게 그런 이야기를 내비치지 않았다.

그건, 처음부터 자신의 직업을 솔직하게 말하지 않았던 미안함 때문이기도 했고, 늘 감정의 과잉 상태인 아내가 혹시 그를 '불쌍한 기층 민중'으로 치부해서 어설픈 동지애를 발휘한다면 얼마나 어색하고 불편할까, 하는 생각 때문이었다.

"자식 제 배에 생기기 전에는 행여 네가 어떤 일을 하는지 상세히 알리지 마라. 네 큰 누나 부탁이다. 올케 앞에 큰 시누 얼굴 안 선다."

그의 어머니는 그의 귀에 대고 몰래 속삭였었다.

남자는 매일 아침 어딘가로 출근해야 했다. 한 달에 보름만 정해준 구역을 돌며 계량기를 읽는 것이 일이었지만, 신혼 초기에 남자는 아침마다 와이셔츠를 입고 넥타이를 매고 어딘가로 가야 했다.

남자는 차를 몰고 7번 국도를 탔다. 포항, 홍해, 기계, 어떨 땐 영덕까지 올라갔다 되돌아왔다. 컵라면으로 차 안에서 점심을 때우며 남자는 새로운 지명들을 외웠고 언젠가는 이 모든 사실을 밝히고 아내와 같이 오리라 다짐했었다.

어느 날, 남자의 양복바지 주머니에서 볼트와 너트 한 주먹이 나왔다. 그 날은 시범 구역을 정해 계량기를 검사하는 날이었다. 아내는 따져 물었다.

"당신이 왜 이게 필요해? 회사에서 당신보고 현장 감독도 하래? 이거 뭐야?"

"사실은.......이게 내 일이야. 난 양복 같은 거, 필요 없어....... 난, 수도 검침을 해......."

그 순간, 남자는 야멸치게 자신을 조롱했던 한 여자아이를 떠올렸다.

남자가 다녔던 S예술 고등학교는 남자가 난생처음 가본 대도시에 있었다.

모두가 그 화상 흉터에 먼저 눈이 가면서도 애써 아무렇지도 않게 대하는 것이 마치 집단 가면극 같았다. 어느 누구도 그에게 흉터의 연유를 묻지 않았다. 그를 피하지도 않았다. 그러므로 남자는 어정쩡히 외롭고 기만적으로 행복했다.

남자는 만화 동아리에서 한 여자아이를 만났다. 눈부신 그녀를 남자는 안타깝게 바라보았다. 가질 수 없는 누군가를 열망하는 것은 축복이었고 저주였다. 스케치북엔 언제나 그 아이의 모습이 스케치 되어 있었다. 옆모습, 턱을 괴고 있는 모습, 누군가를 향해 환하게 웃고 있는 그 눈부신 얼굴.......

남자가 스케치북을 놓아두고 갔던 날, 여자아이는 동아리 회원 앞에서 남자를 조롱했다. 불쌍해서 '인간적으로' 잘 해주었더니 음흉하게 징그러운 생각을 품고 있었다고, 백지에 흠집이 난 듯 너무 불결하다고.......

남자는 그 길로 학교를 그만두었다. 그리고 중고 오토바이 한 대를 사서 무작정 길을 떠났다. 남자는 모든 것으로부터, 죽어라 떨어지지 않는 그 아이에 대한 사랑과 원망으로부터 도망치고 싶었다.

어느 비 오던 날, 몰래 숨어 들어간 시골의 한 초등학교 교실에서 남자는 덜덜 떨며 밤을 지새웠다. 턱이 벌벌 떨리며 춥고 무서웠다. 육체적인 고통도 그렇게 생생할 수 있는 것을 남자는 문득 깨달았다. 그리고 완벽하게 그녀를 잊었다.

그 저주 같은 밤이, 밀쳐 두었던 기억이, 와락 덤벼들어 남자는 울고 말았다.

아내는 울고 있는 남자의 양심 고백을 용서한다는 듯 조용히 밥상을 차렸다.

세상의 진실은 모두 그렇게 자의적이었고 또한 편파적이었다. 볼록렌즈처럼, 혹은 만화경처럼.

남자는 진하의 제89-1번지, 〈갯바위 횟집〉 주차장에 차를 대었다. 출입구의 매트를 털던 주인 남자는 마치 그를 보지 못한 것처럼 계속 매트를 벽에 대고 두들겼다. 남자는 횟집 옆벽을 돌아 뒤뜰에 있는 수도 계량기 뚜껑을 들어 올렸다. 햇살이 눈부셔 숫자가 잘 보이지 않았다.

1……6……89.

남자가 계량기 뚜껑을 덮고 나오자 주인 남자가 말을 걸었다.

"어이, 수도 양반. 계량기 교체하는 데 얼마요? 저번 달에 물세가 만만치 않던데, 혹시 물이 새는지 한 번 보소."

"그건, 누수 탐지 공사에 연락해 보십시오. 누수 문제는 제 담당이 아닙니다."

"얼어 죽을. 이 나라 공무원들은 전부 다 제 소관이 아니래. 국민이 불편하면 공복이 내 일 네 일 안 가리고 나서야지. 내가 낸 세금으로 당신들 월급 나가는 거 아니요?"

"저는 공무원이 아닙니다. 임시 계약직입니다."

주인 남자는 들은 체도 하지 않고 매트를 들고 들어간다.

남자는 횟집 주차장에서 차를 빼서 맞은편 구판장 뜰에 갖다 대었다. 얼마간 까다로운 사람은, 말썽의 소지를 아예 없애는 게 서른다섯 해를 살아오며 터득한 세상살이의 쓸쓸한 요령이었다.

구판장 노파는 언제나 그에게 속 보이게 친절했다. 박카스 한 병이라도 쥐어 주고 싶어 안달을 했다. 그가 끝까지 거절하면 냉장고에 슬며시 박카스를 도로 넣으며 덧붙였다.

"우리 수도세 좀 깎아주소. 야?"

9월의 햇볕은 따갑다. 목덜미에 사정없이 내려꽂히는 촘촘한 빛의 입자는 가시처럼 날카롭다. 남자는 트렁크에서 수건을 꺼내 목에 두르고 골목을 걸어 들어간다.

장부상의 공가, 그러니까 빈집에는 언제나 물 사용량이 2에서 3 정도 올라 있었다. 바닷가 근처에서 계단식 논을 일구는 사람들이 몰래 빈 집의 수도를 끌어다 썼기 때문이었다. 집주인에게 청구해야 하지만, 서류상의 집 주인들은 쉽게 연락이 닿지 않았다. 빈집 마당에는 언제나 흙 묻은 발자국이 듬성듬성 나 있고 플라스틱 대야, 파란색 호스 등이 내동댕이처져 있었다.

남자는 빈집의 툇마루에 앉아 잠시 쉬었다.

"그 물건 언제 내다 버릴 건데? 말을 해라. 이 한심한 놈아."

남자의 어머니는 전화에 대고 언제나 그 타령이었다.

"돈 천만 원이면 외국 여자한테 처녀 장가도 들 수 있다더라. 그깟 거 네 큰 누나한테 부탁하면 돈도 아니다. 그 물건 언제 돌려보낼 거냐? 제 언니 집에 갖다 놓던지, 어디 무의탁 시설에 보내든지. 빨리 내보내라. 내가 그 물건 수발들라고 너 키운 줄 아냐? 이 불효막심한 놈아."

남자는 핸드폰이 울리는 소리를 그냥 듣고 있다. 언제부턴가 핸드폰은 어머니의 음성처럼 그에게 무언가를 끊임없이 강요했다.

핸드폰은 끊어졌다 다시 울린다. 액정에는 처형의 전화번호가 떠 있다.

"제부, 지금 진하에 있지? 영미가 바깥바람 좀 쐬고 싶다는데 어떡할까?"

거절할 수 없는 강요였다.

"장애인 봉사 택시 회사 있지? 전화번호 어디 있는지 모르겠네."

"전화기를 들면 전화 바닥에 붙어 있어요. 집사람보고 솔밭 입구에 있겠다고 하면 알 거예요."

집에서 출발하면 50분은 족히 걸린다. 남자는 그동안 띄엄띄엄 서 있는 쇠락한 양철 지붕 집들을 검침할 요량이다. 남자는 달리기 시작한다. 익숙한 손놀림으로 계량기 뚜껑을 열고 장부에 숫자를 적고 계량기 뚜껑을 닫고 다시 뛴다. 멀리서 누가 본다면 세상 곳곳에 대고 절하는 사람처럼 보일 수도 있을 것이다. 이 빤한 세상을 조롱하듯 혹은 탈속하듯 하는 그, 또는 그녀. 그러나 그들 또한 세상에 대한 애정을 끝까지 저버리지 못한 사람일 것이다.

오늘따라 이곳의 개들은 조용하다. 남자는 문득 '운수 좋은 날'을 떠올린다.

'그 결말은 비극이었지.'

그러나 더 이상 남자의 인생에서 일어날 비극은 남아있지 않았다.

하루하루가 비극이었다.

해송이 마음껏 몸을 비틀고 서 있는 그늘로 남자는 차를 끌고 갔다. 〈곰두리 택시〉의 기사가 아내를 안고 내렸다.

오랜만에 밖에서 보는 아내는 낯설다. 아내의 머리에는 대나무 모자가 얹혀져 있다. 아내는 햇볕이 따갑고 못마땅한 것 같다. 그러나 불어보는 바닷바람의 간질임이 싫지는 않은 듯 보인다. 처형은 같이 오지 않았다. 어쩌면 아내가 밖에서 따로 무언가를 말하기 위해 꾸민 일인지도 몰랐다. 남자는 기사에게 다가가 아내를 받았다. 아내는 어느새 많이 무거워져 있었다. 아내에게서는 오래 햇빛이 들지 않은 눅눅한 지하실 냄새가 났다.

"해변에 돗자리 깔아 줘."

"차 안에 있어. 햇빛이 너무 강해."

"트렁크에 우산 있잖아?"

남자는 돗자리와 우산을 꺼내 들고 뚜벅뚜벅 해변을 향해 걸어갔다. 아내는 조수석에 앉아 남자를 물끄러미 바라보고 있었다. 남자가 몇 걸음을 가다 뒤돌아보았을 때, 아내는 모자를 벗고 바나나를 물고 있었다.

복지원에 수용된 정신 지체 자처럼 보이는 아내가, 남자는 슬프고 불쌍하고 미웠다.

"두 시간 정도 있을 수 있겠어? 최대한 빨리 끝낼게."

"나 신경 쓰지 말고 갔다 와. 언니가 책 사다 줬어."

아내는 목에 걸린 회색 가방을 눈으로 가리키며 말했다. 남자는 아내를 안고 모래 위를 걸어간다. 푹, 푹, 빠지는 발이 빙하의 크레바스처럼 미끄럽고 고독했다.

남자는 돗자리 위에 아내를 앉히고 아내의 오른쪽 어깨에 우산대를 걸쳤다. 언젠가 홈쇼핑에서 사은품으로 받은 골프 우산이었다. 아내는 우산대를 목 쪽으로 약간 당겼다.

"됐어. 이제 가서 일해."

무거울 것인데도 아내는 내색하지 않았다. 적어도 이 순간, 아내는 행복해 보인다. 한낮, 눈부신 햇살과 바닷바람을 쏘이며 아내는 움직일 수 없는 자신의 왼쪽 수족을 완벽히 잊은 것 같다.

처음 뇌졸중으로 쓰러졌던 날 밤, 아내는 울부짖었다.

"팔다리가 세 개씩인 것 같아. 한쪽 손발은 잘라 줘. 제발………… 너무 무거워.”

그 뒤로 아내는 한동안 울부짖는 일이 잦았다.

“살아서 뭐해? 이렇게 살아서 뭐하냐고?”

남자는 장부를 들고 다시 햇볕 속을 걸어간다. 뒤돌아보았을 때, 아내의 몸 위로 둥근 천장 같은 우산이 보였다. 우산은 바람에 뒤집힐 듯하면서도 용케 바닷바람을 견디고 있다. 문득 아내가 곡예사 같다는 생각이 든다.

위태위태한 우산을 들고 아내가 눈부시게 일어설 것만 같다.

남자는 해변 옆에 줄지어 서 있는 음식점들을 돌기 시작했다.

남자는 식당 주차장을 생쥐처럼 부지런히 들락거렸다. 수도 계량기 통은 콘크리트 바닥에 파묻혀 뚜껑만 내밀고 있다. 남자는 들어갔다, 나오기를 반복하며 해변의 식당가를 거의 다 돌았다. 제일 구석에 위치한 〈동해마당 횟집〉의 주차장에서 남자는 돈 만 원을 주웠다. 돈은 한껏 찌부러져 있었다. 남자는 돈을 주우며 주위를 두리번거렸다. 아무도 없었다. 어둑한 주차장의 차일에 갇힌 햇빛만이 제빛을 잃고 서성거리고 있었다. 남자는 오늘 저녁 아내에게 자장면을 배달시켜 주어야겠다고 생각했다.

대기업의 직원용 수련원만 돌면 이 구역은 끝이었다. 집에 가서 장부를 펼치고 저번 달과 이번 달의 사용량을 계산해 사무실에 넘기면 끝이었다. 남자가 계량기를 향해 다가갔을 때, 뚜껑은 약간 열려 있었다.

뚜껑을 들어 올리자 통째로 망가진 계량기가 보였다.

뚜벅뚜벅 구둣발 소리를 울리며 경비원이 다가왔다.

"이것 변상하시오."

"예?"

"저번 달에 당신이 뚜껑을 제대로 닫지 않아서 계량기가 파손되었다 이 말이요."

"저는 분명히 제대로 뚜껑을 닫았습니다."

"어허, 이 양반. 누가 그럼 이 계량기 뚜껑을 연 단 말이요? 이런 것 지키라고 내가 비싼 월급 받는 거요. 낮이든 밤이든 내 허락 없이는 쥐새끼 한 마리 못 들어온다 이 말이요."

언제나 낯선 이와의 대화에 익숙하지 않은 남자는, 언제나 오른쪽 뺨부터 화끈 달아오르는 남자는, 그냥 지고 만다.

계량기도 계량기지만 남자는 이 수련원이 한 달 동안 사용한 정확한 물의 양을 모른다. 계절별로 변동액이 심한 곳이니 평균을 산출하기도 애매했다.

"그럼 계량기는 제가 변상하겠습니다. 그런데 수도세는 작년 것을 기준으로 부과해도 되겠습니까?"

"내가 수련 일지를 보고 결정하겠소. 작년 것과 올해 것을 대조해서 인원수대로 곱해서 계산해 보겠소."

계량기는 거금 이십 만 원이다. 남자의 월급은 백 오십 만원이다. 남자는 다리에 힘이 풀린다. 이때까지 뛰어다니며 일한 것이 모두 허사가 된 것 같아 남자는 외롭고 쓸쓸했다.

밀물이 밀려와 바다는 해변의 모래를 꾸역꾸역 삼키고 있었다. 우산은 어디 론가로 날아가고 없었다. 아내는 오른쪽 엉덩이를 들썩거리며 조금만 더, 조금만 더, 바다를 향해 나아가고 있었다. 아내가 앉았던 자리로

부터 바닷물까지 뭉개진 긴 길이 나 있었다. 아내가 엉덩이를 끌며 나아간 자리는 축축했다. 아내는 기저귀를 차지 않고 집을 나섰던 것이다.

남자는 잠깐, 아주 잠깐 망설였다. 사실을 말하자면 남자는 슬며시 몇 발짝 아내로부터 뒷걸음질을 쳤다.

남자가 할 수 있는 것은 아내를 그냥 보내주는 것이라는 생각이 들었다.

"저년 봐라, 저 물건 봐라. 끝내 못 죽지? 봐."

어디선가 남자의 어머니가 입을 삐죽거리며 남자의 귀에 속삭이는 것 같았다.

병들기 전에는 책에 갇혀 살았던 아내, 병들고 나서는 제 몸에 갇혀 사는 아내.

남자는 아내가 마지막으로 선택할 수 있는 자유가 자살이라는 잔인한 결론에 동의했다.

남자는 아내로부터 도망쳤다. 처음에는 슬금슬금 뒷걸음질을 치다가 나중에는 아내를 등지고 마구 내달렸다. 해변은 어둑했고 파도는 저 멀리서 무어든 삼킬 기세로 다가오고 있었다. 주차장에서 차를 몰고 남자는 솔밭을 꺾어 나왔다. 뒷좌석에서 억센 손아귀 하나가 튀어나와 남자의 뒷머리를 잡아채는 듯해서 남자는 백미러를 자꾸 힐끔거렸다. 그러나 뒷좌석에는 빈 어둠만이 냉정하게 침을 삼키며 고여 있었다.

구부러진 국도 길을 남자는 달렸다.

남자의 차는 가다가 서다가를 반복했다.

남자는 와이퍼를 계속 작동시켰다.

비가 오는 것이 아니라, 자신의 눈물이 쏟아지고 있는 것이라는 걸, 남자는 한참 후에야 깨달았다.

아내의 아랫도리는 물에 잠겨 있었다. 아내는 고개를 외로 꼬고 물의 차가움에 진저리를 치고 있었다. 그러나 더 이상 앞으로 나아가지 않았다. 아니, 나아갈 수 없었다. 물의 억센 부력이 아내의 온몸을 옥죄고 있었다. 아내는 제자리에서 파도타기를 하는 사람처럼 솟았다, 가라앉기를 반복하고 있었다.

아내는 이제 앞으로도 뒤로도 갈 수 없이 그냥 잠겨 있다. 누군가 본다면 실성한 여자가 하릴없이 때늦은 해수욕을 즐기는 것처럼 보일 수도 있겠고, 몰염치한 노파가 바닷물에 들어 낮아 소변을 보는 것처럼 보이기도 할 것이다.

남자는 철벅 철벅 물 위를 걸어가 아내를 들어 올렸다.

아내에게서는 진하고 눅눅한 갯내가 났다.

남자는 물이 뚝뚝 떨어지는 아내를 안고 나왔다. 아내는 시퍼렇다 못해 보라색으로 변한 입술을 달달 떨며 말했다.

"그냥……가지, 왜 왔어?…………병신."

남자는 뒷좌석에 아내를 눕혔다. 아내의 아랫도리는 시퍼렇게 불어서 바지는 잘 벗겨지지 않았다. 척척히 감겨오는 바지를 벗겨내자 좌르르 모래알이 흘러내렸다. 남자는 수건으로 아내의 몸을 닦으며 그 축축함을 오래도록 감쌌다……

코다리 두 마리가 햇빛에 몸을 말린다. 둘은 포개져 은근슬쩍 열락의 시간을 꿈꾸며 문드러져 간다. 살갗은 수분을 날리며 생채기 난 곳마다 청록색 곰팡이를 피워 올린다. 움푹 꺼진 검은 눈알은 햇빛에 조각조각

금이 갔다. 둘은 어쩌면, 투망으로 들어 올려지던 순간에도 미련하게 지느러미와 등가죽을 맞대고서 마지막으로 한 번만 더, 눈부시게 파닥거렸을 것 같다. 어쩌면 둘은 심해서부터 뿌연 서로의 분비물 속을 같이 부유하기도 했던 오래된 한 쌍이었는지도 모른다............

〈끝〉

당선

제1296호 2008년 10월 13일 월요일
2008 최명희 청년 문학상 : 대학부 시

사탕을 빨다

· 박성준 (경희대 국문과 2학년) ·

구로 디지털단지역전에는 멜빵바지를 입은 아이가 매일 나와 입속 가득 사탕을 빨고 있다. 하얀 막대 축에 타원의 지구를 꽂고 혓바닥 속 설유두를 곤두세워 내륙 풍을 일으키고 있다. 허리를 비트는 개찰구는 이 아이가 태어난 곳 살가죽을 잃어버린 혓바닥에서 바람의 눈꺼풀들이 흘러내리고 지구는 24시간 365일 입속에서 자전과 공전을 쉼 없이 반복한다

혀 전체에 퍼져 있는 미신경이 단내로 뇌를 흔든다. 사카린 설탕물을 대접하던 가난의 추억이라든지 태초 사탕에 축을 꽂았던 아버지들의 욕망이라든지 모두 지우고, 아이는 역전에서 사탕을 빨고 있다. 아무도 돌아보는 이 없어 행인들이 무거운 머리를 흔들고 가방을 뺏기지 않으려고 커다란 사탕 같은 아이를 밀고 간다

보도블록을 쥐고 달리는 다리들, 일순간 풍화가 일어나는 뇌 속 어둠과 폭발하는 시간의 활화산이 흘러넘친다. 딱딱한 지구본을 아이에게

건넜던 아버지들의 버린 꿈이 또 몇 번은 구둣발에 뒤엉켜 젖고 아이의 굵은 뉴런들 사이로 23.5도 기울어진 심장과 당도하지 못하고 녹아 버리는 현기증 까맣게 녹는다

바퀴 달린 것들의 문이라는 문들은 모두 혓바닥처럼 젖어 있어서 뚱뚱한 머리들을 사탕처럼 핥는다. 달콤한 수염들 속에서 시작된 바람이 머릿속에 쌓인 아버지 이발자국들을 지운다. 날마다 오래된 신문지처럼 서성이던 아이가 바람에 놓았든 달콤한 아버지를 찾아 달린다 가분수가 되긴 싫어 너무 무거운 머리가 소란스러워—아버지에게 물려받은 손가락을 버리고 아이가 사탕을 빤다. 아침이면 이토록 무거운 현기증이 미끈거린다. 막대 사탕처럼 굵어진 머리들, 허공을 떠돌고 있다

당선

제1296호 2008년 10월 13일 월요일

2008 최명희 청년 문학상 : 고등부 시

그늘

· 김태우 (대전고 3학년) ·

상수리나무로 만든 차가운 이불을 덮었다
어머니 시집올 때 손수 해 오신 햇 살바늘로
아기자기하게 그늘을 수 놓은 이불
어릴 적 추억이 때처럼 덕지덕지 붙어있는 잎새
그 차가운 그늘을 덮고
어머니 무릎에 누워 잠들 때
나는 부드러운 감촉에 허공을 생각했다
그 무릎이 좁아지고 있을 때쯤
바람 불어 나무에서 떨어진 낙엽
이불에 구멍을 냈다
햇살 바늘이 터져 구멍이 났나
자꾸만 바람이 샜다
어머니의 무릎이 닳는지도 모르고
구멍을 햇살 바늘로 꿰매고
어머니는 제 그늘로 이불을 만드셨다

체온보다 따뜻했던 이불만 남기고
상수리나무 옆 작은 체구의 그림자는
태양을 따라 야위어 갔다
깡마른 상수리나무의 껍질들
바람을 따라 뒤틀어졌다
햇살 바늘이 수 놓은 자리
보푸라기가 조금씩 피어오르고
바람이 더 이상 새지 않는 이불
덮고 덮어도
오늘은 참 춥다.

개교 70주년 기념 전북대신문방송사 문학상 당선작 전집❹

최명희청년문학상
(2001~2008)

지은이 손홍규, 윤길준, 김인득, 김혜화, 홍성우, 손미라, 김병곤, 강세희, 김보현, 전아리, 정훈, 유인선, 김지영, 이태상, 박성준, 허민희, 이분홍, 이정민, 이혜미, 이승철, 백상웅, 김재현, 김학찬, 박정은, 조윤희, 한지영, 전여원, 박성준, 김태우
펴낸이 이남호
펴낸곳 전북대학교출판문화원

초판 1쇄 인쇄 2017. 9. 20
초판 1쇄 발행 2017. 10. 13

전북대학교출판문화원 전라북도 전주시 완산구 어진길 32 (풍남동2가)
전화 (063) 219-5321~2
FAX (063) 219-5323
출판등록 2012년 8월 20일 제465-2012-000021호

값 17,000원

ISBN 979-11-87892-57-1 04810
ISBN 979-11-87892-53-3 (세트) 04810

이 도서의 국립중앙도서관 출판예정도서목록(CIP)은 서지정보유통지원시스템 홈페이지(http://seoji.nl.go.kr)와 국가자료공동목록시스템(http://www.nl.go.kr/kolisnet)에서 이용하실 수 있습니다. (CIP제어번호 : CIP2017023864)